PETER F. DRUCKER

프로페셔널의 조건

THE ESSENTIAL DRUCKER ON INDIVIDUALS

THE ESSENTIAL DRUCKER (Vols. I–III)
by Peter F. Drucker

Copyright ⓒ 2000 by Peter F. Drucker
All right reserved.

Korean Translation copyright ⓒ 2000 by The Chungrim Publishing
Korean translation rights arranged with Peter F. Drucker
through Shinwon Agency Co.

이 책의 한국어판 저작권은 Shinwon Agency를 통해
Peter F. Drucker와의 독점 계약으로 청림출판에 있습니다.
저작권법에 의해 한국 내에서 보호를 받는 저작물이므로
무단 전재와 복제를 금합니다.

PETER F. DRUCKER

프로페셔널의 조건

THE ESSENTIAL DRUCKER ON INDIVIDUALS

피터 드러커 지음 | 이재규 옮김

옮긴이 | 이재규(李在奎)

서울대학교 상과대학을 졸업하고 현대자동차 등 기업에 다년간 근무했으며 대구대학교의 총장을 역임했다. 『자본주의 이후의 사회』를 시작으로 『프로페셔널의 조건』, 『변화 리더의 조건』, 『이노베이터의 조건』 등 드러커 에센셜 시리즈, 『넥스트 소사이어티』와 『클래식 드러커』까지 드러커의 신간들, 그리고 『경제인의 종말』, 『경영의 실제』, 『창조하는 경영자』 같은 드러커의 초기 및 중기의 주요 저서 등 다수의 책을 번역했다.

피터 드러커의 21세기 비전 1 자기실현편

프로페셔널의 조건

1판 1쇄 발행 2001년 1월 30일
1판 89쇄 발행 2012년 5월 15일
2판 19쇄 발행 2025년 2월 24일

지은이 피터 드러커
옮긴이 이재규
펴낸이 고병욱

펴낸곳 청림출판(주)
등록 제2023-000081호

본사 04799 서울시 성동구 아차산로17길 49 1010호 청림출판(주)
제2사옥 10881 경기도 파주시 회동길 173 청림아트스페이스
전화 02-546-4341 **팩스** 02-546-8053

홈페이지 www.chungrim.com **이메일** cr1@chungrim.com
인스타그램 @chungrimbooks **블로그** blog.naver.com/chungrimpub
페이스북 www.facebook.com/chungrimpub

ISBN 978-89-352-0943-9 03320

※ 이 책은 저작권법에 따라 보호를 받는 저작물이므로 무단 전재와 무단 복제를 금합니다.
※ 책값은 뒤표지에 있습니다. 잘못된 책은 구입하신 서점에서 바꾸어 드립니다.
※ 청림출판은 청림출판(주)의 경제경영 브랜드입니다.

| 한국 독자들에게 |

한국의 새로운 도전을 위하여

인류 역사상 1950년대 초 한국전쟁 이후 25년이라는 짧은 기간 동안 한국이 이룩한 사회적 변혁보다 더 훌륭한 성공 사례는 찾아볼 수 없습니다. 제2차 세계대전 이후 어떤 국가도—러시아도, 일본도, 독일도—한국전쟁 이후의 한국만큼 철저하게 파괴되지는 않았습니다. 그런데 한국전쟁 이후 25년 만에 완전히 현대화된 새로운 한국이 등장하였습니다. 많은 빌딩이 세워지고, 거대한 조선소가 건설되었습니다. 많은 사람이 공장에서 활기차게 일했고, 대규모 종합 대학도 설립되었습니다. 전국을 거미줄처럼 연결하는 고속도로가 놓이고, 국제 공항도 들어섰습니다.

내가 알기로는, 1950년대 초 한국전쟁이 발발했을 당시의 한국은 주로 농업에 의존하는 조용한 나라였습니다. 그런데 불과 25년 후에는 빠르게 도시화되면서 농촌 인구가 많이 감소하였고, 지금도 계속 감소하고 있습니다. 한국의 제조업자들은 제철업과 조선업 등에서 세계적인 지위를 확보하면서 업계의 지도자 역할까지 하게 되었습니다. 25년이라는 짧은 기간 동안, 한국은 황폐한 제3세계 국가에서 충분히 개발된 세계 수준의 경제 국가로 스스로를 변모시키는 데 성공하였습니다.

한국을 변모시킨 이러한 전환의 속도는 전례가 없을 만큼 매우 빠르고 또한 극적이었습니다. 일본이 75년에 걸쳐 그리고 프랑스와 미국이 각각 200년과 125년에 걸쳐 이룩한 것을 한국은 불과 25년 만에 달성해 낸 것입니다.

그러나 정작 가장 중요한 것은, 또한 그것은 간과되고 있는 것이기도 한데, 한국이 그 기간 동안 자국의 '인적 자원'을 질적(質的)으로 혁신하는 데 성공했다는 점입니다. 1950년의 한국 사람들은 문맹자는 아니었으나 교육받은 사람도 아니었습니다. 소위 일제 시대에 일본은 한국의 고등 교육을, 특히 과학 및 기술과 직업 교육을 철저하게 말살했습니다. 의학은 제외하고 말입니다. 그런데도 한국은 불과 25년 만에 교육 수준이 높고 업무 성취도가 탁월한 전문가와 경영자 등 많은 지식 근로자들을 양성해 낼 수 있었습니다. 실로 짧은 기간 동안에 이루어낸 성과치고는 대단한 것입니다.

이 책은 성취 능력이 우수한 한국의 전문가와 경영자 그리고 전문가와 경영자가 되기 위해 공부하고 있는 한국의 학생들을 위한 것입니다. 왜냐하면 한국의 내일은 그러한 성취 능력을 갖춘 전문가와 경영자가 창조해 나갈 것이기 때문입니다. 지금 세계는 동서양을 막론하고 엄청난 전환기를 맞이하고 있습니다. 이 전환기는 지난 250년 동안 선진국이 세번째로 경험하는 것입니다. 그리고 대부분의 사람들이 생각하고 있는 것과는 달리, 지금의 이 전환은 과거에 이루어진 두 차례의 전환과 매우 흡사한 양상을 띠고 있습니다. 1830년대에서 1840년대에 걸쳐 이루어진 제1차 전환기에는 철도, 우편, 전신, 사진 등이 발명되었고, 유한 책임 회사라는 개념과 투자 은행이 탄생하였습니다. 그리고 1870년대에서 1880년대에 걸쳐 이루어진 제2차 전환기에는 전기와 전구, 합성 유기 화학물, 사무실 및 가정용 도구가 발명되었고, 현대적 영리 추구 기업과 상업 은행이 등장하였습니다. 지금 우리가 겪고 있는 제3차 전환기는 앞의 1, 2차 전환기와 매우 비슷합니다.

앞으로 다가올 사회와 경제가 어떤 모습일지에 대해 아직 확실하게 말할 수는 없겠지만, 그렇다 해도 우리는 이미 많은 부분을 이야기할 수 있는 단계에 와 있습니다. 그것도 꽤 높은 확률을 가지고 말입니다.

◆지금부터 10년 또는 15년 후의 사회와 경제는 오늘날과는 전혀 다른 모습으로 나타날 것입니다. 오늘날 소위 '미래학자들'이 예언하는 것과도 또한 다를 것입니다.

◆기업 역시 매우 달라질 것입니다. 그 이유는 정보가 이미 전 세계적으로 공유되고 있기 때문입니다. 어느 지역의 어떤 기업도 글로벌적인 차원에서의 경쟁력을 확보해야 한다는 사명 앞에서 예외가 될 수 없습니다. 비록 그들의 사업이 목표로 하는 시장이 오직 지역 시장뿐이라고 하더라도 말입니다.

◆ 기업의 목적은 기업 그 자체가 달라지는 것보다 한층 더 달라질 것입니다. 기업들은 근본적인 변화를 겪게 될 것이며, 빠른 속도로 진보하게 될 것입니다.

◆ 생산 활동은 전세계에서 지속적으로 늘어날 것으로 보입니다만, 생산 분야의 고용 인력은 급속히 줄어들 것입니다. 절대적인 생산 노동력의 숫자가 줄어드는 것은 물론이고, 전체 노동력에서 차지하는 비율 또한 줄어들 것입니다. 이러한 변화는 이미 돌이킬 수 없는 일이 되었습니다. 제2차 세계대전 후 50년 동안, 농업 인구가 절대적인 숫자에 있어서나 전체 노동력 가운데 차지하는 비율에 있어서나 모두 감소되었던 것을 생각해 보십시오. 그때나 지금이나 사회의 발전과 변화를 막을 수는 없습니다. 공산품에 대한 구매력은―특히 건강 관리 및 교육과 같은 지식에 기초한 재화와 비교해서―앞으로도 계속 감소할 것입니다. 한국의 공산품에 대한 구매력은 50년 전 한국이 성장하기 시작할 무렵의 그것과 비교해 4분의 1에도 미치지 못하는 수준으로 낮아졌습니다.

◆ 지식 근로자는 모든 선진국의 노동력 가운데 이미 수적으로는 가장 규모가 큰 단일 집단이 되어가고 있으며, 또한 노동력 가운데 급료 수준이 가장 높은 부류입니다. 따라서 어떤 국가든, 산업이든, 기업이든 간에 경쟁력을 높이기 위해서 지식 근로자의 생산성 향상에 한층 더 의존하게 될 것입니다.

특히 한국에 관해서는, 오직 한국에만 해당되는 한 가지 사실을 확실하게 말할 수 있습니다. 정치 형태야 어떻게 되든 간에, 북한의 사회와 경제를 재건하고 재창조하는 일이 앞으로 당면하게 될 긴박하고도 피할 수 없는 도전이 될 것이라는 점입니다.

이 도전은 이미 현실로 다가와 있습니다. 그리고 이 도전은 어떤 도전보다도 '경영자'와 '경영'이 해결해야 할 것들입니다. 정부는 기껏 도와줄 수 있을 뿐이고, 자칫하면 방해가 될 수도 있습니다. 그러므로 경영자와 경영만이 이 새로운 도전에 대한 해결책과 그 답을 제공해 줄 수 있습니다. 한국의 교육받은 사람들 그리고 한국의 경영자와 전문가들이 당면한 이 도전은 모두 현실입니다. 그것은 또한 오늘날 한국의 학생들이 부딪치게 될 내일의 도전이기도 합니다.

바라건대, 이 책이 오늘날의 사회를 이해하는 데 도움이 되었으면 합니다. 이미 현실로 다가온 도전과 내일의 도전을 해결하는 데에 도움을 줄 수 있었으면 합니다. 그리고 이 도전을 헤쳐나가는 데 있어 진정 핵심적인 역할을 할 기업이라는 기관을 이해하는 데에 도움이 되었으면 합니다. 또한 이 책이 개인들―한국의 경영자와 전문가 그리고 학생―의 성장과 발전에 도움이 되었으면 합니다. 스스로를 효과적으로 계발하고, 생산적으로 만들고, 또한 원하는 바를 성취할 수 있도록 말입니다. 사실 이것이 사회와 경제 그리고 기업을 이해하는 일보다 더 중요한 일입니다. 그래서 세 권으로 된 「피터 드러커의 21세기 비전」 제1권은 개인에게 초점을 맞춘 책이 되었습니다.

지금 한국의 교육받은 사람들이, 전문가들이, 경영자들이 그리고 학생들이 맞닥뜨리고 있는 도전들은 50년 전 그들의 조부모와 부모들이 부딪쳤던 도전들과는 매우 다릅니다. 그러나 해결해야 할 일들이 아주 많은 데 비해 시간은 별로 없다는 점에서는 똑같습니다. 지난 50년간 한국이 이룩한 것들 가운데 가장 돋보이는 일은 고도로 교육받은, 성취 능력이 뛰어난 지식 근로자를 창출한 것인데, 그것은 한국의 미래를 위한 최선의 준비였다고 할 수 있습니다.

다시 말하거니와, 나는 한국의 지식 근로자들―경영자, 전문가, 학생―이 직면한 심대하고도 긴박한 과제를 해결하는 데에 이 책이 유익하고도 중요한 역할을 해주길 진심으로 바랍니다. 이 책의 한국어판 출간 목적이 바로 그것입니다.

한국인의 성공을 빕니다.

2001 신년, 클레어몬트에서
피터 드러커

| 서문 |

지식 경제 시대의 개인과 기업

　미래의 역사학자들은 20세기에 일어난 사건들 가운데 무엇을 가장 중요한 사건으로 기록할까? 두 차례에 걸친 세계대전? 원자 폭탄의 발명? 비서구 국가로서 일본이 최초로 경제 강국으로 등장한 사실? 정보 혁명? 나로서는 20세기에 일어난 사건들 가운데 '인구 혁명'을 가장 중요한 사건으로 꼽고 싶다. 인간의 삶의 모습을 근본적으로 변화시킨, 전례를 찾아볼 수 없는 그 인구 혁명 말이다. 양적인 측면에서, 인구 혁명은 모든 선진국과 대부분의 개발도상국에 폭발적인 인구 증가와 함께 노령화 현상을 초래했으며, 평균 수명 또한 엄청나게 연장시켰다. 하지만 내가 중요하게 생각하는 것은 이러한 양적인 변화만은 아니다. 양적인 변화만큼, 아니 오히려 더 중요한 것은 질적인 변화이다. 질적인 측면에서, 인구 혁명은 모든 선진국의 노동 인구에 중대한 변화를 가져왔다.

특별한 기술을 필요로 하지 않는 미숙련 육체 노동자들이 지식 노동을 우선으로 하는 지식 근로자로 탈바꿈한 것이다.

20세기 초에는 어느 국가에서든 육체 노동자가 전체 노동 인구의 90퍼센트 내지 95퍼센트를 차지했다. 농부들, 가정의 하인들, 공장의 노동자들, 광부들 그리고 건설 현장의 인부들이 노동 인구의 대다수를 차지했던 것이다. 또한 평균 수명, 특히 평균 근로 수명(working life expectancy)이 아주 낮았다. 대부분의 근로자들이 50세—당시 노령 인구로 취급되기 시작한 연령—가 되기 훨씬 이전부터 육체 노동을 할 수 없는 무능한 상태에 이르렀다.

그런데 오늘날 개인의 평균 수명, 특히 지식 근로자의 평균 수명은 20세기 초에 예측되었던 것 이상으로 월등히 증가한 반면, 고용 기관의 평균 존속 기간은 실질적으로 감소했고 또한 앞으로도 계속 감소할 것으로 보인다. 뿐만 아니라 고용 기관—특히 기업—이 성공적으로 존속할 것으로 기대할 수 있는 기간도 줄어들었다. 사실 지금까지 어떤 고용 기관도 충분히 오랜 기간 번영을 누리지는 못했다. 역사적으로 볼 때, 30년 정도의 지속적인 번영을 누린 기업은 극소수에 불과했다. 물론 모든 기업이 30년 만에 성장을 멈추고 이내 사라졌던 것은 아니다. 그러나 30년 이상 존속했던 기업들은 대체로 장기간 침체의 늪에 빠졌다. 그들 가운데 오직 몇몇 기업만이 다시 회생하는 데 성공했고, 그리고 한 번 더 성공적인 성장 기업이 되었다.

개인의 평균 수명 및 평균 근로 수명, 특히 '지식 근로자의 평균 근로 수명'은 매우 급속도로 증가한 반면, 고용 기관의 평균 존속 기간은 실질적으로 감소하고 있는 것이다. 게다가 기술의 변화가 매우 빠른 시대, 세계화로 인해 경쟁이 증가하는 시대 그리고 엄청난 변혁의 시대를 맞이해 '고용 기관'의 성공적인 존속 기간은 앞으로도 계속 단축될 것이 분명하다. 따라서 점점 더 많은 사람들, 특히 지식 근로자들은 그들의 고용 기관보다 더 오래 살게 될 것이라는 예측을 할 수 있게 되었다. 그에 따라 남은 인생의 후반부를 위해 새로운 경력을 쌓고, 새로운 기술을 익히며, 정체성을 새롭게 확립하고, 더 많은 새로운 관계를 개발해야 한다는 사실도 깨닫게 되었다.

오늘날 모든 선진국에서 최대 단일 노동력 집단을 이루고 있는 것은 육체 노동자가 아니라 지식 근로자들이다. 20세기 초에는 어느 국가에서든, 심지어 최고의 선진국에서조차 지식 근로자의 수가 아주 적었다. 전체 노동 인구 가운데 지식 근로자가 차지하는 비율이 2퍼센트 내지 3퍼센트를 넘는 나라가 한 곳이라도 있었을까 의심스러울 정도이다. 그러나 지금은, 미국의 예를 보더라도, 전체 노동 인구 가운데 지식 근로자가 차지하는 비율이 대략 40퍼센트에 이르고 있다. 2020년까지는 일본과 서유럽도 그 정도 수준에 오를 수 있을 것이다. 이런 현상은 과거에는 한번도 경험해 보지 못한 것이다. 지식 근로자들은 자신이 필요로 하는 지식을 스스로 보유하고 있다. 결국 그들은 '스스로 생산 수단을 소유하고 있는' 셈이다. 게다가 그들은 자신의 생산 수단을 어디에나 가지고 갈 수 있다. 그것은 그들의 머릿속에 있는 것이다.

수천 년 동안 어느 나라를 막론하고 절대 다수의 사람이 자신의 진로를 선택할 수 있는 권리를 갖지 못했다. 농부의 자식은 농부가 되었다. 기능공의 자식은 기능공이 되었고, 기능공의 딸은 기능공과 결혼했다. 공장 근로자의 아들 또는 딸은 공장에서 일했다. 그 당시 사회적 이동이라는 것이 있었다면, 그것은 하향 이동뿐이었다. 예를 들어, 일본의 도쿠가와 막부 시대 250년 동안 상민에서 출발해 특권 무사 계급인 사무라이가 된 사람은 매우 적은 수에 불과했다. 반면에 엄청나게 많은 수의 사무라이들이 상민으로 전락, 즉 하향 이동했다. 다른 나라에서도 마찬가지였다. 심지어 가장 이동성이 높았던 미국의 경우조차도 20세기 초에는 상승 이동이 상당히 예외적인 일로 간주되었다. 1900년대 초에서 1950년 내지 1955년까지의 통계 자료를 보건대, 당시의 경영자 및 전문가 10명 중 9명은 경영자 및 전문가의 아들이었다. 10명 가운데 겨우 1명만이 '하층 계급(그 당시 표현으로)'으로부터 상승 이동한 사람이었다.

1860년에서 1870년 사이에 탄생한 근대 기업은 사람들로 하여금 상승 이동을 가능하게 했다는 점에서 매우 혁신적으로 받아들여졌다. 사람들은 기업 내부에서 거의 처음으로 상승 이동을 경험할 수 있었던 것이다. 이는 한편으로, 기업이 과거의 오래된 공동체들―시골 마을, 소규모 도시 또는 장인 조합―을 해체시킨 원인이 되기도 했다.

그러나 처음에는 기업 역시 전통적인 공동체처럼 되려고 노력했다. 종신 고용을 보장하는 기업이 일본에만 존재하는 것이고,

또한 종신 고용은 일본 기업의 독자적인 가치를 표현하는 그 무엇이라고 인식하고 있는 사람이—서구에는 물론이고 일본에도—많다. 그러나 역사적으로 볼 때 이것은 사실이 아니다. 일본 대기업이 사무직 월급 근로자들에게 종신 고용을 보장한 것은 20세기부터이다. 즉 20세기 이전에는 일본에도 종신 고용 제도가 없었다. 이런 사정은 서구의 대기업도 별반 다를 바가 없다. 독일, 영국, 미국, 스위스 그리고 다른 여러 나라의 대기업에서 월급 근로자로 일하는 대부분의 사람이 사실상 종신 고용을 보장받아 왔다. 그리고 그런 기업에 근무하는 사람들은 자신을 '회사 사람'으로 간주하였고 또한 자신과 기업을 동일시했다. 예를 들면, 그들은 독일의 '지멘스맨'이거나, 미국의 'GE맨'이었다. 서구의 대기업은 일본의 기업과 마찬가지로 대부분 신입사원만을 채용했다. 그리고 그들이 죽을 때까지 혹은 은퇴할 때까지 계속 회사에 남아 일해주기를 기대했다. 독일 사람들은 대기업에 근무하는 종업원들에게까지 '민간 공무원(Privatbeamte)'으로서의 법적 신분을 보장해 주었다. 사회적인 지위로 보자면 그들은 정부 관료의 바로 아래에 해당되었다. 그들이 법적으로 공무원과 똑같은 신분 보장을 받았다는 것은 사실상 종신 고용을 보장받았음을 의미하는 것이었다—종업원 또한 고용주에게 근로 수명이 다할 때까지 회사에 충성하겠다는 암묵적인 동의를 하는 것이나 마찬가지였다. 일본 기업은 1950년대에서 1960년대 초 사이에 비로소 완성된 형태를 갖추었다. 말하자면, 일본 기업은 19세기 후반 서구에서 처음으로 개발되어 20세기 전반부에 최고의 성숙기를 맞았던 거대 기업을 최상의 상태로 구조화하고 또 가장 눈에 잘 띄는 모습으로 만든 것에 불과하였다.

2020년 내지 2025년이 되었을 때 기업들이 어떤 모습을 하게 될지 정확히 예측하는 것은 어려운 일이다. 그러나 지금과는 전혀 다른 모습이 될 것이라는 점만은 누구나 알고 있다. 그럴 수밖에 없는 가장 중요한 이유는 인구의 변화 때문이다.

19세기 초반까지는—심지어는 19세기 중반까지도—기업의 성공 요인이 원가 절감에 있었다. 기업을 경영한다는 것은 다른 모든 사람이 생산하는 똑같은 제품을 생산하되, 더 낮은 원가로 생산하는 것을 의미했다. 20세기가 되자 기업의 성공 요인이 지금 우리가 '전략'이라고 부르는 것으로 바뀌었다. 나는 1964년도에 출간된 『결과를 위한 경영 Managing For Result』이라는 책에서 이러한 사실을 최초로 지적했다. 그러나 그때부터 이미 사업의 성패를 좌우하는 기본 토대가 전략에서 다른 것으로 이동하고 있었다. 바로 지식이었다. 나는 그런 사실을 1959년에 이미 알았고, 그런 내용을 처음 발표한 것이 1966년도에 출간된 『효과적인 경영자 The Effective Executive』라는 책이다. 이 책에서 나는 기업 경영의 중심이 지식으로 이동할 것을 예견하고, 개인과 기업에 있어서 그것이 갖는 의미가 무엇인지를 분석했다.

되풀이하거니와, 지식 근로자는 다음의 두 가지 측면에서 과거의 어떤 근로자와도 다르다. 첫째, 지식 근로자는 생산 수단을 소유하고 있으며 또한 그것을 휴대하고 있다는 점이다. 둘째, 지식 근로자는 어떤 고용 기관보다도 더 오래 살 것이라는 점이다. 게다가 지식은 과거의 어떤 자원과도 다른 매우 독특한 자원이다. 지식은 오직 고도로 전문화되었을 때에만 효과를 발휘한다. 신경과 외과 의사가 제몫을 발휘할 수 있는 것은 수술실에서 뇌 수술을 하고 있을 때이다. 마찬가지 이치로, 그는 아마도 무릎을 다친 사람을 치료하는 데 있어서는 별로 효과적이지 못할 것이다. 만약 환자의 혈액에서 열대성 기생충을 발견하더라도 그는 어떻게 손을 써야 할지 알 수 없을 것이다.

이러한 사실은 모든 지식 노동에 정확히 적용된다. 지식 경제에서는 '제너럴리스트(generalist)'—이것은 일본 기업을 포함하여 전통적인 대부분의 기업이 개발하려고 노력한 인적 자원의 모델이지만—의 역할이 매우 제한된다. 정말이지, 제너럴리스트는 그 자신이 지식을 관리하고 또 지식 근로자를 관리하는 전문가가 되는 경우에만 존재 가치가 있다. 그것은 또한 아무리 '충성심'을 강조할지라도 앞으로 지식 근로자는 자신의 정체성을 확인시켜 주고 개별적인 특성을 강조해 주는 대상으로서 자신이 몸담고 있는 조직이 아닌 자신의 전문 분야를 택하게 되리란 것을 의미하기도 한다. 앞으로의 공동체는 어디에서 그리고 누구를 위해 일하든지 간에 고도로 전문화된 지식을 갖춘 사람들로 구성될 것이다.

미국의 경우, 1950년대와 1960년대까지는 파티에서 어떤 사람을 만나 직업이 무엇이냐고 물으면, "제너럴 일렉트릭에 다닙니다." 혹은 "시티 은행에 다니지요."라는 대답을 들을 수 있었다. 그리고 그 밖에 다른 여러 고용 기관에 다니고 있다는 대답을 들을 수 있었다. 각자 일하고 있는 고용 기관의 이름을 대며 그것을 직업이라고 소개하는 것이었다. 요즈음의 일본에서는 여전히 이런 종류의 대답을 들을 수 있다. 뿐만 아니라 독일에서도, 영국에서도, 프랑스에서도 그리고 다른 여러 선진국에서도 들을 수 있다. 하지만 오늘날의 미국은 다르다. 미국에서 누군가가 파티에서 만난 사람에게 "직업이 무엇입니까?"라고 물으면, 아마도 "나는 금속 기술자입니다." 또는 "나는 소프트웨어 디자이너입니다."라는 대답을 들을 수 있을 것이다. 다시 말하자면, 적어도 미국의 지식 근로자들은 이제 더 이상 자신을 고용 기관과 동일시하지 않는다는 것이다. 그들은 자신의 전문 지식 분야와 자신을 동일시하고 있다. 이런 현상은 다른 국가, 심지어는 일본에서도 나타나고 있는데, 특히 젊은이들 사이에서는 좀더 확연히 나타나고 있다.

내 생각에는, 기술이나 정보 또는 전자상거래(e-commerce)보다는 이러한 지식 근로자들의 의식 변화가 미래의 조직을, 특히 기업을 근본적으로 바꾸어놓는 데 훨씬 더 큰 역할을 하리라 보여진다.

앞에서도 말했지만, 나는 이런 변화가 일어날 것이라는 점을 1950년대 후반 처음으로 인식했고, 1966년도에 『효과적인 경영자』라는 책에 그 내용을 담아 출간했다. 아마도 이 책은 내가 쓴 경영 관련 책들 가운데 여전히 가장 인기 있고 또한 가장 많이 읽히고 있는 책일 것이다. 그 이후에도 나는 줄곧 이 거대한 변화의 의미를, 특히 그것이 개인에게 미치는 의미를 파악하기 위해 연구를 계속해 왔다. 왜냐하면 개인은 이런 변화를 자기 자신을 위한 기회, 즉 자신의 경력, 자신의 성과 그리고 자기 실현을 위한 기회로 활용할 수 있어야 하기 때문이다. 또한 미래의 조직이 어떤 모습일지 그리고 어떤 종류의 미래 조직이 성공할 것인지를 대부분 결정하는 것은 지식 근로자 개인이기 때문이다.

우리의 논의 대상이 기업이든, 정부 기관이든, 비영리 기관이든 경영에 관한 만족할 만한 정의는 단 한 가지밖에 없다. '경영이란 인적 자원의 생산성을 높이는 것이다.' 인적 자원의 생산성을 높이는 것은 앞으로 경쟁 우위를 획득하기 위한 유일한 방법이 될 것이다. 경제학자들이 말하는 전통적 생산 요소, 즉 토지와 노동과 자본은 이제 더 이상 경쟁 우위의 원천으로서 언급되지 않고 있다. 다른 자원도 마찬가지지만, 경제학자들이 말하는 그런 생산 요소를 제대로 활용하지 못하면 경쟁에서 매우 불리한 입장에 서게 될 것이라는 점은 분명하다. 그러나 모든 기업이 똑같은 원재료를 똑같은 가격으로 사는 것은 얼마든지 가능하다. 또한 자본은 전세계 어디에서나 조달이 가능하다. 그리고 육체 노동은, 즉 전통적인 제3의 생산 요소는 대부분의 기업에서 상대적으로 중요하지 않은 요소가 되었다. 미국의 전통적인 제조업 회사에서도 인건비가 총원가에서 차지하는 비율은 12퍼센트 내지 13퍼센트를 넘지 않는다. 고도의 노동집약적인 산업(예를 들면, 모직 스웨터 제조업 같은)이 아니면 육체 노동자의 인건비를 절약하는 것은 경쟁 우위를 확보하는 데 큰 도움이 되지 않는다.

이제 단 하나의 의미 있는 경쟁 우위는 지식 근로자의 생산성이다. 그리고 지식 근로자의 생산성은 경영자의 손에 달려 있지 않고, 거의 대부분 지식 근로자 그 자신의 손에 달려 있다. 앞으로 고용 기관의 성공은 지식 근로자 개개인에게 더 많이 의존하게 될 것이다.

이러한 것이 바로 이 책의 근본적인 주제이다. 이 책은 개인과 고용 기관이 1)지식 노동과 지식 근로자의 본질, 2)핵심적 생산 요소로서의 지식과 지식 근로자가 제공하는 기회의 본질, 3)기본적인 생산 요소가 지식 그리고 지식 근로자로 이동함에 따라 개인과 고용 기관 모두에게 부과되는 요구 사항의 본질을 인식하는 데에 많은 도움이 될 수 있도록 쓰여졌다.

오늘날 개인과 고용 기관에게 요구되는 사항들은 아주 '새로운' 것이긴 하지만 특별히 어려운 것은 아니다. 그렇긴 해도 그런 요구 사항들을 충족시키는 것이 개인과 기업 모두가 성공하고 또 존속하기 위한 핵심 요소가 될 것임은 분명하다. 앞으로 다가올 수십 년 동안, 지식 경제에서 어떤 조직이 성공할 것인지 그리고 지식 근로자로서 어떤 사람이 성공할 것인지가 확실해질 것이다. 이 책은 지식 근로자가 자신이 속한 조직에서 어떻게 일해야 하고, 또 자기 자신을 어떻게 스스로 관리해야 하는지를 알 수 있게 해줄 것이다. 이 책의 목적은 바로 그 두 가지 소명 모두에서 성공을 거두도록 하는 데 있다.

THE ESSENTIAL DRUCKER

c·o·n·t·e·n·t·s
프로페셔널의 조건

- 한국 독자들에게 / 5
- 서 문 / 11

1 새로운 사회의 거대한 변화

제1장 · 지식의 전환과 지식 사회 / 27
제2장 · 조직 사회와 지식 근로자 / 65

2 지식 노동과 지식 근로자의 생산성

제3장 · 생산성을 어떻게 향상시킬 것인가 / 91
제4장 · 어떻게 성과를 올릴 것인가 / 111
제5장 · 공헌할 목표에 초점을 맞추어라 / 135

c·o·n·t·e·n·t·s
프로페셔널의 조건

3 프로페셔널로서의 자기 관리

제6장 · 인생을 바꾼 7가지 지적 경험 / 153
제7장 · 자신의 강점을 파악하라 / 173
제8장 · 시간을 관리하는 방법 / 187
제9장 · 중요한 일에 집중하라 / 215

4 프로페셔널을 위한 몇 가지 기초 지식

제10장 · 효과적인 의사 결정 방법 / 229
제11장 · 조직 내에서의 커뮤니케이션 방법 / 261
제12장 · 정보 중심 조직의 특성 / 272
제13장 · 리더십은 어떻게 발휘하는가 / 280
제14장 · 강점을 활용하는 방법 / 287
제15장 · 경영 혁신의 원리와 방법 / 299

THE ESSENTIAL
DRUCKER

5 자기 실현을 향한 도전

제16장 · 인생의 후반부를 준비하라 / 315
제17장 · 교육받은 사람이란 누구인가 / 327
제18장 · 어떤 사람으로 기억되기 바라는가 / 341

- 부록—정보 혁명 이후의 지식 근로자 / 359
- 옮긴이의 글 / 382
- 피터 드러커의 저서 목록 / 385

제1부

새로운 사회의 거대한 변화

지식의 전환과 지식 사회

> 새로운 사회가 비(非)사회주의 사회이고 또한 자본주의 이후 사회라는 것은 확실하다. 그리고 그 사회에서 제일 중요한 자원은 지식이라는 사실 역시 확실하다. 이것은 또한 앞으로의 사회는 틀림없이 조직의 사회가 되리라는 것을 의미한다.

서양의 역사에서는 수백 년마다 한 번씩 급격한 전환이 일어난다. 지금 세계는 내가 예전에 '역사의 경계'라고 불렀던 바로 그 전환기를 건너고 있다. 이 전환의 시기에 사회는 그 스스로를 수십년 동안에 걸쳐 재정비한다. 세계를 보는 관점, 기본적 가치관, 사회적·정치적 구조, 예술을 보는 관점 그리고 주요한 사회 기관들을 재조직하는 것이다.

그리하여 50여 년이 지난 뒤에는 완전히 새로운 세상이 되어버리고, 새로 태어나는 아이들은 그들의 조부모가 살았던 세상 그리고 그들의 부모가 태어났던 세상을 전혀 알 수 없을 뿐만 아니라 상상조차 할 수 없게 된다.

전환의 시대

우리는 지금 말의 진정한 의미 그대로 전환의 시대에 살고 있으며, 이 전환은 자본주의 이후의 사회(Post-Capitalist Society)를 탄생시키고 있다.

그러한 예가 될 하나의 전환이 13세기에도 있었다. 당시 유럽에는 거의 하룻밤 사이라고 할 만큼 갑작스럽게 새로운 모습의 도시들이 생겨났다. 도시 길드(city guild)가 새로운 지배적 사회 집단으로 등장하였고, 멀리 떨어져 있는 도시들간의 원거리 교역이 다시 시작되었다. 새로운 건축 양식으로서 매우 도시적인 고딕 양식이 유행하였고, 시에나(Sienese) 화파가 새로운 화파로서 등장하였다. 지혜의 근원으로서 아리스토텔레스를 재평가하게 되었으며, 도시의 대학들이 시골 수도원을 대신하여 문화의 중심지로 부상하였다. 새로운 도시형 가톨릭 교단으로서 도미니코 수도회와 프란체스코 수도회가 생겨나서 종교와 학문과 정신의 구심점으로서의 역할을 하게 되었고, 이후 수십 년에 걸쳐 라틴말로 된 성경이 각 국가의 자국어로 번역되었다. 그리고 단테(Alighieri Dante)에 의해 유럽 문학이 창조되었다.

다음의 전환은 그로부터 200년쯤 지나서, 요하네스 구텐베르크(Johannes Gutenberg)가 활판 인쇄술을 발명한 1455년부터 마르틴 루터(Martin Luther)가 종교 개혁을 일으킨 1517년에 이르는 60여 년에 걸쳐 일어났다. 이 기간은 르네상스의 전성 시대로서, 르네상스는 1470년에서 1500년 사이에 이탈리아의 플로렌스와 베니스에서 절정을 이루었다. 이 기간 동안에 고대 사회의 재발견,

유럽에 의한 아메리카의 발견, 로마 군단 이후 최초의 상비군인 스페인 보병대의 위용, 해부학의 재발견과 인체에 대한 과학적 의문의 제기, 서양 세계에 아라비아 숫자의 전반적인 보급이라는 중대한 사건들이 일어났다. 아마도 1520년경에 살았던 사람들 그 누구도 자신의 조부모와 부모가 살았고 태어났던 세상을 상상할 수 없었을 것이다.

그 다음의 전환은 1776년에 시작되었다. 이 해는 미국 독립 운동이 시작되었고, 제임스 와트(James Watt)가 증기 기관을 완성했으며, 애덤 스미스(Adam Smith)가 『국부론 *Wealth of Nations*』을 쓴 해였다. 이 전환은 40년 뒤인 1815년에 워털루(Waterloo) 전쟁이 일어나면서 종결되었다. 이 40년 동안 각종의 무슨무슨 '주의'가 탄생하였다.

자본주의와 공산주의가 생겨났으며, 산업 혁명 역시 이 기간 동안에 일어났다. 1809년에는 최초의 현대적 대학인 베를린 대학이 설립되면서 학교 교육이 보편화되기 시작하였다. 이 40년 동안에 일어난 사건 중 또 한 가지 특기할 만한 일은 유대인의 해방인데, 1815년경 로트실트(Rothschild 또는 Roschild) 가문(유대인인 암셀 로트실트는 1760년 프랑크푸르트에서 금융업을 시작하였다. 후에 그의 다섯 아들은 런던, 파리, 나폴리, 빈 등 유럽의 주요 도시에서 은행을 경영했다—역주)은 유럽의 왕들과 군주들보다 더 주목받는 존재가 되기도 하였다. 사실상 이 40년 동안 새로운 유럽 문명이 창조되었던 것이다. 1820년경에 살았던 사람들 역시 그들의 조부모와 부모가 살았고 태어났던 40년 전의 세상을 상상할 수 없었을 것이다.

지금 우리가 살고 있는 이 시대 역시 하나의 그러한 전환의 시대이다. 그러나 이번의 전환은 지금까지와는 달리 서양의 사회와 역사에만 국한된 것이 아니다. 이 전환은 더 이상 '서양의' 역사라든가 혹은 '서양의' 문명이 따로 없는 근본적인 변화이다. 이제는 다만 세계 역사와 세계 문명―그러나 모두 '서양화된'―만 있을 뿐이다.

우리가 여전히 전환기의 한가운데에 있다는 것은 명백한 사실이다. 만일 과거 역사를 하나의 지침으로 삼을 수 있다면, 지금의 전환은 2010년 또는 2020년까지도 완료되지 못할 것이다. 그러나 새로운 전환은 이미 세계의 정치적, 경제적, 사회적 그리고 도덕적 관점을 바꿔놓기 시작하였다. 1990년 이후에 태어난 아이들 중 그 누구도 그들의 조부모(나 자신의 세대)가 자랐고, 부모가 태어났던 세상을 상상할 수 없을 것이다.

1455년에 시작된 전환, 즉 중세와 르네상스 사회를 근대 사회로 탈바꿈시킨 전환을 이해하기 위한 최초의 성공적인 시도는 그 후 50년이 지나서야 나타났다. 1510년에서 1514년 사이에 쓰여진 코페르니쿠스(Copernicus)의 『회고록 Commentaries』과 1513년에 쓰여진 마키아벨리(Machiavelli)의 『군주론 The Prince』, 1510년에서 1512년 사이에 미켈란젤로(Michelangelo)가 르네상스의 모든 예술을 종합하고 또한 그것을 뛰어넘음으로써 그려낸 시스틴 채플(Sistine Chapel: 바티칸 궁전에 딸려 있는 작은 경당으로 르네상스의 전성기 그리고 르네상스 전후 시기에 속하는 대표적인 화가들의 작품이 한 곳에 있다―역주)의 천장 벽화 그리고 1540년대에 있었던 트리엔트 공의회(Tridentine Council: 1545년에서 1563년 사이 이탈리아 트리엔트에서 열린 가톨릭 교회의 공의회로서 종교 개혁자들에 의해 지탄받은 폐습을 개혁하고 근대 가톨릭 교회의 입장을 공고히 하였음—역주)를 통한 가톨릭 교회의 재건 등이 새로운 전환의 시대를 이해하고 그에 적응하려는 시도들이었다.

그 다음의 전환—즉 200여 년 전 일어난 것으로서 미국 독립 운동에 의해 자극받아 일어난 전환—은 60년이나 지나서야 처음으로 이해되고 분석되었는데, 그것은 토크빌(Alexis de Tocqueville)이 1835년과 1840년에 각각 발표한 두 권짜리 책인 『미국의 민주주의 Democracy in America』에서였다.

우리는 자본주의 시대와 주권 국가의 사회적, 경제적 그리고 정치적 역사를 재검토하고 수정해야 하는 새로운 자본주의 이후의 사회 속으로 충분히 들어왔다.

자본주의 이후 사회의 모습을 예측하는 것은 여전히 조심스러운 일이다. 하지만 내 생각으로는, 이 새로운 시대에 "어떤 새로운 물음이 제기될 것인가?" 그리고 "어디에 커다란 새로운 문제점이 놓여 있을까?"하는 질문에 대해서는 지금으로서도 어느 정도 높은 확률을 가지고 예측할 수 있으리라 보여진다. 또한 많은 분야에 있어서는 어떤 일도 일어나지 않을 것이라는 사실 역시 우리는 말할 수 있을 것이다. 대부분의 질문에 대한 '해답들'은 여전히 미래라는 자궁 속에 깊숙이 감추어져 있다. 다만 한 가지 확신할 수 있는 것은 현재의 가치와 신념과 세계관 그리고 사회·경제적 구조와 정치적 개념과 시스템을 재조정함으로써 나타날 새로운 세상은 오늘날 그 어느 누구도 상상하지 못한 전혀 새로운 모습이 될 것이라는 점이다. 어떤 영역에서는—특히 사회와 사회 구조에서는—이미 근본적인 전환이 시작되었다. 새로운 사회가 비(非)사회주의 사회이고 또한 자본주의 이후 사회라는 것은 확실하다. 그리고 그 사회에서 제일 중요한 자원은 지식이라는 사실 역시 확실하다. 이것은 또한 앞으로의 사회는 틀림없이 조직의 사회가 되리라는 것을 의미한다.

지식의 적용

1750년에서 1900년 사이의 150년 동안 자본주의(capitalism)와 기술(technology)은 이 지구를 정복하고 새로운 문명을 창조하였다. 자본주의라든가 기술 혁신이라든가 하는 말이 완전히 새로운 것은 아니었다. 두 가지 모두 동서양의 역사에서 공통적으로 여러 시대에 걸쳐 반복되었던 현상이다. 이 두 가지가 새롭게 부각된 것은 그것들이 확산되는 속도 그리고 문화와 사회 계층과 지리적 제한을 넘어 뻗어나가는 세계적인 범위 때문이었다. 이 속도와 범위가 과거의 전통적 자본주의를 현대적 '자본주의'와 '시스템'으로 변화시켰으며, 또한 전통적 진보를 '산업 혁명'으로 전환시켰다.

이러한 전환은 지식의 의미에 대한 근본적인 변화에 의해 촉진되었다. 서양과 동양 모두에서 지식이란 언제나 '존재(being)'에 대해 적용되는 것으로 생각해 왔다. 그러던 것이 어느 순간부터 지식이 '행위(doing)'에 적용되기 시작했다. 지식 그 자체가 자원이 되고 실용적인 것이 되었다. 과거에는 언제나 사유 재산이었던 지식이 어느 한순간에 공공 재산이 되었다.

지식의 의미가 변화하게 된 첫번째 국면인 100년 동안 지식이 작업 도구와 제조 공정 그리고 제품에 적용되기 시작함으로써 산업 혁명(Industrial Revolution)이 일어났다. 또한 카를 마르크스(Karl Marx, 1818~1883)가 말하는 '소외', 새로운 계급과 계급 투쟁 그리고 궁극적으로는 공산주의가 탄생하였다. 1880년경부터 시작하여 제2차 세계대전 무렵 최고 절정기에 이른 두번째 국면에서 새로운 의미의 지식은 작업(work) 그 자체에 적용되었다. 이는 '생산성 혁명(Productivity Revolution)'으로 연결되었고, 그 후 75년 만에 생산성 혁명은 프롤레타리아들을 상류 계급과 거의 맞먹는 소득을 올리는 중산층 부르주아로 바꾸어놓았다. 결국 생산성 혁명은 계급 투쟁과 공산주의가 무릎을 꿇도록 만들었다.

마지막 국면(첫번째, 두번째, 마지막 국면이라는 구분은 드러커가 지식의 적용 과정을 구분한 것이다. 첫번째(1780~1880)는 지식이 작업 도구, 제조 공정 그리고 제품에 적용되어 산업 혁명을 일으켰고, 두번째(1880~제2차 세계대전)는 지식이 작업에 적용되어 생산성 혁명을 일으켰고, 세번째(1944년 미국의 제대군인원호법 통과 이후)는 지식이 지식 그 자체에 적용되어 경영 혁명을 일으키는 과정으로 요약할 수 있음-역주)은 제2차 세계대전 후에 시작되었다.

지식이 '지식' 그 자체에 적용되기 시작한 것이다. 이것이 '경영 혁명(Management Revolution: 이때의 경영 혁명은 버넘(J.Bumahm)의 『경영의 혁명 *Managerial Revolution*』(1941)과는 무관한 것임-역주)'이다. 지식은 지금 빠른 속도로 자본 및 노동과 함께 중요한 하나의 생산 수단이 되고 있다. 우리가 살고 있는 사회를 '지식 사회(knowledge society)'라고 부르는 것은 아직 시기 상조일지도 모른다(확실히 앞질러 가는 것 같기도 하다). 왜냐하면 아직까지 우리는 지식 경제(knowledge economy)만을 겨우 알고 있기 때문이다. 그렇다 해도 우리 사회가 '자본주의 이후의 사회'인 것만은 틀림없는 사실이다.

    자본주의는 동서양 모두에서 여러 시대에 걸쳐 다양한 형태로 출현과 재출현을 거듭했다. 그리고 수많은 기술의 발명과 혁신 역시 이전 시대에서부터 있어왔으며―물론 이 또한 자본주의와 마찬가지로 동서양 어느 곳에서나 있었다―그 가운데 많은 것이 18세기 후반 내지 19세기 초반에 있었던 것과 같은 근본적인 기술적 변화를 초래하였다. 지난 250년간의 기술 발전에서 전례를 찾아볼 수 없는 독특한 점이 있다면, 바로 속도와 범위이다. 현대 자본주의는 과거 역사에 나타나는 모든 자본주의, 즉 산업 혁명 이전의 자본주의와는 달리 사회의 한 부분으로 존재하지 않는다. 산업 혁명 이후의 현대 자본주의는 그 자체로 사회가 되었다. 1750년과 1850년 사이의 불과 100년 동안에 현대 자본주의는 좁고 제한된 일부 지역을 벗어나 서북부 유럽 전체로 퍼져나갔다. 그리고 그 후 50년 동안에는 전세계로 퍼져나갔다.

    과거의 모든 자본주의는 사회에서 극소수를 차지하는 일부 계층에만 관련이 있었다. 귀족, 지주, 군인, 농부, 전문 직업인, 장인(匠人), 심지어 노동자들까지도 자본주의와는 거의 아무런 관련도 가지지 못했다. 하지만 현대 자본주의는―이전의 자본주의와는 달리―사회의 모든 집단에 스며들어 변화를 일으켰다.

    구대륙(신대륙 발견 이전의 유럽, 아시아, 아프리카 세계를 의미함―역주)에서는 일찍부터 새로운 도구와 제조 공정, 새로운 원료와 농작물 그리고 새로운 기계들―지금은 우리가 '기술'이라 부르는 것들―이 빠른 속도로 확산되었다.

현대 기술 중에서 13세기에 발명된 안경만큼 빠른 속도로 보급된 예는 좀처럼 찾아보기 어렵다. 1270년경 영국의 프란체스코회 수도사인 베이컨(Roger Bacon)이 광학 실험을 통해 탄생시킨 노인용 독서 안경은 1290년 아비뇽에서 교황을 재판할 때 사용되었으며, 1300년경에는 카이로에서 술탄(Sultan)이 사용하였고, 1310년 이전에 이미 중국 원 나라의 황제도 안경을 사용한 걸로 알려져 있다. 19세기의 발명품 중에서는 재봉틀과 전화기 정도만이 이렇게 빠른 속도로 보급되었을 뿐이다.

그러나 초기의 기술적 변화는 거의 예외 없이 하나의 기능 혹은 하나의 용도에만 국한되어 일어났다. 베이컨의 독서용 안경이 다음 단계인 근시 안경으로 발명된 것은 1500년대 초로서 200년이라는 긴 시간이 흐른 뒤였다. 항아리를 만들기 위한 물레는 지중해 연안에서 기원전 1500년경부터 이미 사용되고 있었다. 당시 대부분의 집에서 음식을 만들거나 물을 담아놓기 위한 항아리를 가지고 있었다. 그러나 항아리를 만드는 물레의 원리가 실을 잣는 물레에 적용된 것은 기원후 1000년경이 되어서였다.

반면에 산업 혁명 시기의 발명품들은 즉각 국경을 넘어 전파되었고, 생각할 수 있는 모든 수공업과 산업들에 적용되었다. 그 발명들은 즉시 광범위하게 응용이 가능한 신기술로 받아들여졌다.

지식의 새로운 의미

우리는 주요한 역사적 사건들이 19세기에 헤겔(Hegel)이나 마르크스가 주장한 이데올로기와는 달리 '극도로 단순하게' 설명될 수 있는 것들이 아니라는 점을 잘 알고 있다. 대부분의 중요한 역사적 사건들은 단 한 가지의 원인에 의해 발생하기보다는 서로 다른 수많은 독립적인 사건들이 발전되고 합쳐져서 일어나기 마련이다.

따로따로 일어난 여러 가지 사건들—이들 대부분은 서로 아무런 관련도 없다—이 합쳐져 과거의 자본주의를 현대의 자본주의로 탈바꿈시켰으며, 단순한 기술적 진보를 산업 혁명으로 전환시켰던 것이다. 독일의 사회학자인 막스 베버(Max Weber, 1864~1920)는 '자본주의는 프로테스탄트적 윤리가 만들어낸 결과'라고 주장했다. 20세기 초에 발표되어 너무나도 잘 알려진 이 이론은 지금은 납득할 만한 충분한 증거가 없다는 이유로 대부분 부정되고 있다. 마르크스가 초기 논문에서 주장한 것, 즉 새로운 동력원으로 등장한 증기 기관은 막대한 투자를 필요로 했는데 수공업 장인들에게는 그 새로운 생산 수단에 투입할 자금이 없었기 때문에 결국 자본가들에게 생산 수단의 통제권을 양보하지 않을 수 없었다는 주장을 지지하는 것에는 어느 정도 일리가 있다.

그러나 자본주의와 기술 진보가 지금과 같이 사회 전반적으로 그리고 전세계적으로 유행하도록 하는 데 결정적인 영향을 미친 것은 다름 아닌 1700년경 또는 그 직후 유럽에서 일어난 '지식의 의미'에 대한 근본적인 변화이다.

우리가 무엇을 알 수 있으며, 그것을 어떻게 알 수 있는가에 대해서는 지금까지 수많은 이론들이 있었다. 기원전 400년경의 플라톤(Platon)에서부터 현대의 비트겐슈타인(Ludwig Wittgenstein,

1889~1951)과 포퍼(Karl Popper, 1902~1994)에 이르기까지 많은 형이상학자들이 그 질문에 대한 답을 해왔던 것이다. 그러나 지식의 의미와 기능에 관해서는 플라톤 이후 지금까지 동서양을 막론하고 두 가지 이론밖에 없었다.

소크라테스(Socrates)는 지식의 유일한 기능은 '자기 자신을 아는 것'이라고 하였다. 인간을 지적·도덕적·정신적으로 성장하게 하는 것을 지식의 유일한 기능으로 생각하였던 것이다. 한편 소크라테스에 필적할 만한 뛰어난 철학자인 프로타고라스(Protagoras)는 지식의 목적은 지식을 갖고 있는 사람으로 하여금 '무엇을 말해야 하는지 그리고 그것을 어떻게 말해야 하는지를 알게 하는 것'이라고 주장하였다. 그의 주장에 따르면, 지식은 논리학이자 문법이며 수사학(修辭學)이었다. 나중에 이 세 가지는 소위 '삼학(三學, trivium)'이라 하여 중세 학문 연구의 핵심이 되었는데, 지금 미국에서 '교양 교육(liberal education)'이라고 부르는 것 또는 독일인들이 '일반 교양(Allgemeine Bildung)'이라고 부르는 것과 같은 의미를 갖고 있었다.

동양에도 마찬가지로 지식에 관한 두 가지 이론이 있었다. 유학자들에게 있어 지식이란 출세와 성공의 한 방편으로서, 무엇을 어떻게 말해야 하는가를 아는 것이었다. 반면에 도가(道家)와 선승(禪僧)들에게 있어 지식이란 자기 자신을 아는 것으로서, 깨달음과 지혜에 이르는 길이었다. 유학과 도가는 지식이 무엇인가 하는 점에 있어서는 극명하게 대립적이었지만, 지식이 의미하지 않는 것이 무엇인가 하는 점에 있어서는 완전히 일치하였다. 이들에게 있어 지식은 '무엇을 할 수 있는 능력(ability to do)'을 의미하지 않았다. 즉 지식은 '실용성(utility)'을 내포하고 있지 않았다. 실용성은 지식에는 해당되는 것이 아니었다. 실용성은 '기능(skill)'—그리스어로는 'technē(그리스어로 장인 기술자에 해당하는데, 그리스 신화에 의하면 프로메테우스가 인간을 위해 불과 함께 신들로부터 훔쳐온 자연을 가공하는 기술을 의미함—역주)'이다—이었다.

같은 시대의 동양 철학자들, 즉 중국의 유학자들이 책을 읽는 것 외에 다른 모든 것을 매우 경멸했던 것과는 달리, 소크라테스와 프로타고라스는 'technē'를 중요하게 여겼다.

그러나 소크라테스나 프로타고라스에 있어서도 'technē'가 필요한 것이긴 했지만 지식을 의미하지는 않았다. 기능은 어떤 하나의 특수한 분야에 적용될 수 있는 것이지 일반적인 원리는 아니라고 생각했던 것이다. 예컨대, 그리스에서 출발해 시실리로 가는 항해를 통해 선장이 습득한 지식은 다른 어떤 것에도 적용될 수 없는 것이었다. 더욱이 'technē'를 배우기 위한 유일한 방법은 전문적 지식을 가진 어떤 사람을 스승으로 모시는 도제(徒弟)가 되거나 직접 경험해 보는 것뿐이었다. 'technē'는 말이나 글로는 설명해 줄 수 없는 것이어서 직접 하면서 보여주는 수밖에 없었다.

1700년경 또는 그 직후까지 영국인들은 'crafts(기능)'라는 말을 쓰지 않았다. 그 대신 'mysteries(비법)'라고 하였다. 그 이유는 어떤 숙련된 기능을 보유하고 있는 사람은 모두 그 기능을 비밀로 하겠다는 서약을 했기 때문이며, 또한 장인 밑에서 도제 생활을 해가면서 실제로 보고 배운 사람이 아니면 원칙적으로 그 기능에 접근할 수 없었기 때문이다.

산업 혁명

1700년 이후부터 시작하여―믿을 수 없을 만큼 짧은 기간인 50년 동안에―'기술(technology)'이 발명되었다. 이 기술이라는 말은 장인이 가진 비밀스런 기능인 'technē'와, 지식을 조직하고 체계화하고 목적지향적으로 정리하는 것을 뜻하는 'logy'를 조합하여 만든 것이다.

　기능에서 기술로 넘어가는 이 거대한 변화는 디드로(Denis Diderot, 1713~1784)와 달랑베르(Jean d'Alembert, 1717~1783)가 1751년에서 1772년 사이에 편집한―역사상 가장 중요한 책 가운데 하나인―『백과전서 *Encyclopédie*』에 기록되어 있다. 이 위대한 작업은 모든 장인의 지식을 종합하여 체계적으로 정리하려는 시도를 가지고 행해졌으며, 도제가 아닌 사람들도 '기술자(technologist)'가 될 수 있는 길을 열어주려는 것이었다. 『백과전서』에 등장하는 어떤 개별적인 기능들―예를 들면, 실을 잣고 피륙을 짜는 기능들―에 관한 글이 어느 한 사람의 장인에 의해 개인적으로 쓰여진 것이 아니라는 사실은 결코 우연만은 아니다. 그 글들은 '정보 전문가(information specialist)'에 의해 쓰여진 것이다. 여기에서 말하는 정보 전문가란 분석학자, 수학자 그리고 논리학자로서 훈련된 그 당시의 석학들을 말한다. 볼테르(Voltaire)와 루소(Rousseau) 같은 학자들이 당시 주요한 필자들이었다. 『백과전서』가 기본적으로 의도한 바는 물질 세계에서 보다 효과적인 결과―도구와 제조 공정과 제품 등등―를 얻기 위해서는 체계적인 분석에 의한 생산과 지식의 목적지향적인 적용이 필요하다는 것이었다.

　『백과전서』는 또한 어떤 기술로 특정 물건을 만드는 원리가 다른 물건을 만드는 데에도 적용될 수 있다는 사실을 설명해 주었다. 그러나 그것은 전통적 지식인과 장인들에게는 받아들여질 수 없는 금기였다.

18세기의 어떤 기술 학교도 '새로운' 지식을 생산하려고 하지 않았는데, 『백과전서』도 그 점에 있어서는 마찬가지였다. 심지어는 '과학'을 도구와 제조 공정 그리고 제품에 적용시키자는 말조차 입에 올리는 사람이 없었다. 그것이 바로 기술인데도 말이다. 물건을 만들어내는 데 과학을 적용시키는 것이 바로 기술이라는 개념이 빛을 보기까지는 1830년까지 100년이라는 긴 시간을 기다려야 했다. 독일의 화학자 리비히(Justus Liebig, 1808~1873)는 화학 비료를 만드는 데에 최초로 과학을 적용하였으며, 또한 과학을 이용해 동물의 단백질과 육질을 보관하는 방법도 개발하였다. 그렇지만 초기의 기술 학교와 『백과전서』의 역할은 아마도 훨씬 더 중요하였을 것이다. 기술 학교와 『백과전서』는 1,000년이라는 오랜 세월에 걸쳐 축적된 장인 기술의 비밀을 한데 묶어 정리하고 출간하였다. 이 작업은 경험을 지식으로 바꾸었고, 도제 제도 대신 교과서를 만들었으며, 은밀한 비밀처럼 전수되던 것을 공개적으로 전수될 수 있도록 하였으며, 또한 지식의 응용을 가능하게 하였다. 이런 것들이 바로 지금까지 우리가 '산업 혁명'이라고 불러 왔던 것의 본질이다. 즉 기술에 의한 사회의 전환과 문명의 세계적인 확산 말이다.

지식의 의미에 있어서의 이러한 변화는 현대 자본주의를 불가피하고 지배적인 영향력을 가진 것으로 만들었다. 특히 기술의 빠른 변화 속도로 인해 장인들은 도저히 감당할 수 없을 만큼 많은 자본을 필요로 하게 되었다. 새로운 기술은 생산의 집중화를 필요로 하였는데, 이는 곧 공장의 등장을 의미하였다. 지식은 수천 또는 수만의 협소한 개인 작업장이나 시골 마을의 가내 수공업 공장에서는 적용될 수 없었고, 하나의 큰 지붕 아래에서 이루어지는 생산의 집중화를 요구하였던 것이다.

또한 새로운 기술은 대규모의 동력을 필요로 하였는데, 수력이든 증기력이든 간에 어쨌든 그것은 분산될 수 없는 것이었다. 그런데 동력의 문제는 비록 중요하긴 하지만 부차적인 것이었다. 정작 가장 중요한 문제는 생산이 거의 순식간에 기능 중심에서 기술 중심으로 옮겨 간 사실이었다. 그 결과 이전까지는 늘 '조연급'에 머물러 있던 자본가들이 경제와 사회의 주역으로 급부상하게 되었다.

1750년까지도 대규모 사업은 개인의 몫이 아니라 어디까지나 정부의 몫이었다. 구대륙에서 최초의 제조업체이자 수세기 동안에 걸쳐 가장 큰 제조업체는 베니스 정부가 소유한 군수 공장이었다. 마이센(Meissen)이나 세브르(Sevres)의 도자기 공장 같은 18세기의 '제조 공장들'은 여전히 정부의 소유였다. 그러나 1830년경이 되면서 서구에 대규모 개인 자본가들에 의한 기업들이 많이 생겨나기 시작했다. 그로부터 약 50년 후인 1883년 마르크스가 세상을 떠날 때쯤에는 개인 자본 기업들이 티베트 혹은 사람이 살지 않는 아라비아 사막과 같이 세상에서 멀리 떨어진 구석진 곳을 제외하고는 지구상의 모든 곳으로 퍼져나갔다.

물론 기술과 자본주의에 대한 저항이 전혀 없었던 것은 아니다. 예를 들어, 영국과 독일의 실레시아(Silesia) 지방에서는 거센 폭동이 일어나기도 했다. 하지만 폭동이라고 해야 국지적인 것이었고, 몇 주일 또는 잘해야 몇 달간밖에 지속되지 않았다. 폭동으로 인해 자본주의의 보급 속도와 범위가 제한되는 일은 없었다. 마찬가지로 기계와 공장 시스템 역시 그다지 큰 저항 없이 빠른 속도로 널리 보급되었다.

새로운 사회를 탄생시킨 유례없이 빠른 변화의 속도는 사회적 긴장과 갈등을 유발하였다. 우리는 지금 19세기 초 공장 근로자들이 산업 사회 이전 시골의 토지 없는 농부들보다 더 못 살았다거나 더 형편없이 취급되었다는 일반적인 믿음은 진실이 아니라는 것을 알고 있다. 물론 그들은 잘살지 못했고 정중한 대우를 받지도 못했다. 하지만 그들이 시골을 등지고 도시의 공장으로 몰려든 것은 언제나 억눌리고 굶주려야만 하는 시골 밑바닥에서의 삶보다는 그래도 공장에서 일하는 편이 더 낫다는 것을 알았기 때문이다. 그들은 공장에서 한층 더 나은 '삶의 질'을 경험하였던 것이다.
이처럼 산업화는 마르크스가 주장한 대로 근로자들을 '착취'하는 것이 아니라 애초부터 물리적 수단을 개선하는 것을 의미하였다. 다만 그 변화의 속도가 너무나 빨라서 충격을 불러온 것뿐이었다. 새로운 사회 계급인 '프롤레타리아'는 마르크스가 만든 용어로 표현하자면, '소외'되었다. 마르크스는 프롤레타리아의 소외는 불가피하게 착취로 이어진다고 예견하였다. 왜냐하면 그들은 자신의 생존을 전적으로 자본가들이 소유하고 통제하는 '생산 수단'에 의존하고 있기 때문이었다. 그러므로 자본주의는 점점 더 소수의 강력한 자본가들에게 소유권을 집중시키고, 힘없는 프롤레타리아를 끝없이 착취하고, 드디어 자본주의는 스스로 힘에 부쳐서 무너질 것이며, 몇몇 남지 않은 자본가들은 '잃을 것이라곤 쇠사슬밖에 없는' 프롤레타리아들에 의해 타도될 운명이라는 것이 마르크스의 예견이었다.

우리는 지금 마르크스가 엉터리 예언자였다는 것을 알고 있다. —사실상 그가 예언했던 것과 정반대의 현상이 벌어졌다. 하지만 이것은 시간이 흐름으로써 확인된 뒷이야기이다. 마르크스와 동시대에 살던 사람들 거의 대부분은 비록 그의 예견에 대해서 전적으로 공감하지는 않더라도 자본주의에 대한 견해에 대해서는 동의를 하였다. 심지어 마르크스에 반대하는 사람들조차도 '자본주의의 고유한 내재적 모순'에 대한 그의 분석만큼은 받아들였다.

생산성 혁명

그러면 무엇이 마르크스와 마르크스주의를 패배시켰는가? 1950년쯤 되어서는 많은 사람들이 마르크스주의는 도덕적으로나 경제적으로나 실패했다는 사실을 알게 되었다(나는 그보다 훨씬 전인 1939년에 『경제인의 종말 The End of Economic Man』이라는 책에서 이러한 사실을 주장한 바 있다). 그렇다 해도 여전히 대부분의 사람들에게는 마르크스주의가 하나의 논리적인 이데올로기로서 완전무결한 무적(無敵)으로 남아 있었다. '반(反)마르크스주의자들'은 많았으나 '비(非)마르크스주의자들', 즉 마르크스주의가 시대에 뒤진 엉뚱한 것이라고 생각하는 사람들은 거의 없었다. 심지어는 사회주의를 격렬하게 반대하는 사람들조차도 여전히 사회주의가 대세(大勢)가 될 것으로 확신하고 있었다.

그러면 무엇이 '자본주의의 본래적 모순'과 노동 계층의 '소외'

와 '착취' 그리고 '프롤레타리아' 계급 그 자체를 한꺼번에 무너뜨렸는가?

그 대답은 바로 생산성 혁명이다. 250년 전 지식의 의미가 변화하면서 도구의 제조 공정과 제품에도 지식이 적용되기 시작하였다. 이것이 바로 오늘날 대부분 사람들이 '기술'이라고 부르는 것으로서 기술 학교에서 가르치고 있는 것들이다. 생산성 혁명은 마르크스가 세상을 떠나기 2년 전에 이미 시작되었다. 1881년 미국의 프레드릭 테일러(Frederick Winslow Taylor, 1856~1915)는 최초로 지식을 '작업(work)'의 연구와 분석에 적용하였으며, 또한 작업을 과학화하였다.

작업, 즉 일이라는 것은 오랫동안 인류와 함께 있었다. 사실상 모든 동물은 생존을 위해 일하지 않으면 안 된다. 그러나 오랫동안 서양에서는 일의 존엄성에 대해 논하는 것을 입에 발린 소리로밖에 간주하지 않았다. 호머(Homer)의 서사시가 발표된 지 100년이 지난 뒤에 출간된, 그리스에서 두번째로 오래된 책인 헤시오드(Hesiod, 기원전 8세기)의 『일과 나날 *Works and Days*』에는 일하는 농부를 노래한 시가 실려 있다. 가장 아름다운 로마의 시(詩) 가운데 하나인 버질(Virgil, 기원전 70~19)의 『권농가 *Georgics*』 역시 농사꾼의 일과를 노래한 시를 싣고 있다. 동양의 전통문학에서는 비록 일을 주제로 삼은 작품을 발견할 수는 없지만, 고대 중국의 황제들은 일 년에 한 번씩 벼 농사의 풍작을 기원하기 위해 쟁기를 잡았다고 한다.

그러나 동서양을 불문하고 일을 주제로 삼은 문학은 경험에 바탕을 둔 것이 아니라 어디까지나 상징적인 것이었다. 헤시오드도 버질도 농부가 실제로 하는 '일'에 대해 있는 그대로의 연구는 하지 않았다. 기록된 대부분의 역사를 통해 보건대, 어느 누구도 농부의 일에 대해 실질적인 연구를 한 사람은 없었다. 일이라는 것은 교육받은 사람이나 잘사는 사람 또는 권위 있는 사람들이 관심을 기울일 만한 그런 것이 아니었다. 일이란 노예들에게나 해당되는 것이었다. 작업자가 생산량을 좀더 늘리기 위한 유일한 방법은 더 오랜 시간 일하거나 더 열심히 일하는 것뿐이었다. 마르크스 역시 19세기의 다른 모든 경제학자들 또는 기술자들과 마찬가지로 그러한 신념을 갖고 있었다.

유복한 가정에서 교육을 받으며 자란 테일러가 작업 현장의 기술자가 된 것은 정말 우연한 일이었다. 시력이 좋지 않은 테일러는 하버드 대학에 입학하는 것을 포기하는 대신 제철소에서 일하기로 마음먹었다. 테일러는 매우 똑똑했기 때문에 다른 사람보다 빨리 승진해서 곧 관리자가 되었다. 그가 발명한 몇 가지 금속 세공품은 그를 일찌감치 부자로 만들어주었다. 그러면 무엇이 테일러로 하여금 작업 연구(work study)를 시작하게 만들었을까? 바로 19세기 후반 당시에는 흔한 일이었던, 자본가와 노동자 사이의 심각한 반목을 보고 느낀 충격 때문이었다. 다른 말로 표현하면, 테일러는 마르크스가 보았던 것, 디즈레일리(Disreaeli)와 비스마르크(Bismarck) 그리고 헨리 제임스(Henry James)가 보았던 바로 그것을 본 것이었다. 더 나아가 테일러는 그들 모두가 보지 못했던 것, 즉 자본가와 노동자 사이의 반목은 얼마든지 해소시킬 수 있다는 사실까지도 보았다. 테일러는 노동자들이 보다 생산적으로 일할 수 있게 함으로써 꽤 넉넉한 보수를 받도록 해야겠다는 결심을 하게 되었다.

테일러의 연구는 단지 능률을 높이기 위한 것이 아니었으며, 소유주의 이익을 창출해 내기 위한 것도 아니었다. 생산성 향상의 결과로 얻어지는 열매를 가장 많이 가지고 가는 것은 다름 아닌 노동자라는 그의 생각은 죽을 때까지도 변함이 없었다. 테일러의 연구에서 주된 관심은 소유주와 노동자, 즉 자본가와 프롤레타리아가 생산성 향상에 공통적인 관심을 기울이면서 지식을 작업에 적용하는 데 있어 협조 관계에 있는 사회를 창조하는 것이었다. 이러한 테일러의 사상을 지금까지 가장 근접하게 잘 이해한 것은 제2차 세계대전 후 일본의 소유주들과 노동 조합이었다.

테일러와 작업 연구

지식의 역사에 있어서 테일러만큼 많은 영향을 미친 사람은 아마 없을 것이다. 한편 테일러만큼 의도적으로 왜곡되고 한결같이 잘못 인용되고 있는 사람도 드물 것이다. 테일러가 그런 취급을 받은 부분적인 이유는 그가 옳았고 다른 지식인들이 틀렸다는 것을 역사가 증명해 주었기 때문이다. 또한 테일러가 계속해서 무시당할 수밖에 없었던 부분적인 이유는 그때까지도 여전히 지식인들 사이에는 일을 경시하는 풍조가 남아 있었기 때문이다. 확실히 삽으로 모래를 푸는 일(테일러가 발표한 가장 대표적인 작업 분석이다)은 '교육받은 사람(educated man)'에게 그리 탐탁하게 여길 만한 것도 중요한 것으로 간주될 만한 것도 아니었다.

그러나 테일러가 악평을 들은 이유는, 정확히 말하자면, 지식을 작업 연구에 적용했기 때문이다. 당시 노동 조합에서는 지식을 작업 연구에 적용하는 것을 금기 사항으로 여겼다. 노동 조합은 테일러를 대상으로 미국 역사상 가장 잔혹한 인격 말살 운동을 전개하였다.

노동 조합이 지적한 테일러의 가장 큰 죄(?)는 세상에 '숙련을 요하는 작업'이라는 것은 없다고 주장한 것이었다. 그는 육체 노동에는 다만 '작업'만 있을 뿐이며, 모든 작업은 똑같은 방법으로 분석될 수 있다고 주장하였다. 따라서 그의 작업 분석이 보여주는 대로, 그것이 수행되어야 하는 방식대로 작업할 의사가 있는 노동자라면 누구나 '일류 시민'이 될 수 있고, '최상급의 임금'을 받을 자격이 있었다. 즉 이들이 받는 임금은 오랫동안 도제 생활을 한 숙련 노동자가 받는 임금과 비슷하거나 또는 더 많을 수도 있다는 것이 테일러의 연구 결과였다.

테일러가 활동하던 시대에 사회적으로 인정받는 가장 강력한 노동 조합은 정부 소유의 병기창과 조선소였다. 제1차 세계대전까지는 평화시 미국의 모든 무기가 이곳에서 생산되었다. 이러한 노동 조합들은 숙련 직업별 독점 조합으로서 이 노동 조합에 가입할 수 있는 회원 자격은 회원의 아들이나 회원의 친척에게만 한정적으로 주어졌다. 회원이 되려면 5년 내지 7년 동안의 도제 수업을 받아야 했지만, 체계적인 훈련이나 작업 연구는 없었다. 훈련이나 작업 연구에 대해 기록을 남기는 것은 전혀 허용되지 않았다. 해야 할 작업에 대한 청사진이나 설계 도면 같은 것도 없었다. 회원들은 작업에 대한 비밀을 지킬 것을 맹세했으며, 작업에 대해 비회원과 의논하는 것은 허용되지 않았다. 테일러가 주장한 대로, 작업은 연구될 수 있고 분석될 수 있으며, 또한 작업은 일련의 간단하고도 반복적인 동작으로 나눌 수 있다는 것—즉 작업에서의 각 동작은 하나의 옳은 방법으로, 주어진 시간 내에, 알맞은 도구를 사용하여 수행될 수 있다고 한 것—은 노동 조합의 입장에서는 그야말로 치명적인 공격이었다. 그리하여 노동 조합은 테일러를 격렬하게 비난하면서 의회로 하여금 그에게 국영 병기창과 조선소에 대한 '과업 연구'를 더 이상 하지 못하도록 하는 데 성공하였다. 이 금지 조치는 제2차 세계대전이 끝나고 난 후까지도 유효하였다.

테일러는 노동 조합을 화나게 했을 뿐만 아니라 소유주들의 감정까지 상하게 했기 때문에 악화된 상태를 좀처럼 개선하지 못했다. 테일러는 노동 조합을 전혀 쓸모 없는 존재로 보는 한편, 소유주들에 대해서도 경멸하는 감정을 갖고 있었다. 심지어 테일러는 그들을 '돼지들'이라고 부르기도 했다. 그러면서도 테일러는 '과학적 관리법'을 적용함으로써 얻을 수 있는 수익 증가분이 소유주보다는 노동자에게 더 많이 돌아갈 것이라는 생각을 일관되게 유지하였다. 소유주들을 노골적으로 비난하기라도 하듯, 테일러는 '네번째 원칙(테일러는 『과학적 관리 원칙 The principles of Scientific Management』이라는 책에서 네 가지 기본 원칙을 제시하였다. 1)진정한 과학의 개발, 2)노동자의 과학적 선발, 3)노동자의 과학적인 교육과 계발, 4)경영자와 노동자 사이의 친밀한 협동인데, 이 네 가지 기본 원칙은 서로 분리될 수 없는 것들이다. 이 네 가지 관리 원칙은 주먹구구식이 아닌 과학, 불일치가 아닌 조화, 개인주의가 아닌 협동, 제한된 산출이 아닌 최대 산출, 각자의 최대 능률과 번영을 위한 개발로 요약됨—역주)'을 통해 작업 연구는 소유주와 노동자가 공동으로 할 것까지는 없지만 적어도 협의를 통해 진행되어야 할 필요가 있다고 역설했다.

마지막으로 테일러는 공장에서의 권한은 소유를 기준으로 결정되어서는 안 되며, 지식의 우월성이 그 기준이 되어야 한다고 주장했다. 이를 다른 말로 하자면, 테일러는 요즘 우리가 말하는 '전문 경영자'를 요구했던 것이다. 그러나 전문 경영자는 19세기의 자본가들에게는 저주받은 사람이었으며 '과격한 이단'이었다. 테일러는 자본가들로부터 '말썽꾸러기' 혹은 '사회주의자'라는 식의 격렬한 공격을 받았다(실제로 테일러와 가깝게 지냈던 제자나 동료들 가운데 많은 사람—특히 테일러의 오른팔 격이었던 바르트(Carl Barth, 1860~1939) 같은 사람—이 자신들을 '좌익'이라고 공공연하게 선언하는 강력한 반자본주의자들이었다).

당시 사람들에게는 테일러의 주장, 즉 모든 육체적 작업은 그것이 숙련을 요하는 것이든 혹은 단순 작업이든 간에 지식을 적용함으로써 분석되고 재조직될 수 있다는 주장이 너무나 터무니없는 것으로 여겨졌다. 사실 장인들이 갖고 있는 기능을 하나의 비법으로 간주한 것은 아주 오래된 일이었다.

테일러와 교육 훈련

테일러가 가장 큰 영향을 미친 분야는 바로 훈련 분야이다. 이미 100년 전에 애덤 스미스도 어느 한 나라 또는 지역이 고품질의 제품을 생산하는 기술을 습득하려면 최소한 50년의 경험(넉넉하게 잡으면 100년 정도)이 필요하다는 사실을 인정하였다. 스미스는 보헤미아와 작센 지방의 악기 생산과 스코틀랜드의 비단 직조를 그 예로 들었다.

1840년경에는 보시크(August Borsig, 1804~1854)라는 독일 사람—영국이 아닌 곳에서 증기 자동차를 만든 최초의 사람 가운데 한 명이다—이 현대 독일에 여전히 남아 있는 독일식 도제 제도를 창안하였다. 이 독일식 도제 제도란 학교에서 이론을 배운 다음 공장의 장인 아래에서 실제적인 경험을 쌓는 것이었다. 이 제도는 독일의 산업 생산성의 기초가 되었다. 그러나 보시크의 도제 수업 기간마저도 3년 내지 5년이나 되었다.

반면에 미국은 제1차 세계대전 때 그리고 특히 제2차 세계대전 때 근로자들을 훈련하는 데에 테일러의 접근 방식을 체계적으로 적용함으로써 단지 수개월 만에 '일류 기술자'를 탄생시킬 수 있었다. 이는 미국이 일본과 독일을 패배시킬 수 있었던 가장 큰 요인이 되기도 하였다.

현대 역사 초기의 모든 경제 강국들—영국, 미국 그리고 독일—은 새로운 기술의 선도자 역할을 하면서 등장하였다. 제2차 세계대전 후에 등장한 경제 강국들—처음 등장한 나라가 일본이고, 그 다음 한국, 대만, 홍콩, 싱가포르—모두는 그들이 이룬 초고속 경제 성장에 대한 공을 테일러의 훈련 방식에 돌려야만 한다. 테일러의 훈련 방식은 여전히 산업 사회 이전 단계에 머물러 있고 낮은 임금의 근로자들뿐이었던 이들 국가들로 하여금 짧은 시간 내에 세계적 수준으로 생산성을 향상시킬 수 있도록 해주었다. 제2차 세계대전 후 몇 세대 동안 테일러식 훈련은 경제 발전에 있어 가장 효과적이고 강력한 엔진 역할을 하였다.

작업에 대한 지식의 적용은 생산력을 폭발적으로 증대시켰다.

제품을 생산하고 운반하는 작업자의 능력은 수백 년 동안 그다지 향상되지 않았다. 기계들은 계속해서 생산 능력을 향상시켜 나갔지만, 작업자 자신의 생산 능력은 제자리에 머물러 있었다. 즉 옛날 그리스의 작업장에서 일했던 사람이나 로마 제국의 도로를 건설했던 사람 혹은 르네상스 시대에 플로렌스로 하여금 부를 축적할 수 있게 해준 고가의 모피 옷을 짰던 사람과 비교해 보면 별로 달라진 것이 없었던 것이다.

그러나 테일러가 지식을 작업에 적용하기 시작한 지 몇 년 안 되어 작업자의 노동 생산성이 연간 3.5퍼센트 내지 4퍼센트씩 향상되기 시작하였다. 이를 계산해 보면, 매 18년마다 생산성이 두 배로 된다는 결과가 나왔다. 테일러의 훈련 방식을 도입한 국가들의 생산력은 거의 50배 가까이 증가하였는데, 이 놀라운 생산력 증대야말로 모든 선진(developed) 국가에서 생활 수준과 삶의 질을 월등히 향상시킬 수 있었던 근원이었다.

증대된 생산력의 반 정도는 보다 높은 생활 수준을 의미하는 구매력의 증대로 나타났다. 나머지 3분의 1 또는 절반 정도는 여가 생활의 증가로 나타났다. 선진국의 근로자들 역시 1910년경까지는 과거와 마찬가지로 연간 3,000시간 가까이 일했다. 그러나 지금은 가장 일을 많이 한다는 일본인들도 연간 2,000시간 정도 일하고 있을 뿐이다. 미국 근로자들은 연간 약 1,850시간을 일하며, 독일인은 잘해야 1,600시간 정도 일하고 있다. 그럼에도 그들의 생산력은 80년 전과 비교해 시간당 50배나 증가하였다. 생산력 증대로 얻어진 몫 중 상당 부분은 건강을 돌보는 데에 쓰여졌는데, GNP(국민총생산) 대비 거의 제로에 가까웠던 건강 관리비가 8퍼센트 내지 12퍼센트까지 높아졌다. 또한 GNP 대비 2퍼센트 수준이었던 교육비 지출도 10퍼센트 또는 그 이상으로 늘어났다.

테일러가 예견한 대로, 생산성 향상으로 얻어진 열매의 대부분은 노동자들, 즉 마르크스식으로 하자면 프롤레타리아들이 가져갔다.

1907년 헨리 포드(Henry Ford, 1863~1947)는 값싼 자동차 모델 T를 최초로 내놓았다. 그러나 그 T모델이 '싸다'는 것은 당시 시장의 다른 자동차들과 비교해서 그렇다는 것일 뿐, 국민 평균 소득 수준에서 보자면 그렇지도 않았다. 당시의 자동차 값은 요즈음 엔진이 두 개 달린 개인용 경비행기 값에 해당되었다. 당시 미국의 근로자들이 750달러짜리 자동차를 사려면 3년 내지 4년간 받은 임금을 모두 모아야 가능했다. 당시의 하루 임금은 80센트밖에 안 되었고, 물론 '복지 수당' 같은 것도 없었다. 심지어는 외과 의사들의 연간 수입도 500달러를 조금 넘는 수준에 불과했다. 오늘날 미국이나 일본 혹은 독일의 자동차 회사에서 일하는 근로자들은 과거에 비해 훨씬 적게 일하면서 임금은 훨씬 더 많이 받아가고 있다. 자동차 한 대를 사기 위해 몇 년씩 저축하지 않아도 될 정도로 임금 수준이 높아진 것이다.

1930년경 테일러의 과학적 관리법은—노동 조합과 지식인들의 저항에도 불구하고—모든 선진국을 휩쓸었다. 그 결과 마르크스의 '프롤레타리아'는 '부르주아'가 되었다. 자본주의 산업 혁명의 진정한 수혜자는 '자본가'가 아니라 제조 공장에서 일하는 블루칼라 노동자인 '프롤레타리아'였던 것이다. 바로 이러한 사실이

1900년이 되기 전에 '혁명'을 겪게 될 것이라고 마르크스가 예견했던 고도로 발달한 선진국에서 오히려 마르크스주의가 완전히 실패한 이유가 무엇인지를 설명해 주고 있다. 이는 또한 극심한 빈곤과 굶주림과 실업난에 허덕이던 1918년 이후의 중부 유럽 국가에서조차 '프롤레타리아 혁명'이 일어나지 않은 이유를 설명해 준다. 그리고 미국의 대공황이 레닌과 스탈린—그리고 모든 마르크스주의자들—이 확신하고 기대했던 공산주의 혁명으로 이어지지 않은 이유에 대해서도 해명해 준다. 그때까지만 해도 마르크스식 프롤레타리아들은 만족스러울 만큼의 풍요로움을 누리지 못했다. 하지만 그들은 최소한 중산층까지는 올라가 있었다. 그들은 보다 생산적인 노동자가 되어 있었던 것이다.

마르크스는 종종 다윈(Charles Robert Darwin), 프로이트(Sigmund Freud)와 함께 '현대 세계를 창조한 삼위일체'로 간주되기도 한다. 하지만 이 세상에 정말 정의(正義)라는 것이 있다면 마르크스 대신 테일러를 그 자리에 앉혀야만 한다. 테일러가 그에 걸맞은 영광을 누리지 못했다는 사실은 단지 사소한 문제에 불과할지도 모른다. 하지만 지난 100여 년 간의 폭발적인 생산성 향상을 통해 선진 경제를 창조할 수 있었던 것은, 다름 아닌 지식을 작업에 적용한 테일러의 연구 덕분이었다는 사실을 인식하고 있는 사람이 너무나도 적다는 것은 매우 심각한 문제이다.

기술자들은 기계에, 경제학자들은 자본 투자에 선진 경제 창조의 공을 돌리고 있다. 자본주의 역사의 처음 100년간, 즉 1880년을 기준으로 하여 그 이전의 100년 동안 기계와 자본에 대한 투자는 굉장한 성과를 올렸다. 그러나 처음의 100년 동안 노동자의 생산성은 보잘것없는 것이었다. 따라서 노동자의 소득은 전혀 늘어나지 않았고 작업 시간도 단축되지 않았다. 다음 100년 동안의 기술과 자본은 처음의 100년보다 크게 나아진 것이 없었다. 하지만 다음의 100년 동안 노동자 생산성은 눈부시게 향상되었다. 바로 '지식을 작업에 적용'한 결과였다.

새로운 계급, 즉 자본주의 이후 사회의 지식 근로자의 생산성은 '오직' 지식을 작업에 적용함으로써만 향상시킬 수 있다. 기계도 자본도 그 역할을 대신하지 못한다. 만일 기계와 자본만을 작업에 적용한다면, 그것들은 생산성을 향상시키기보다는 오히려 방해가 될 가능성이 크다.

테일러가 작업 연구를 시작했을 무렵, 공장이나 농장 혹은 광산 등에서 일하던 작업자들 중 열에 아홉은 '물건을 만들고 운반하는' 일을 직접 몸을 이용해 하고 있었다. 지금 물건을 만들고 운반하는 일에 종사하는 근로자들의 생산성은 여전히 전통적인 성장률인 3.5퍼센트 내지 4퍼센트씩 향상되고 있으며, 미국과 프랑스의 농업 생산성은 이보다 조금 빠른 속도로 향상되고 있다. 그러나 생산성 혁명은 이미 종료되었다. 50년 전인 1950년대까지만 해도 모든 선진국에서 물건을 만들고 운반하는 일에 종사하는 근로자들이 전체 근로자의 대다수를 차지하고 있었다. 그런데 1990년경이 되자 이 수치가 5분의 1로 줄었으며, 2010년이 되면 10분의 1도 채 안 될 것으로 보여진다. 제조업, 농업, 광업, 운송업 등에 종사하는 육체 노동자들(manual workers)의 생산력 증대 그 자체만으로는 이제 더 이상 부를 창출할 수 없다. 생산성 혁명은 그 자체의 성공을 위한 희생양이 되어버렸다. 이제는 몸을 이용해 일하지 않는 비육체 근로자들의 생산성이 중요한 문제가 되었으며, 이는 '지식을 (또 다른) 지식에 적용'할 것을 요구하고 있다.

경영 혁명

1926년에 고등학교를 졸업한 후 내가 대학에 진학하는 대신 직장에 들어가기로 결정하자 아버지는 꽤 실망스러워하셨다. 그도 그럴 것이, 우리 집안은 오랫동안 변호사와 의사를 많이 배출한 집안이었던 것이다. 그러나 아버지는 결코 나를 '낙오자'라고 부르지 않았으며, 나의 결심을 바꾸려고 하지도 않았다. 그리고 내가 성공하지 못할 것이라는 생각도 하지 않았다. 당시 나는 내 의지대로 일을 선택해도 좋을 만큼 충분히 어른이 되었다고 생각했었다.

그 후 30년이 지나 내 아들의 나이가 18세가 되었을 때, 나는 그 아이에게 대학에 들어가도록 사실상 강요하였다. 내가 그랬던 것처럼 아들 녀석도 한 사람의 성인으로 인정받기를 원하였다. 마찬가지로 12년간 학교 걸상에 앉아 있었지만 정작 배운 것은 별로 없다고 느꼈으며, 다시 대학에 가서 4년을 더 공부한다고 해서 더 많은 것을 배울 수 있는 가능성도 그리 많지 않다고 판단했던 것이다. 그 나이에 내가 그랬던 것처럼, 아들 녀석도 행동지향적이었지 학습지향적이지는 못하였다.

그러나 1958년, 내가 고등학교를 졸업하고 어느 무역 회사의 견습 사원으로 들어간 지 32년이 지난 후에는 대학 졸업장이 하나의 필수품으로 간주되었다. 대학 졸업장은 성공으로 가기 위한 패스포트와도 같은 것이었다. 1958년에 미국의 부유한 집안의 자제들이나 우등생들에게 대학에 가지 못하는 것은 '낙오'를 의미했다. 당시 나는 아버지의 도움으로 꽤 괜찮은 무역 회사에 아주 쉽게 견습 사원으로 취직했다. 하지만 30년이 지난 뒤에는 고등학교 졸업장만 가지고는 그런 회사에 취직하는 것이 거의 불가능한 일이 되었다. 그런 회사에서는 모든 사람에게 대학 졸업장, 심지어는 대학원 졸업장까지도 요구하였다.

나의 아버지의 세대에는(아버지는 1876년 생이었다) 대학에 진학하려는 사람은 부잣집 아들이나 아니면 가난하지만 뛰어나게 머리가 좋은(나의 아버지와 같은) 젊은이들 몇몇뿐이었다. 19세기 미국의 성공한 기업가들 가운데 단 한 사람만이 대학에 다녔다. 모건(John Pierpont Morgan, 1837~1913)은 독일의 괴팅겐(Göttingen) 대학에서 수학을 전공했으나 그나마 일 년 후에는 공부를 접고 나와버렸다. 당시에는 대학은 고사하고 고등학교에 다닌 사람도 몇 명 되지 않았다.

나의 세대가 되었을 때는 이미 대학에 진학하는 것이 바람직한 일로 받아들여지고 있었다. 대학 졸업장은 사람들에게 사회적 지위를 얻을 수 있게 해주었다. 하지만 대학에서의 공부는 한 사람이 살아가면서 경력을 쌓는 데 있어 전혀 필요하지 않았고 별 도움도 되지 못했다. 내가 연구한 주요 대기업은 제너럴 모터스(GM)였는데, 그때 제너럴 모터스의 홍보부에서는 그들 회사의 최고 경영층 가운데 대학을 나온 사람이 많다는 사실 자체를 숨기려고 매우 고심했었다. 당시는 중역이 되는 가장 바람직한 방법은 기계공에서 출발해 차츰차츰 단계를 밟아 올라가는 것이라고 여기던 시절이었던 것이다.

1950년 내지 1960년까지 중산층 정도의 소득을 올리기 위한 가장 빠른 방법은—미국, 영국, 독일, 그 당시 일본도—대학에 가는 것이 아니었다. 돈을 벌기 위한 가장 빠른 방법은 16세가 되자마자 노동 조합에 가입한 대규모 제조 공장에 취직하는 것이었다. 공장에서 몇 달만 일하고 나면 중산층 정도의 소득을 올릴 수 있었다. 그것은 생산성이 폭발적으로 증대한 결과였다. 하지만 오늘날에 와서는 이런 방법이 더 이상 통하지 않게 되었다. 이제는 대학에서 체계적으로 공부하여 지식을 습득했다는 것을 증명하는 학위 증서 없이 중산층 정도의 소득을 올리는 방법은 사실상 없는 것이나 마찬가지다.

  250년 전에 이미 시작된 지식의 의미에 대한 변화는 사회와 경제를 바꿔놓았다. 정규 교육을 통해 습득하는 지식은 개인에게 뿐만 아니라 경제 활동에 있어서도 중요한 자원이 되었다. 정말이지, 지식은 오늘날 의미 있는 유일한 자원이다. 이제 전통적인 '생산 요소들'—토지, 노동, 자본—은 사라진 것은 아니지만 부차적인 것이 되어버렸다. 그것들은 얼마든지 획득할 수 있는 것들이며, 더구나 지식이 있다면 아주 쉽게 얻을 수도 있는 것들이다. 새로운 의미의 지식은 실용성으로서의 지식이고, 사회적 지위와 경제적 성과를 얻을 수 있는 수단으로서의 지식이다.

  지식의 의미에 있어서의 이러한 발전은 그것이 바람직한 것이든 아니든 간에 거역할 수 없는 변화에 의한 당연한 결과이다. '지금 지식은 지식에 적용되고 있다.' 이는 지식의 전환에 있어 세번째 단계인데, 이것이 어쩌면 최종 단계가 될는지도 모른다. 보다 많은 결과를 얻기 위해 지식을 어떻게 적용할 것인가를 결정하기 위한 지식을 제공하는 것이야말로 사실상 우리가 말하는 경영이다. 지금은 어떤 '새로운' 지식이 필요한가, 그 지식이 문제를 해결할 능력이 있는가, 그 지식을 효과적인 것으로 만들기 위해서는 무엇을 해야 하는가를 규정하기 위해 체계적이고도 목적지향적으로 지식이 적용되고 있다. 다른 말로 표현하면, 지식이 체계적인 혁신에 적용되고 있다.

지식의 의미에 있어 이러한 역동적인 세번째 변화는 '경영 혁명(Management Revolution)'으로 표현할 수 있다. 지식의 역사에서 이전의 두 단계―즉 지식을 도구와 제조 공정 그리고 제품에 적용한 첫번째 단계 그리고 지식을 인간의 작업에 적용한 두번째 단계―와 마찬가지로 경영 혁명은 전세계에 휘몰아쳤다. 산업 혁명이 전세계에 지배적인 영향을 미치기까지는 18세기 중엽부터 19세기 중엽까지 무려 100년이나 걸렸다. 생산성 혁명은 1880년부터 제2차 세계대전이 끝날 때까지 70년이란 시간을 필요로 했다. 그러나 경영 혁명이 전세계에 지배적인 영향을 미치는 데에는 1945년부터 1990년까지의 채 50년도 안 되는 시간만을 필요로 했을 뿐이다.

경영이란 무엇인가

대부분의 사람들이 '경영(management)'이라고 하면 으레 '기업 경영(business management)'을 떠올린다. 경영이 처음으로 지금과 같은 형태를 갖추게 된 것은 대규모 기업 조직에서였다. 지금으로부터 50년 전 내가 경영과 관련되는 일을 시작했을 때, 나 역시 기업 경영에 주로 집중하였다. 그러나 곧 경영이 모든 현대적 조직에 필요한 것이라는 사실을 깨달았다. 정말이지, 경영은 기업이 아닌 다른 조직, 즉 비영리 기관(NPO)이나 비정부 조직(NGO) 혹은 정부 기관에 더욱 필요한 것이다. 이런 조직들이 경영을 필요로 하는 가장 결정적인 이유는 이들은 기업과는 달리 '손익 계산'에 대한 인식을 갖고 있지 않기 때문이다. 경영이 기업에만 국한된 것이 아니라는 사실을 처음으로 인식하기 시작한 것은 미국이지만, 지금은 거의 모든 선진국에서 이를 받아들이고 있다.

오늘날 우리는 경영이 모든 조직―그 조직의 구체적인 사명이 무엇이든 간에 상관없이―의 고유한 기능이라는 것을 알고 있다. 경영은 지식 사회의 고유한 기관(organ)이다.

경영은 아주 오랫동안 우리 주위에 있어왔다. 나는 "당신은 지금까지 가장 위대한 경영자는 누구라고 생각하십니까?"라는 질문을 자주 받는다. 이 질문에 대한 나의 대답은 언제나 이렇다. "4,000여 년 전 최초로 이집트의 피라미드를 지을 생각을 하고, 설계하고 그리고 건설한 사람이지요. 피라미드는 아직까지도 무너지지 않고 여전히 서 있지 않습니까?"

그러나 경영을 어떤 구체적인 과업으로 취급하기 시작한 것은 제1차 세계대전 이후였고, 그것도 몇 안 되는 사람들에 의해서였다. 게다가 경영이 하나의 원리로서 인식되기 시작한 것은 제2차 세계대전 이후였다. 세계 은행(World Bank)이 경제 발전을 위해 자금을 공급하기 시작했던 1950년이 되기까지 '경영'이라는 말은 하나의 족보 있는 단어가 아니었다. 사실상 경영은 수천 년 전부터 존재해 왔지만, 제2차 세계대전이 끝날 때까지는 발견되지 않은 채 남아 있었던 것이다.

경영이 발견될 수 있었던 데에는 제2차 세계대전의 경험 그 자체, 특히 미국 산업이 거둔 성과가 큰 역할을 했다. 그리고 아마도 1950년 이후에 일본의 산업이 거둔 성과가 이와 거의 비슷한 정도로 중요한 역할을 하지 않았나 싶다. 제2차 세계대전 후의 일본은 '저개발(underdeveloped)' 국가는 아니었지만, 산업과 경제가 거의 철저하게 파괴된데다 자국의 고유한 기술이라는 것도 전혀 없는 상태였다. 당시 일본이 가지고 있는 것이라곤 제2차 세계대전중에 미국이 개발한 경영(특히 훈련 방식)을 받아들이고 적용하려는 의욕뿐이었다. 미군 점령이 끝난 지 20년 만에—1950년대부터 1970년대에 이르기까지—일본은 세계 제2의 경제 대국 그리고 기술의 선두주자가 되었다.

1950년대 초 6·25전쟁이 끝났을 때, 한국은 7년 전 일본이 파괴되었던 것보다 훨씬 더 많이 파괴되었다. 그 전까지 한국은 내내 후진국에 머물러 있었다. 특히 36년간 일본의 통치를 받으면서 한국의 기업과 고등 교육은 체계적으로 말살당했다. 하지만 한국은 미국식 대학 교육과 경영을 도입하고 적용함으로써 25년 만에 고도로 발달된 국가가 되었다.

경영이 이처럼 강력한 영향력을 가지고 광범위하게 확산된 결과, 경영이 실제로 의미하는 것이 무엇인지에 대한 이해의 폭도 더욱 넓어졌다. 제2차 세계대전 동안 그리고 제2차 세계대전이 끝난 직후 내가 처음 경영을 연구하기 시작했을 때, 경영자란 '부하 직원들의 과업에 책임을 지는 사람'으로 정의되고 있었다. 다른 말로, 경영자란 '보스(Boss, 군림자)'를 의미했고, 경영은 지위와 권력이었다. 이것은 아마도 대부분 사람들이 '경영자'나 '경영'에 대해 말할 때 아직도 마음속에 품고 있는 하나의 정의일 것이다.

그러나 1950년대 초가 되자 경영자의 정의가 '다른 사람들의 성과에 책임을 지는 사람'으로 바뀌었다. 지금 우리는 이 정의 또한 너무나 편협한 것임을 알고 있다. 경영자에 대한 올바른 정의는 '지식의 적용과 성과에 책임을 지는(responsible for application and performance of knowledge)사람'이다.

경영자의 정의에 대한 이러한 변화는 지금 우리가 지식을 필수적인 자원으로 간주하고 있음을 의미한다. 토지와 노동과 자본 역시 중요한 생산 요소들이다. 그것들 없이 지식만으로는 아무것도 생산할 수 없으며 아무런 성과도 낼 수 없다. 그러나 지식에 지식을 적용하는 효과적인 경영만 있으면 다른 자원들은 언제나 손쉽게 얻을 수 있다.

지식이 '하나의 자원'이 아니라 '자원 그 자체'가 되었다는 사실이 바로 지금의 사회를 '자본주의 이후 사회'로 규정지을 수 있게 한다. 또한 사회 구조를 근본적으로 바꾸면서 새로운 사회적·경제적 원동력과 정치 체제를 창조하고 있다.

일반 지식에서 전문 지식으로

지식이 사회의 중심이 되어가는 세 단계—즉 산업 혁명, 생산성 혁명 그리고 경영 혁명—의 밑바탕에 깔려 있는 것은 바로 지식의 의미에 대한 근본적인 변화이다. 우리는 일차원적인 지식에서 다차원적인 지식으로 옮아왔다.

전통적인 지식은 일반적인 지식이었다. 하지만 지금 우리가 지식이라고 간주하는 것은 매우 전문화된 지식이다. 과거에 우리는 결코 '지식인(man of knowledge)'이라는 말을 사용하지 않았다. 대신에 '교육받은 사람(educated person)'이라는 말을 사용했는데, 여기에서 교육받은 사람이란 '두루 넓게 아는 교양인'을 의미했다. 그들은 많은 것에 대해 글로 쓰고 말로 설명할 수 있을 만큼 충분히 알고 있었고, 많은 것을 이해하고 있었다. 그러나 그들은 어떤 하나의 일을 몸소 수행할 수 있을 만큼 철저하게 알고 있지는 못했다. 옛 속담에 있는 것처럼, 당신은 저녁 식사에 교육받은 사람을 손님으로 초대하고 싶을 것이다. 그러나 당신이 무인도에 혼자 고립되어서 무슨 일이든 할 줄 아는 사람을 필요로 하는 상황이라면 아마도 교육받은 사람을 초청하지는 않을 것이다. 사실 오늘날 대학에서는 전통적인 의미의 교육받은 사람은 전혀 '교육받은' 사람으로 취급받지 못한다. 그들은 그저 학문 애호가 정도로 낮은 평가밖에 받지 못하고 있다.

마크 트웨인(Mark Twain, 1883~1910)이 1889년에 쓴 소설인 『킹 아서 코트의 코네티컷 양키 *Connecticut Yankee at King Arthur's Court*』에 나오는 주인공은 교육받은 사람이 아니었다. 확실히 그는 라틴어도 그리스어도 몰랐고, 아마도 셰익스피어의 작품이나 성경조차 한번도 읽어본 적이 없었을 것이다. 그러나 그는 기계에 대해서라면 모르는 것이 없었다. 전기를 발전시키는 것을 포함하여 전화를 가설하는 방법까지도 알고 있었다.

앞서 말한 대로, 소크라테스에게 있어 지식의 목적은 자기 자신을 아는 것이고 그리고 자기 개발을 꾀하는 것이었다. 그리고 그 결과는 내면에만 나타나는 것이었다. 소크라테스의 경쟁자인 프로타고라스에게 있어서 지식의 목적은 무엇을 말해야 하는지를 알고 그것을 말로 잘 표현하는 것이었다. 지식에 대한 프로타고라스의 개념은 2,000년이 넘는 세월 동안 서양의 학문을 지배했고, 또 지식이 무엇인지를 규정했다. 오늘날 우리가 소위 '교양'이라고 부르는 것의 기초가 된 중세의 삼학(三學)은 문법과 논리학과 수사학이었다. 그것은 우리가 무엇을 말하고 어떻게 말할 것인가를 결정하는 데 필요한 도구들이었지, 무엇을 할 것인가 그리고 그것을 어떻게 할 것인가를 결정하는 도구들이 아니었다. 수천 년 동안 동양의 학문과 문화를 지배했던 지식에 대한 두 개념인 도가의 개념이나 유학의 개념도 이와 비슷하였다. 전자는 자기를 깨닫는 데에, 후자는 중세에서의 삼학과 마찬가지로 중국식의 문법, 논리학 그리고 수사학에 초점을 두었다.

지금 우리가 지식으로 간주하고 있는 '지식'은 행동을 통해 스스로를 증명한다. 우리가 지식이라고 말할 때 그것이 의미하는 것은 행동을 하는 데 효과가 있는 정보이고, 결과에 초점을 맞춘 정보이다. 그 결과들은 개인의 내면이 아니라 '바깥에' 드러난다. 사회적으로 그리고 경제적으로 나타나며, 혹은 지식 그 자체의 진보로도 나타난다.

어떤 일을 성취해 내기 위해 필요한 지식은 고도로 전문화된 지식이다. 이것이 바로 전통적인 지식—고대에서부터 지금까지도 '교양 교육'으로 남아 있는—이 그 지위를 'technē' 또는 기능에 물려주게 된 이유이다. 과거의 기능은 배울 수도 없었고 가르칠 수도 없었다. 뿐만 아니라 그것은 일반적인 원리를 전혀 내포하고 있지 않았다. 그것은 구체적이었고 전문화되었다. 그것은 학습보다는 경험을 통해, 학교 교육보다는 훈련을 통해 얻어질 수 있는 것이었다. 물론 오늘날에는 이러한 전문화된 지식을 과거처럼 '기능'이라고 부르지 않는다. 이제 우리는 체계적인 전문 지식을 '원리'라고 부른다. 이것은 지식의 역사에 기록된 그 어떤 것에도 못지않은 커다란 변화이다.

체계화된 원리는 '기능'을 방법론 — 예를 들면, 공학이라든가 과학적·계량적 방법 혹은 외과 의사들의 감별진단법 등 — 으로 전환한다. 이런 각각의 방법론들은 개별적인 경험을 시스템으로 전환한다. 방법론은 단순한 이야깃거리를 정보로 바꾸어놓는다. 방법론은 기능을 가르칠 수 있고 배울 수 있는 것으로 바꾸어놓는다.

일반 지식에서 전문 지식으로의 이동은 지식으로 하여금 새로운 사회를 창조할 수 있도록 힘을 부여해 주었다. 이 새로운 사회는 전문화된 지식에 기초하여 건설되어야 하며, 전문가로서의 지식을 가진 사람들로 구성되어야 한다. 이러한 사실이 바로 지식 근로자들에게 힘을 가질 수 있도록 해준다. 그리고 이것은 근본적인 물음들을 제기한다. 가치, 비전, 신념 그리고 사회를 한데 묶어 주는 것들과 인생에 의미를 부여해 주는 모든 것들에 대해서 말이다. 이것은 또한 중요한 — 그리고 새로운 — 질문을 던진다. "지식사회에서 지식인의 모습이란 어떤 것인가?"하는 것 말이다. 이에 대해서는 이 책의 제17장에서 논의하게 될 것이다.

THE ESSENTIAL DRUCKER 2

조직 사회와 지식 근로자

> 현대 조직에서 지식 전문가는 모두 동료 내지는 협력자여야 한다. 지식 그 자체로서 서열을 매길 수는 없다. 지식의 서열은 그것이 공동의 과제에 공헌하는 바에 따라 평가되는 것이지, 지식 그 자체로서 우열을 평가할 수는 없다.

지식 사회에서는 전문 지식이 각 개인과 경제 전체에 있어 가장 기본적인 생산 요소가 된다. 경제학자들이 말하는 전통적인 생산 요소인 토지와 노동 그리고 자본이 사라진 것은 아니다. 그러나 그것들은 부차적인 것이 되어버렸다. 토지와 노동 그리고 자본은 획득될 수 있다. 전문 지식이 있다면 더욱 쉽게 얻을 수도 있다. 그러나 역시 전문적인 지식이 아무리 많더라도 그 자체만으로는 아무것도 생산할 수 없다. 전문적인 지식은 어떤 과업과 연결되었을 때에만 생산적이다. 이러한 사실이 왜 지식 사회가 곧 조직 사회인지를 설명해 준다. 영리 조직이든 비영리 조직이든 모든 조직의 목적과 기능은 공동 과업 수행을 위한 전문 지식의 통합에 있다.

역사가 하나의 지침이 될 수 있다면, 지금 우리에게 닥친 변혁은 2010년 내지 2020년까지는 완료되지 않을 것이라는 예측을 할 수 있다. 따라서 앞으로 다가올 세상에 대해 아주 상세히 예측하려는 것은 위험한 시도가 될 것이다. 그러나 내 생각에는, '어떤 새로운 물음이 제기될 것인가' 그리고 '어디에 커다란 새로운 문제점들이 놓여 있을까'하는 것에 대해서는 지금으로서도 어느 정도 높은 확률을 가지고 예측할 수 있으리라 보여진다.

특히 우리는 조직 사회가 직면하고 있는 주요한 긴장들과 이슈들에 대해 이미 알고 있다. 조직 사회에서의 긴장은 안정에 대한 공동체의 요구와 변화에 대한 조직의 요구 사이에서 발생한다. 또한 조직의 자율성 요구와 사회의 공동선 추구 사이에서 긴장이 야기되며, 전문적 지식을 가진 전문가와 그런 전문가들로 하여금 하나의 팀처럼 작업하도록 바라는 조직의 요구 사이에서도 긴장이 발생한다.

이런 문제들은 앞으로 수년간, 특히 선진국 사회에서 모든 사람들의 주된 관심사가 될 것이다. 이런 문제들은 성명서나 철학 혹은 법으로 해결될 수 있는 성질의 것들이 아니다. 그것들은 그것들이 원천적으로 발생된 장소에서만 해결될 수 있을 것이다. 개별 조직에서 그리고 경영자의 사무실에서 말이다.

안정 파괴자로서의 조직

사회(Society)와 지역 사회(Community) 그리고 가정은 모두 안정을 추구하는 집단들이다. 그들은 안정을 유지하려고 애쓰는 한편, 변화를 막기 위해, 최소한 변화를 더디게 하기 위해 노력한다. 그러나 이와는 반대로 현대의 조직은 안정 파괴자(destabilizer)로서 변화를 추구한다. 현대의 조직은 혁신할 수 있도록 조직되어야 하며, 그리고 혁신은 슘페터(Joseph Schumpeter, 1883~1950)에 따르면 '창조적 파괴(creative destruction)'이다. 조직은 기존의 구조와 관습 그리고 친숙하고 따뜻하게 느껴지는 모든 것들ㅡ제품, 서비스, 제조 공정, 기술, 인간 관계, 사회적 관계 혹은 조직 그 자체까지도ㅡ을 체계적으로 폐기하는 것을 전제로 조직되어야 한다. 간단히 말해, 조직은 끊임없는 변화를 전제로 조직되지 않으면 안 된다. 조직의 기능은 지식을 작업에 적용하는 것이다. 작업 도구에, 제품에, 제조 공정에, 작업 디자인에 그리고 지식 그 자체에 지식을 응용하는 것이다. 지식은 빨리 변한다. 오늘은 확실했던 것이 내일에 가서는 언제나 어리석은 것이 되어버리는 것이야말로 지식의 본질이다.

새로운 조직 사회에서 어떤 한 분야의 전문 지식을 갖고 있는 지식인은 4년 내지 5년마다 '새로운' 지식을 습득해야 한다. 그렇지 않으면 소유하고 있는 지식이 모두 진부한 것이 되어버려 시대에 뒤떨어진 사람이 되고 만다.

새로운 지식을 습득하는 것이 중요한 또 한 가지 이유는 어떤 한 분야의 지식 체계에 가장 심각한 영향을 미치는 변화는 원칙적으로 다른 지식 분야에서 비롯되기 때문이다.

구텐베르크가 활판 인쇄술을 발명한 지 400여 년이 지날 때까지는 인쇄술에 있어 실질적으로 아무런 변화가 없었다. 증기 기관이 등장할 때까지는 말이다. 철도에 대한 도전은 철도 자체에서 나온 것이 아니라 자동차, 트럭 그리고 비행기로부터 비롯되었다. 오늘날 제약 산업은 유전공학과 미생물학에 의해 그리고 약 40년 전에는 생물학자들이 들어보지도 못했을 이론들에 의해 심각한 변화를 겪고 있다.

새로운 지식을 창조하고 구기술을 진부하게 만드는 것이 과학이나 기술의 혁신뿐만은 아니다. 사회적 혁신도 똑같이 중요하며, 때로는 이것이 과학적 혁신보다 훨씬 더 중요하다.

19세기부터 성공적으로 존속해 온 사회 기관인 상업 은행들이 전세계적으로 위기에 봉착하게 된 것은 컴퓨터나 다른 기술적인 변화 때문이 아니었다. 그것은 아주 오래 전부터 존재해 왔지만 미미한 영향력밖에 발휘하지 못했던 비은행계 금융 기관들(non-bankers)이 상업 어음을 이용하여 기업들에게 자금을 공급해 주면서 200여 년 동안 상업 은행이 독점했던 그리고 그들의 가장 수익성 높은 사업 분야였던 대출 사업을 빼앗아 갔기 때문이다.

아마도 지난 40여 년 동안에 일어난 가장 큰 변화는 혁신—기술적 그리고 사회적 혁신 모두—이 그 스스로 가르칠 수 있고 또 배울 수 있는 체계적인 원리가 되었다는 사실일 것이다.

많은 사람이 여전히 그렇게 믿고 있는 것처럼, 지식에 근거한 빠른 변화가 기업에만 국한되는 것은 아니다. 제2차 세계대전 이후 지난 50여 년 동안 미국의 군대보다 더 많이 변한 조직은 없다. 군대의 군복은 변함없이 그대로이다. 계급의 호칭도 그대로이다. 그러나 무기는 1991년 걸프전에서 극적으로 드러났듯이 완전히 변해버렸다. 군대의 강령이나 작전 개념은 더더욱 많이 변했다. 조직 구조, 지휘 체계, 책임의 구조 등도 역시 크게 변하였다.

 이와 마찬가지로, 학교와 대학들도 지금부터 50년 이내에 커다란 변화를 겪게 될 것이다. 300여 년 전에 교과서를 인쇄하게 되면서 스스로 재조정하고 변화해 온 것보다 훨씬 더 철저하게 변화하게 될 것이다. 이런 변화를 강요하는 것은, 부분적으로는 컴퓨터와 비디오와 위성 방송 같은 신기술이다. 그리고 지식 근로자에게 평생 체계적인 학습을 요구하는 지식 사회의 특성과 인간이 어떻게 학습하는가에 대한 새로운 이론의 등장도 이런 변화를 강요하고 있다.

조직의 변화 관리

 지식의 역동성은 경영자들에게 한 가지 불가피하고도 명백한 요구를 하고 있다. 그것은 모든 조직은 변화의 관리를 조직 구조 자체에 짜 넣어야만 한다는 것이다. 한편 이것은 모든 조직이 지금 하고 있는 모든 것을 폐기할 준비를 해야 함을 의미한다. 경영자들은 수년마다 모든 공정에 대해, 제품에 대해, 절차에 대해, 정책에 대해 매번 다음과 같은 질문을 던져야 한다. "우리가 이것을 기존에 하고 있지 않았다면, 그래서 지금 이것을 알게 되었다면, 지금 이것을 시작해야 하는가?" 만일 그 대답이 '아니다'라면, 또 다른 질문을 해야 한다. "그렇다면 우리는 무엇을 해야 하는가?" 그러고 나서는 '행동'을 해야지 "다른 연구를 해보자."라고 말해서는 안 된다. 앞으로 조직들은 기존의 제품과 정책과 경영 관습을 어떻게 지속해 나갈 것인가에 대해서가 아니라, 어떻게 하면 그것을 폐기할 수 있을 것인가에 대한 '계획'을 세워야만 한다. 지금까지는 일본의 소수 대기업만이 이런 일을 잘하고 있다.

다른 한편으로, 모든 조직은 새로운 것을 창조하는 데에 헌신해야 한다. 구체적으로 모든 조직은 세 가지의 체계적인 관행을 갖추어야 한다.

첫째, 조직은 하고 있는 모든 일을 끊임없이 개선해야 한다. 일본에서는 이런 과정을 '가이젠(改善)'이라고 부른다. 역사적으로 보더라도, 모든 예술가들은 가이젠을 실행하면서 끊임없는 자기 발전을 조직적으로 도모하였다. 그러나 지금까지는 단지 일본 사람들만이—아마도 선(禪)의 전통 때문이겠지만—가이젠을 생활화하였으며, 기업 조직의 경영에도 이를 적용하고 있다. 일본식 가이젠의 목적은 가급적 빠른 시일 내에 제품 및 서비스를 향상시켜 완전히 새롭고 남다른 것으로 만드는 것이다.

둘째, 모든 조직은 지식을 활용하는 방법을 배워야만 한다. 즉 이미 성공을 거둔 어떤 지식을 응용하여 새로운 제품을 창출해내는 방법을 배워야만 한다. 거듭 말하지만, 지금까지는 일본 기업들이 이런 일을 가장 잘해왔다. 이런 사실은 일본 가전 제품 회사가 미국 기업이 최초로 발명한 테이프 리코더를 응용해 얼마나 많은 새로운 제품을 내놓았는가를 보면 금세 알 수 있는 것이다. 이렇게 다른 성공 경험을 활용하는 능력은 빠르게 성장하고 있는 미국 지역 교회들의 하나의 장점이기도 하다.

마지막으로, 모든 조직은 체계적인 혁신 방법—혁신은 조직적으로 될 수 있으며 또한 조직적이어야 한다—을 배워야만 할 것이다. 물론 혁신을 하고 난 다음에는 다시 체계적인 폐기를 해야 하며, 새로운 과정을 처음부터 다시 시작해야 한다. 이렇게 하지 않으면 지식 중심의 조직은 조만간 진부하게 변해버린 자신의 모습을 발견하게 될 것이다. 또한 업무 수행 능력이 뛰어날 뿐만 아니라 조직의 성과에 큰 영향을 미칠 수 있는 높은 자질과 지식을 갖고 있는 사람들을 끌어들이고 붙잡아두는 능력을 잃어버린 자신을 발견하게 될 것이다.

조직의 자율성

조직이 변화에 대응하기 위해서는 높은 수준의 분권화가 요구된다. 그 이유는 조직은 의사 결정을 신속하게 할 수 있도록 구조화되어야 하기 때문이다. 그 의사 결정들은 성과와 시장과 기술에 밀착하여 적절하게 내려져야 하며, 혁신의 기회를 제공하는 사회와 환경 그리고 인구 구조와 지식에서의 모든 변화에 대응할 수 있도록 적절하게 내려져야 한다.

이 모든 것들은 자본주의 이후 사회의 조직들은 끊임없이 지역 사회를 뒤집고, 해체하고, 불안정하게 만들어야 한다는 것을 의미한다.

조직은 기술과 지식에 대한 요구를 변화시켜야 한다. 모든 공과 대학에서 한창 물리학을 가르치고 있는 바로 그 시점에, 조직들은 오히려 유전공학자를 필요로 한다. 은행들이 대출 분야에서 가장 큰 이익을 올리고 있는 바로 그 때, 오히려 은행원은 투자 상담 요원으로서의 역할을 하지 않으면 안 된다.

기업들은 장인 기술을 배우기 위해 수년간 노력한 나이 많은 모형 기술자를 내보내고 컴퓨터 시뮬레이션을 할 줄 아는 25세의 젊은 재주꾼을 채용할 수 있어야 하며, 심지어는 많은 지역 사회 사람들이 일하고 있는 공장을 자유롭게 폐쇄할 수도 있어야 한다.

이와 마찬가지로, 병원은 산과(産科)에 대한 지식과 기술의 변화를 받아들여 신생아 출산을 다른 독자적인 출산 센터에 맡길 수 있어야 한다. 의학적 지식과 기술 등의 변화에 따른 최상의 의료 서비스를 제공하지 못하는 병원은 폐쇄되어야 한다. 만일 어떤 병원—학교를 비롯한 다른 지역 사회 기관도 마찬가지로—이 사회적 기능을 제대로 하지 못한다면 우리는 그 병원을 폐쇄할 수도 있다. 인구 구조와 기술이 변화하면 그리고 성과 향상을 위해 필요한 지식이 변화하면 아무리 지역 사회에 깊이 뿌리박고 있고 많은 신뢰를 받고 있어도 마찬가지다.

이러한 변화들은 지역 사회를 전복시키고, 교란시키고, 영속성을 파괴해 버린다. 모든 변화는 '불공평하다.' 모든 변화는 안정을 깨뜨린다.

파괴적인 것 또한 조직 활동의 또 다른 실질적인 측면이다. 현대 조직은 지역 사회 '안에' 존재해야 하지만 지역 사회의 일부가 될 수는 없다. 어떤 조직의 구성원들은 특정한 장소에서 살며, 그곳의 언어로 말하고, 그 지역의 학교에 아이들을 보내며, 투표하고 세금을 낼 뿐만 아니라, 가정에서 안심하고 살아야 할 필요가 있다. 그렇지만 조직은 그 자신을 지역 사회 속으로 빠져들게 하거나 지역 사회의 목적에 자신을 복종시킬 수 없다. 조직의 '문화'는 지역 사회를 초월해야 한다.

어떤 조직의 문화를 결정하는 것은 조직이 수행하는 과업의 성격이지, 과업이 수행되는 지역 사회가 아니다.

비록 공산주의를 완강하게 반대하는 미국의 정부 관료라 해도 중국의 정부 관료가 베이징에서 벌어지는 관료주의적 부패에 대한 이야기를 한다면 그 내용을 금세 이해할 수 있을 것이다. 그러나 그 정부 관료가 지역의 식품 회사 경영자들이 다음주에 어떤 광고를 할 것인지를 논의하는 회의에 참석한다면, 그것이 설사 자신이 생활하고 있는 워싱턴에서 일어나는 일이라 할지라도 무슨 말인지 몰라 어리둥절해할 것이다.

조직이 과업을 수행하기 위해서는 같은 종류의 다른 조직들과 같은 방법으로 조직되고 경영되어야 한다. 예를 들어, 일본과 미국의 기업 경영 스타일이 다르다는 이야기를 많이 듣는다. 하지만 일본 대기업의 기능들은 미국 대기업의 그것들과 매우 유사하고, 독일이나 영국의 대기업들의 그것과도 매우 비슷하다. 마찬가지로 병원 안을 들여다보면 그 병원이 어디에 위치하고 있든 그것은 병원임을 알 수 있다. 학교, 대학, 노동 조합, 연구소, 박물관, 오페라 하우스, 천문대, 대형 농장 등 그 어떤 조직이나 마찬가지다.

조직의 가치관은 그 조직이 수행하는 과제들에 의해 결정된다. 이 세상의 모든 병원은 환자의 건강을 돌보는 것을 궁극적인 목적으로 간주한다. 이 세상의 모든 학교들에게 있어서는 교육이 지상 최대의 목표이다. 이 세계의 모든 기업은 재화와 용역의 생산 및 판매가 최대 목적이다. 어떤 조직이 높은 성과를 달성하기 위해서는 그 조직 구성원들이 자신의 조직이 수행하고 있는 일이 궁극적으로 지역 사회를 비롯한 사회 전체에 공헌하는 것이라는 사실을 믿어야만 한다.

따라서 조직의 문화는 늘 지역 사회를 초월해야 한다. 만약 조직의 문화가 지역 사회의 가치와 충돌한다면 조직이 이를 극복해야 한다. 그렇지 않으면 조직은 사회적 공헌을 할 수 없다. 오래된 속담 중에 '지식에는 경계가 없다'라는 것이 있다. 750여 년 전 대학이 처음 생긴 이래로 '마을의 주민과 대학생들' 사이에는 끊임없이 갈등이 있어왔다. 그러나 이러한 갈등—즉 조직이 과업을 수행하기 위해 필요로 하는 자율성과 지역 사회의 요구들 사이의 갈등, 조직의 가치와 지역 사회 가치 사이의 갈등, 조직이 내려야 할 의사 결정과 지역 사회의 이해 관계들 사이의 갈등—은 조직 사회의 본래적인 문제이다.

조직의 사회적 책임

사회적 책임 또한 조직 사회의 본래적인 문제이다. 현대 조직은 사회적 힘을 갖고 있어야 하며, 그것도 아주 많이 갖고 있어야 한다. 조직은 사람에 대한 결정권, 즉 누구를 고용하며 누구를 해고시키고 누구를 승진시킬지에 관한 결정권을 필요로 한다. 조직은 결과를 산출하는 데 필요한 규칙과 규율을 설정할 수 있는 권한을 필요로 한다. 예를 들면, 직무와 과업의 할당이나 근무 시간을 결정하는 권한을 가져야 한다. 조직은 어디에 공장을 세울지, 어떤 공장을 폐쇄할지 결정하는 권한을 갖고 있어야 한다. 가격을 결정하기 위해서도 권한이 필요하다. 예를 들자면 끝이 없다.

그리고 비영리 조직은 가장 강력한 사회적 힘을 소유하고 있다. 기업들보다 훨씬 더 큰 사회적 힘을 갖고 있다. 역사상 오늘날 대학이 가진 권력보다 더 큰 사회적 힘을 부여받은 조직은 없었다. 대학에서 어떤 학생의 입학을 거절한다거나 학위를 부여하지 않는다거나 하는 것은 한 사람의 생애에 있어 직업을 갖거나 성공할 수 있는 모든 기회들을 빼앗아 가는 것이나 다름없다. 마찬가지로, 병원에서 어떤 외과 의사의 채용을 거절하는 것은 그 외과 의사로 하여금 의료 활동을 하지 못하게 하는 것과 같다. 도제 수업을 받으려고 하는 어떤 개인에게 조합 가입을 거절하는 노동조합의 권리 또는 오직 조합에 가입한 회원만 취업할 수 있도록 하는 '클로즈드 숍(colsed shop)' 체제는 그 노동 조합에 엄청난 사회적 힘을 부여한다.

조직이 가진 사회적 권한은 정치적 권한에 의해 어느 정도 제한될 수 있다. 조직의 권한은 법정에서의 정당한 절차와 심의에 의해 결정된다. 그러나 그것은 정치적 당국에 의해서가 아니라 개별 조직들에 의해서 이루어진다. 이것이 바로 자본주의 이후의 사회가 조직의 사회적 책임에 대해 그토록 강조하는 이유이다.

노벨 경제학상을 수상한 미국의 경제학자인 프리드먼(Milton Friedman)이 주장한 것처럼, 기업이 단 하나의 책임, 즉 경제적 성과를 달성할 책임만을 갖고 있다는 것에 대해 논란을 벌이는 것은 무의미한 일이다.

경제적 성과는 기업의 '1차적인' 책임이다. 진정으로, 자본 비용을 보상할 수 있는 최소한의 이익조차 내지 못하는 기업은 사회적으로 무책임한 기업이다. 그런 기업은 사회의 자원을 낭비하고 있는 것이다. 기업에게 있어 경제적 성과는 기본적인 것이다. 경제적 성과를 달성하지 못하는 기업은 다른 어떤 책임도 수행할 수 없으며, 훌륭한 고용인이나 건전한 시민 혹은 좋은 이웃이 될 수 없다. 그렇지만 경제적 성과 달성만이 기업의 유일한 책임은 아니다. 마치 학생들의 성적을 올리는 것만이 학교의 유일한 목적이 아니듯이 그리고 환자의 치료만이 병원의 유일한 책임이 아니듯이 말이다.

사회적 힘은 사회적 책임과 균형을 이루어야 한다. 그렇지 않으면 독재가 되고 만다. 책임을 다하지 않는 권력은 아무것도 이루어낼 수 없다. 따라서 조직은 성과를 올리지 않으면 안 된다. 조직의 사회적 책임에 대한 요청은 앞으로도 줄어들지 않을 것이다. 오히려 확대될 것이다.

다행히 우리는 대략적이긴 하지만 조직의 사회적 책임 문제에 대해 어떻게 대답해야 할지를 알고 있다. 모든 조직은 종업원, 환경, 고객 그리고 그 밖에 관련 있는 모든 사람과 모든 것에 자신이 미치는 영향에 대해 최대한 책임을 져야 한다. 그것이 조직의 사회적 책임이다.

우리는 또한 사회가 대규모 조직 — 영리 조직이든 비영리 조직이든 간에 — 에게 사회적 병리 현상을 해결해 줄 것을 점점 더 많이 요청하게 되리란 사실을 알고 있다. 이 문제와 관련해서 우리는 좀더 신중해질 필요가 있다. 조직이 어떤 일을 좋은 의도에서 한다고 해서 그것이 사회적으로도 항상 옳게 나타나는 것은 아니기 때문이다. 조직이 자신의 주요한 과제와 사명을 수행하는 능력을 해칠 수도 있는 그런 책임을 떠맡는 것은, 또한 자신이 수행할 능력이 없는 분야에서 활동하기를 인정하는 것은 — 그것을 실행하는 것은 말할 것도 없고 — 무책임한 일이다.

조직의 성과란 무엇인가

'조직'이라는 말은 이제 일상적으로 자주 쓰이는 단어가 되었다. 누군가 "우리 조직은 고객 중심의 경영을 실천합니다." 혹은 "우리 조직은 실수를 절대 용납하지 않습니다."라고 말하면, 모두 그 말이 무엇을 뜻하는지 알고는 고개를 끄덕인다. 그리고 전부는 아니더라도 선진국의 사회적 과제들 대부분은 이런저런 종류의 조직에서 그리고 조직에 의해서 수행된다.

그러나 미국에서―또는 다른 국가도 마찬가지로―는 제2차 세계대전 이전에는 누구도 '조직'에 대해 언급하지 않았다. 1950년판 옥스퍼드 사전에도 현대적 의미로서의 조직이라는 단어는 나와 있지 않았다. 그 이유는 경영이 제2차 세계대전 이후에야 출현했기 때문이다. 이것을 나는 '경영 혁명'이라고 명명한 바 있다. 경영 혁명은 우리들로 하여금 조직이 사회의 다른 기관과는 분명히 다르다는 사실을 알게 해주었다.

사회, 지역 사회, 가정과는 달리 조직은 목적지향적으로 구성되어 있고 항상 전문화되어 있다. 사회와 지역 사회는 그들 구성원 간의 유대 관계에 의해 규정되는데, 이 유대 관계는 언어, 문화, 역사 또는 지리적 근접성 등에 의해 형성된다. 반면에 조직은 자신이 수행하는 과업에 의해 규정된다. 관현악단은 환자를 돌보려 하지 않고, 오직 음악만 연주한다. 병원은 환자를 돌보지만, 베토벤의 음악을 연주하려고 하지는 않는다.

진정으로, 조직은 단 하나의 과업에 관심을 집중하고 있을 때에만 효과적이다. 다각화는 조직—기업이든, 노동 조합이든, 학교이든, 병원이든, 봉사 기관이든, 교회이든—의 수행 능력을 파괴한다. 사회와 지역 사회는 다차원적이어야만 한다. 사회와 지역 사회는 우리를 둘러싼 환경이기 때문이다. 하나의 조직이란 곧 하나의 도구이다. 조직은 도구인 까닭에 전문화되면 될수록 주어진 특수한 과제를 수행하는 능력이 더욱 커진다.

현대 조직은 각자 한정된 일정 분야의 전문적 지식을 가진 전문가로 구성되어 있다. 따라서 조직의 사명은 투명한 유리 구슬처럼 명확하게 드러나 있어야 한다. 조직은 오직 한 곳에만 관심을 쏟아야 한다. 그렇지 않으면 구성원들은 혼란에 빠지고 말 것이다. 구성원들은 자신이 갖고 있는 전문 지식을 공동의 과제에 적용하기보다는 자신의 전문 분야에 초점을 맞출 것이다. 그들은 각자 자신의 전문성에 비추어 '성과'를 측정할 것이며, 또한 조직에서의 자신의 가치를 부여할 것이다.

오직 모든 구성원이 집중하고 인정할 수 있는 공동의 사명만이 조직을 하나로 묶어주고 그리고 성과를 낼 수 있게 해준다. 그러한 명확한 사명이 없으면 조직은 조직으로서의 가치와 신뢰를 잃게 되고, 결과적으로 성과를 내기 위해 필요한 인적 자원을 유인할 능력을 잃게 될 것이다.

지식 근로자로 구성된 조직일수록 구성원들이 조직을 떠나거나 다른 조직으로 이동하는 일이 많다. 그러므로 조직들은 언제나 가장 핵심적인 자원, 즉 전문적인 지식과 기술을 갖춘 유능한 지식 근로자를 확보하기 위해 경쟁하고 있다.

최대 자산으로서의 지식 근로자

오늘날 모든 조직들은 한결같이 "사람이 우리의 가장 큰 자산입니다."라고 말한다. 그러나 그들은 자신들이 하는 말을 진실로 믿는 것은 고사하고 실천에 옮기지도 못하고 있다. 비록 무의식적이기는 하겠지만, 대부분의 조직에서—19세기의 소유주들이 그렇게 믿었던 것처럼—그들이 사람을 필요로 하는 게 아니라 사람이 조직을 필요로 한다고 믿고 있다. 그러나 사실은 그 반대이다. 조직들은 제품과 용역을 시장에 팔기 위해서 그러는 것처럼—그리고 그 이상으로—인적 자원을 얻기 위해 자신을 외부에 알려야 한다. 조직은 사람들을 끌어들여야 하고 붙잡아두어야 한다. 그들의 능력을 인정해 주고, 적절한 보상을 하며, 일할 수 있는 동기를 부여해 주어야 한다. 또한 그들에게 헌신해야 하고, 만족을 주어야 한다.

지식 근로자와 그들이 몸담고 있는 조직과의 관계는 그 관계를 설명할 적당한 용어가 없을 만큼 분명히 새로운 현상이다. 예를 들어, 지금까지 종업원이라고 하면 '조직에서 일하는 대가로 조직으로부터 급료를 받는 사람'을 말했다. 그러나 지금 미국에서 '종업원들'의 가장 큰 단일 집단은 비영리 기관에서 보수를 받지 않고 일주일에 서너 시간씩 일하는 수백만 명의 남녀들로 구성되어 있다. 그들은 분명히 '스태프(staff)'이며 그들 스스로도 그렇게 생각하고 있다. 그러나 그들은 보수를 받지 않는 자원 봉사자들이다. 이와 유사하게, 종업원처럼 일하고 있는 많은 사람들 중에 법적으로는 조직에 고용된 것이 아닌 사람이 많다. 그들은 다른 사람이나 조직을 위해 일하는 것이 아니므로 종업원처럼 일은 하지만 고용되었다고는 말할 수 없는 것이다. 50년 내지 60년 전에는 그런 사람을—모두 그런 것은 아니지만 대부분의 사람이 교육받은 전문가이다—'독립적(independent)'이라고 했을 테지만, 오늘날에는 그런 사람을 '자영업자(self-employed)'라고 부르고 있다.

종속적인 위치에서 단순한 육체 노동을 하는 종업원들—예를 들면, 슈퍼마켓의 종업원, 병원의 청소부, 트럭 운전 기사—에게는 종업원이라는 말의 의미가 변화한 것이 그다지 중요하지 않은 문제이다. 실제적으로도 그들의 위치는 과거의 임금 생활자 내지 '육체 노동자'들과 크게 달라지지 않았다. 이것은 현대 사회가 직면한 핵심적인 사회 문제들 가운데 하나이다.

그러나 조직과 지식 근로자들—전체 종업원에서 3분의 1 또는 적어도 5분의 2정도는 차지하고 있는—사이의 관계는 조직과 자원 봉사자들과의 관계와는 근본적으로 다르다. 지식 근로자들은 조직이 있기 때문에 일을 할 수 있다. 따라서 지식 근로자와 조직은 상호의존적이다. 그러나 동시에 지식 근로자들은 '생산 수단', 즉 지식을 소유하고 있다. 이런 점에서 보면, 지식 근로자는 독립적이며 이동성이 매우 높다.

지식 근로자들은 자신이 소유하고 있는 지식 외에도 여전히 생산 도구를 필요로 한다. 사실 지식 근로자들은 제조 분야에서 일하는 육체 노동자들에 비해 도구에 더 많은 돈을 투자하고 있다. 그러나 이러한 도구에 대한 투자는 지식 근로자가 지식을 몸에 익혀서 가지고 다니지 않는 한 생산으로 연결되지 않는다. 공장에서 일하는 기계공들은 지시받은 대로 일한다. 기계공들이 도구로 사용하는 기계는 기계공으로 하여금 무엇을 해야 하는지 알려줄 뿐만 아니라 어떻게 할 것인가도 알려준다. 지식 근로자도 기계를 필요로 한다. 그것은 컴퓨터일 수도 있고, 초음파 분석기일 수도 있고, 현미경일 수도 있다. 어쨌든 그 기계들은 지식 근로자에게 무엇을 해야 하는지, 어떻게 해야 하는지에 대해 알려주지 않는다. 그 기계를 조작할 수 있는, 지식 근로자의 몸에 밴 지식 없이는 그 기계는 아무런 소용이 없다.

산업 사회의 역사를 통틀어 보건대, 기계공들과 같은 모든 육체 노동자들은 언제나 '무엇을, 어떻게, 언제까지 해야 하는지'에 대해 지시를 받으며 일했다. 하지만 지식 근로자들에 대해서는 이런 식의 감독을 할 수가 없다. 지식 근로자는 자신이 하는 일에 대해 그 누구보다 잘 알고 있기 때문이다. 자신의 전문 분야에 대해 조직 내의 다른 어떤 사람보다 더 잘 알고 있지 않으면, 지식 근로자들은 근본적으로 쓸모 없는 존재가 되어버린다.

마케팅 관리자는 시장 조사자에게 신제품의 디자인에 관해 회사에서 알아야 할 것이 무엇이며, 그 제품의 목표 시장이 어디인지를 말해줄 수 있을 것이다. 그러나 시장 조사에 필요한 것이 무엇인지, 어떻게 시작해야 하는지 그리고 조사 결과의 의미가 무엇인지를 사장에게 보고하는 것은 전적으로 시장 조사자의 업무이다.

1980년대에 미국 기업들이 많은 희생을 치르면서 대대적인 구조 조정을 하던 시기에 수십만 명은 아니더라도 수천 명의 지식 근로자들이 직업을 잃었다. 그들이 일하던 회사들은 팔리거나 합병당했고, 또는 분할되거나 청산되었다. 그럼에도 직업을 잃었던 지식 근로자들 대부분이 수개월 내에 자신들의 지식을 활용할 수 있는 새로운 직업을 찾았다. 전환기는 고통스러웠고, 새로 일자리를 얻은 사람들도 전보다 적은 돈을 받으며 일해야 했고, 또한 전처럼 즐겁지도 않았다. 그러나 일시 해고되었던 지식 근로자들은 그들에게 지식이라고 하는 '자본'이 있다는 사실을 깨달을 수 있었다. 그들은 생산 수단을 소유하고 있었던 것이다. 조직에서도 생산을 위한 물리적 도구들을 소유하고 있었다. 지식 근로자와 조직은 서로를 필요로 했다.

이 새로운 관계가 초래한 하나의 결과는—이것은 현대 사회에 또 다른 새로운 긴장을 낳고 있다—이제 더 이상 봉급을 주는 것만으로는 조직에 대한 종업원들의 충성심을 확보할 수 없다는 것이다. 조직은 지식 근로자들에게 그들의 지식을 작업에 투입할 수 있는 특별한 기회를 제공하고 있음을 증명함으로써 지식 근로자들의 충성심을 확보하지 않으면 안 된다. 얼마 전까지만 해도 우리는 '노동(labour)'이라는 용어를 사용했지만, 이제는 '인적 자원(human resources)'이라는 용어를 더 많이 사용하고 있다. 이런 용어의 변화가 우리에게 상기시켜 주는 것은 '어떻게 하는 것이 조직에 공헌하는 것인지' 그리고 '어떻게 하는 것이 지식으로부터 성과를 얻는 것인지'를 결정하는 것이 조직이 아닌 개개인, 특히 고도의 지식과 기술을 가진 지식 근로자라는 사실이다.

현대의 조직은 주로 지식 전문가로 구성되어 있는 까닭에 동등한 입장에 있는 사람들의 조직이 되어야 한다. 그들은 모두 동료 내지는 협력자여야 한다. 지식 그 자체로서 서열을 매길 수는 없다. 지식의 서열은 그것이 공동의 과제에 공헌하는 바에 따라 평가되는 것이지, 지식 그 자체로서 우월하다거나 열등하다는 평가를 내릴 수는 없다. 그러므로 현대의 조직은 상사와 부하직원으로 구성된 조직이 될 수 없다. 현대의 조직은 팀(team)처럼 조직되어야 한다.

조직 사회의 특성들

오늘날의 조직 사회(society of organizations)는 인류 역사상 전례가 없는 것이다. 조직 사회는 성과를 달성하는 능력 면에서 전례를 찾아볼 수 없다. 그 이유는 첫째, 조직 사회를 구성하는 조직들은 하나의 구체적인 성과를 달성하기 위해 고도로 전문화된 도구를 갖고 있기 때문이다. 둘째, 조직 사회의 성과 달성 능력은 조직 그 자체에 그리고 지식 활용 능력에 기초하기 때문이다. 조직 사회는 그 구조에 있어서도 전례가 없다. 조직 사회에서 야기되는 긴장과 문제점들 역시 전례가 없는 것이다. 그러나 이런 것들이 모두 어렵기만 한 것은 아니다. 사실상 우리는 그 가운데 몇 가지에 대해서는 이미 해결책을 알고 있다. 예를 들면, 조직의 사회적 책임에 관한 문제와 같은 것들 말이다. 물론 아직까지 적절한 해답을 찾지 못하고 있는 분야도 있고, 심지어는 올바른 질문조차 해보지 못한 분야도 있을 것이다.

예를 들면, '지속성과 안정성을 유지하려고 하는 지역 사회'와 '혁신적이면서 안정 파괴자로서의 역할을 하려고 하는 조직' 사이에서 발생하는 긴장 같은 것이 그런 것이다. '지식 전문가들'과 '경영자들' 간의 갈등도 그런 예 중 하나이다. 지식 전문가도 경영자도 모두 필요한 사람들이다. 지식 전문가들은 지식을 생산하고, 경영자들은 지식을 조직에 응용함으로써 생산적인 것으로 만들어준다. 지식 전문가들은 언어와 아이디어에 집중하는 반면, 경영자들은 사람과 작업 그리고 성과에 집중한다. 여기에는 조직 사회의 기초가 되는 지식 기반 자체를 위협하고 있는 문제들도 있다. 이는 일반 지식에서 '전문 지식'으로 그 중심이 이동하면서 전문화가 한층 더 심화됨으로써 발생하는 문제이다. 그러나 조직 사회에서 가장 크고 또한 가장 어려운 도전은 사회의 새로운 다원주의(pluralism)에 의해서 야기되는 것이다.

600여 년 이상 동안 지금 우리가 살고 있는 사회처럼 다양하고도 많은 권력 중심점들을 갖고 있었던 사회는 없었다.

중세 사회는 다원화된 사회였다. 그 당시 사회에는 서로 경쟁하는 수백 개의 자율적인 권력 중심점들이 있었다. 즉 봉건 영주, 기사들, 세금이 면제된 주교관구들, 자치적인 수도원들 그리고 자유 도시들로 구성되어 있었다.

오스트리아의 티롤 지방 같은 곳에는 황제에게만 세금을 내는 '자유 농민'들이 있었고, 자치적인 장인 길드도 있었다. 한자 동맹(Hanseatic Merchants: 중세 북유럽의 상업권을 지배한 북부 독일 중심의 도시 동맹─역주)과 플로렌스 상업 은행 연맹과 같은 국경을 초월한 국제적인 동맹도 있었다. 관세와 세금을 징수하는 조합이 있었는가 하면, 법률 제정권 및 세금 부과권과 용병(傭兵)을 가진 지방 '의회'도 있었다. 중세에는 이처럼 무수히 많은 권력 중심점들이 있었다.

근대 유럽의 역사는—일본의 역사도 마찬가지인데—모든 경쟁적인 권력 중심점들이 하나의 중심적인 권위, 즉 처음에는 '군주'로, 그 다음에는 '국가'로 통합되는 과정이었다. 19세기 중엽에 이르러서는 모든 선진국이 중앙 집권 국가가 되었다. 미국만이 예외였는데, 미국은 각종 종교와 교육 기관들을 매우 다양하게 유지하고 있었다. 정말이지, 중세 사회의 다양성을 철폐한 것은 지난 600여 년 간 역사적 '진보'의 원천이 되었다.

중앙 집권 국가의 승리가 확실해질 바로 그 무렵에 처음으로 새로운 조직이 등장했다—바로 대기업이다. (물론 이러한 현상은 '역사의 종말'이 선언될 때마다 언제나 나타난다.) 그때부터 새로운 조직들이 하나씩 출현하기 시작했다. 동시에 유럽에서는 중앙 정부의 통제 아래 안전하게 성장을 해오던 대학과 같은 오래된 조직들이 다시 자치권을 얻게 되었다. 아이러니컬하게도 20세기의 전체주의, 특히 공산주의는 오래되었지만 한때는 진보적이었던 신념, 즉 경쟁적이고 자치적인 다양한 조직들보다는 하나의 권위와 하나의 조직만 있으면 된다는 신념을 지키기 위한 최후의 절망적인 시도였던 것이다.

그 시도는, 우리가 이미 아는 바와 같이, 실패하고 말았다. 그러나 중앙집권적인 권위의 실패는 다원 사회에서 나타나는 문제들의 해결과는 아무런 관련이 없다.

많은 사람들이 알고 있는—보다 정확히 말하자면, 잘못 알고 있는—이야기를 예로 들어 설명하겠다.

윌슨(Charles E. Wilson, 1890~1961)은 미국인의 관점에서 볼 때 위대한 인물이었다. 처음에는 세계 최대이자 가장 성공적인 제조 회사인 제너럴 모터스(GM)의 사장 겸 최고경영자로서, 그 다음에는 아이젠하워 대통령 시절의 국방부 장관으로서 말이다. 그러나 만약 오늘날 누군가가 윌슨을 기억한다면, 그것은 "GM에 유익한 것은 미국에도 유익하다."라는 말 때문일 것이다. 하지만 이 말은 윌슨이 한 말이 아니다. 1953년 국방부 장관직 인준 청문회에서 윌슨이 한 정확한 발언은 "미국에 유익한 것은 GM에도 유익하다."라는 것이었다.

윌슨은 그 후 남은 생애 동안 이 와전된 자신의 발언을 바로잡기 위해 노력했다. 그러나 아무도 그의 말을 듣지 않았다. 모든 사람들은 "만약 윌슨이 그렇게 말하지 않았다 하더라도, 그는 확실히 그렇게 믿고 있음이 틀림없다. 사실 그는 그렇게 믿어야 한다."고 주장하였던 것이다.

이미 말한 바와 같이, 조직―기업이든, 학교든, 병원이든, 보이스카우트연맹이든―의 경영자들은 그 조직의 사명과 과제는 곧 사회의 가장 중요한 사명이자 과제일 뿐만 아니라 다른 모든 것의 기초라는 것을 믿어야만 한다. 만약 이러한 사실을 믿지 않는다면, 그들의 조직은 조만간 스스로 신뢰와 자신감과 자존심 그리고 업무 수행 능력을 잃고 말 것이다.

선진국 사회의 특성이자 힘의 원천인 다양성은 산업 혁명 이후, 특히 지난 50년 동안 우리가 개발한 단일 목적의 전문화된 무수한 조직들 덕분에 비로소 가능해진 것이다. 그러나 엄밀히 말해서, 조직이 수행 능력을 갖게 된 것은 그들 자신이 전문성과 자율성을 확보하고 명확한 사명과 비전과 가치관에 의해 정보를 수집하였기 때문이지, 사회와 지역 사회가 어떠한 배려를 해주었기 때문은 아니다.

　이런 사실들을 바탕으로 이제－한번도 해결된 적이 없는－다원 사회의 오래된 문제로 되돌아가 보자. 누가 공동선(共同善)을 돌보는가? 누가 공동선이 무엇인지를 결정하는가? 누가 사회적 기관들의 분열된 또는 충돌하는 목표들과 가치관들을 조정하는가? 누가 그 결정들 사이에 발생하는 불균형을 조정해 주며, 어떤 기준으로 그것을 결정하는가?

　중세의 다원 사회가 단일 주권 국가로 대체된 것은 위와 같은 질문에 대한 해답을 제공하지 못했다는 데에 그 이유가 있다. 그러나 지금은 단일 주권 국가가 스스로 새로운 다원주의에 의해 대체되고 있는데－이때의 다원주의는 정치적 측면이 아닌 기능적인 측면에서의 다원주의이다－그 이유는, 단일 주권 국가가 사회의 필요성을 충족시킬 수 없었을 뿐만 아니라 지역 사회의 필수적 과제들을 해결할 수도 없었기 때문이다. 이러한 사실이야말로 사회주의의 실패로부터 그리고 모든 것을 포용하는 가장 강력한 국가에 대한 신념의 실패로부터 우리가 배웠어야 하는 가장 근본적인 교훈이다. 지금 우리가 당면한 도전은, 특히 미국과 같은 자유 시장 민주주의를 신봉하는 선진국이 당면한 도전은 자율적이고도 지식에 기초한 다양한 조직들이 경제적 성과 향상과 함께 정치적·사회적 단합에 공헌하도록 만드는 것이다.

제2부

지식 노동과 지식 근로자의 생산성

THE ESSENTIAL DRUCKER 3

생산성을 어떻게 향상시킬 것인가

> '보다 현명하게 일하기'는 물건을 생산하고 운반하는 육체 노동의 생산성을 향상시키는 데 있어서는 하나의 열쇠에 지나지 않는다. 그러나 지식 노동에 있어서는 생산성 향상을 위한 '유일한' 열쇠이다.

생산성의 급격한 향상은 분명 지난 100년 동안에 일어난 사건들 가운데 가장 중요한 사회적 사건이며, 역사상 전례를 찾아볼 수 없는 대사건이다.

사회에는 항상 부자인 사람과 가난한 사람이 있었다. 그러나 1850년까지만 해도 중국의 빈민들이 런던이나 글래스고의 빈민가 사람들에 비해 더 가난했다고 말할 수는 없다. 또한 1910년 가장 부유했던 국가의 일인당 평균 소득은 가장 가난한 나라의 3배에 불과했다. 오늘날에는 레저, 교육, 의료 수준 등을 고려하지 않고도 그 차이가 20배에서 40배에 달하고 있지만 말이다.

생산성의 급증 이전에는 한 나라가 '선진국'이 되려면 적어도 50년이 걸렸다. 그런데 한국은—1955년까지도 진정 '후진국' 가운데 한 나라였다—그것을 25년 만에 해냈다. 아득한 옛날부터 하나의 규범처럼 여겨졌던 50년이라는 기준 연수를 한국이 그렇게 앞당길 수 있었던 것은 전적으로 1870년 내지 1880년경 미국에서 시작되었던 생산성 혁명의 결과이다.

물건을 생산하고 운반하는 일의 생산성은 여전히 매년 같은 비율로 증가되고 있으며—일반적으로 믿고 있는 것과는 달리—미국에서도 일본이나 독일과 비슷한 수준으로 증가되고 있다. 정말이지, 미국 농업에 있어서의 현재의 생산성 증가—연간 4.5~5퍼센트—는 연대와 국가를 불문하고 지금까지 기록된 최고 증가율을 훨씬 능가하는 것이다. 그리고 1980년대 10년 동안 미국의 제조업 생산성은 연간 3.9퍼센트씩 향상되었는데, 이는 절대치로 환산할 때 일본과 독일을 능가하는 숫자이다. 그렇게 될 수 있었던 이유는, 미국의 기초 수치가 다른 국가들에 비해 월등히 높았기 때문이다.

그러나 선진국에서의 생산성 혁명은 이미 종료된 상태이다. 물건을 생산하고 운반하는 일에 종사하는 노동자의 비율이 아주 낮아졌으며, 따라서 그들의 생산성이 결정적인 역할을 하지 못하고 있다. 오늘날 선진국에서 전체 노동 인구 중에 육체 노동자가 차지하는 비율은 5분의 1정도이다. 30년 전만 해도 거의 과반수를 차지했었는데 말이다. 중대한 변화를 야기하고 있는 사람들, 즉 지식 근로자들의 생산성 역시 크게 향상되지 않고 있다. 어떤 분야에서는 저하되고 있는 경우도 있다. 실제 물가를 기준으로 했을 때, 지금 모든 선진국의 백화점에서 일하는 판매원들은 1929년

판매고의 3분의 2정도밖에 판매를 하지 못하고 있다. 마찬가지로 1991년의 교사가 1901년의 교사들보다 더 생산적이라고 주장할 사람은 아마 거의 없을 것이다.

지식 근로자의 종류는 과학자, 외과 의사, 디자이너, 점포 관리자 그리고 보험 회사의 보험금 청구서를 처리하는 사람에 이르기까지 다양하다. 그러나 지식 근로자들은 그 모든 다양성에도 불구하고 생산성 향상 측면에서 그들에게 어떤 것이 '아무런 효과도 발휘하지 않는가'하는 점에서는 아주 똑같다. 또한 그들은 지식, 기술, 지위 그리고 봉급 등에 있어서 차이가 있음에도 불구하고 생산성 향상 측면에서 그들을 위해 어떤 것이 '효과를 발휘하는가'하는 점에서는 놀랍도록 비슷하다.

자본도 기술도 사람을 대신할 수 없다

우리가 처음으로 배워야 했던 것 — 그것은 갑작스런 충격으로 다가왔다 — 은 지식을 이용하는 일에 있어서는 결코 자본이 노동(즉 인간)을 대신할 수 없다는 사실이다. 또한 새로운 기술도 그 자체로는 지식 노동의 생산성을 증가시키지 못한다. 물건을 생산하고 운반하는 일에 있어 자본과 기술은 경제학자들의 용어에 따르면 '생산 요소들(factors of production)'이다. 지식 노동에 있어 그것들은 '생산 도구들(tools of production)'이다. 그것들이 생산성을 향상시키느냐 아니면 저하시키느냐 하는 것은 사람이 그것을 어디에 어떻게 사용하느냐에 달려 있다. 즉 사용 목적이나 사용자의 기능 여하에 달려 있다. 30년 전 우리는 컴퓨터가 회계 및 사무직 종사자들을 대대적으로 감축하게 될 것으로 확신했다. 오늘날 자료 처리 장비에 대한 투자는 원자재 가공 기술에 대한 투자와 그 규모가 비슷하다. 다시 말해, 재래식 기계류에 대한 투자액과 유사하다. 그러나 사무직 및 회계직 종사자는 정보 기술이 도입된 이래 그 이전보다 훨씬 더 빠른 비율로 늘어났다. 그리고 노동의 생산성은 실질적으로 증가되지 않고 있다.

오늘날 병원들은 초음파, 보디 스캐너, 핵자기 영상 장치, 혈액 및 세포 조직 분석기, 무균실 그리고 그 밖에 많은 최신 기술에 엄청난 투자를 하고 있는 가장 자본집약적인 기관이다. 각각의 병원들은 기존의 직원들을 단 한 사람도 감축하지 않고 그대로 유지하면서, 한편으로는 최신 기술들을 도입함에 따라 필요하게 된 인건비가 높은 직원들을 추가로 채용했다. 사실상 전세계에 걸쳐 나타나고 있는 의료비 증가 현상은 주로 병원이 경제적인 거대 괴물이 되어버린 데에 기인한다. 병원이 고도로 노동집약적이면서 또한 자본집약적 조직인 까닭에 경제적인 측면에서 경쟁력이 없다는 것이 모든 경제학자들의 지적이다. 하지만 병원은 최소한 그 업무 수행 능력만큼은 상당히 향상시켰다. 병원을 제외한 지식 노동의 다른 영역에서도 투자와 종업원 수를 계속 늘리면서 비용을 높이고 있을 따름이다.

병원 생산성의 대폭적 향상만이 의료비의 급증을 막을 수가 있다. 그리고 이 생산성의 대폭적인 향상은 '보다 현명하게 일하기(Working Smarter)'를 통해서만 달성될 수 있다.

경제학자도, 기술자도 '보다 현명하게 일하기'가 생산성 향상의 관건이라고 지적하지 않는다. 경제학자는 자본 투자를, 기술자는 기술을 생산성 향상의 관건으로 내세운다.

그러나 '보다 현명하게 일하기'야말로—과학적 관리, 산업공학, 인간관계론, 능률공학, 또는 작업 연구(task study, 테일러 자신이 가장 좋아했던 점잖은 용어) 등 어떻게 명명하든 간에—생산성 폭발의 주된 원동력이었다. 선진국에서는 테일러가 작업 연구를 하기 이전—즉 산업 혁명의 처음 100년간—이나 이후나 똑같이 자본과 기술이 풍부했다. 그런데 '보다 현명하게 일하기'가 효력을 발휘하기 시작하자 물건을 생산하고 운반하는 일의 생산성이 급격한 속도로 향상되기 시작했다. '보다 현명하게 일하기'는 물건을 생산하고 운반하는 육체 노동의 생산성을 향상시키는 데 있어서 하나의 열쇠이다. 그러나 지식 노동의 생산성을 향상시키는 데 있어서는 '유일한' 열쇠이다.

또한 지식 노동에 있어서 '보다 현명하게 일하기'가 갖는 의미는 물건을 생산하고 운반하는 일에 있어서의 그것과는 엄청나게 다르다.

과업이란 무엇인가

테일러는 훗날 사람들이 '과학적 관리'라고 부르게 된 바로 그 '모래를 삽질하는 일'을 연구하기 시작하면서, "해야 할 과업이 **무엇**인가?", "**왜** 그것을 하는가?"라는 질문은 하지 않았다. 그가 한 질문은 "그것은 **어떻게** 수행되어야 하는가?"라는 것뿐이었다. 거의 50년이 지난 후에 하버드 대학의 메이요(Elton Mayo, 1880~

1949)는 과학적 관리 방법을 분쇄하려고 했으며, 그리고 그것을 후에 '인간관계론(Human Relations)'이라고 부르게 된 것으로 대치하려고 했다. 그러나 그 역시 테일러와 마찬가지로 "해야 할 과업이 **무엇이고, 왜** 그것을 하는가?"라는 질문은 하지 않았다. 웨스턴 일렉트릭(Western Electric) 사의 호손(Hawthorne) 공장에서의 유명한 실험에서 그는 오직 "어떻게 하면 전화 배선 장치를 가장 잘 만들 수 있는가?"라고 질문했을 뿐이다. 물건을 생산하고 운반하는 일에 있어서의 과업은 항상 그것이 무엇인지에 대해 생각할 필요가 없는 당연한 일로 간주된다. 그러나 지식 노동의 생산성 향상에 있어서는 가장 먼저 "해야 할 과업은 무엇인가, 우리는 무엇을 수행하려 하는가?" 그리고 "왜 그것을 해야 하는가?"라는 질문을 해야만 한다. 지식 노동의 생산성을 향상시키기 위해서는 반드시 과업을 다시 정의해야 하며, 특히 꼭 하지 않아도 될 일을 제거하는 것이 중요하다.

이것을 잘 설명해 주는 가장 오래된 사례가 우편 주문 처리에 관한 초창기 시어스 로벅(Sears Roebuck) 사의 작업 방식이다. 1906년에서 1908년 사이, 시어스 사는 우편 주문을 처리하는 과정에서 주문 봉투를 일일이 열어서 돈을 세어보는 작업을 '제거'했다. 당시에는 지폐나 수표가 없었고 동전만 있었기 때문에 봉투의 무게를 달아보면 그 봉투에 얼마의 돈이 들어 있는지 자동적으로 알 수 있었고, 따라서 봉투를 열어보지 않아도 되었던 것이다. 이 방법을 이용해 시어스 사는 각각의 우편 주문을 자세히 기장하는 데 소요되는 시간도 줄였다. 예를 들면, 주문 봉투들의 무게가 1파운드일 때 40개의 물건을 주문한 것으로 계산해서 일괄적으로 주문 처리와 발송 계획을 세웠던 것이다. 이 두 가지 개선 작업은 2년 내에 모든 우편 주문 작업 과정의 생산성을 10배나 증가시켰다.

어떤 주요 보험 회사는 최근에 아주 큰 액수의 보험금 청구가 아닌 경우에는 세밀한 점검을 하지 않음으로써 청구서 처리 업무의 생산성을 5배로, 즉 1건당 평균 소요 시간을 15분에서 3분으로 줄였다. 종전에는 보험금 청구서를 받으면 30개 항목에 대해 사실 여부를 확인해 왔는데, 지금은 5개 항목만을 점검하고 있다. 즉 보험 증서는 아직도 유효한가, 계약 금액과 청구 액수는 일치하는가, 보험 계약자와 사망 증명서의 이름이 일치하는가, 보험 증서상의 보험금 수취인과 보험금 청구자가 일치하는가 등 핵심적인 내용만을 확인하는 것이다.

이렇게 보험금 청구서 처리 업무의 생산성을 향상시킬 수 있었던 것은 "과업이 무엇인가?"를 따져보았기 때문이다. 이에 대한 대답은 그리 어렵지 않았다. 즉 "그것은 사망에 따른 보험금 청구에 대해 가능한 한 적은 비용으로 빠른 시간 내에 지불을 해주는 것이다."였다. 그리고 그 과정을 통제하기 위해서는 매 50번째에 접수되는 청구서만을 표본적으로 종전의 방식에 따라 정밀하게 점검하면 된다는 결론이 나왔다.

몇몇 병원들은 힘들고 비용도 많이 드는 입원 수속 절차의 대부분을 생략하고 있다. 이들 병원은 의식을 잃었거나 출혈이 심해서 미처 입원 신청서를 작성할 수 없는 응급 환자들을 입원시킬 때의 간략한 입원 수속 절차를 관례화해서 모든 환자에게 적용하고 있다. 이때에도 마찬가지로 "과업이 무엇인가?"라는 질문을 던졌다. 그 결과는 '환자의 성명, 성별, 연령, 주소 그리고 의료

비 청구 방법을 확인하는 일'이라는 것이었다. 그런데 이러한 사항들은 모두 환자가 갖고 다니는 보험 증명서에 이미 기재되어 있었고, 따라서 굳이 입원 신청서에 이런 사항을 기입하지 않아도 되었던 것이다.

또 다른 예를 들면, 유명한 어느 사립 대학은 재정 지원을 담당하는 11명의 전임 직원들을 일 년에 몇 주일 동안만 이 업무를 담당하는 2명의 임시 직원으로 대체하였다. 다른 사립 대학들과 마찬가지로, 이 대학은 우수한 자질을 갖추었으나 수업료를 낼 능력이 없는 지원자들의 입학을 허가한 다음, 재정 지원 담당 직원들에게 입학이 허용된 그 학생들의 수업료 감면 액수를 결정하게 하고 있다. 대부분의 대학에서는 아직도 각 지원자들이 제출한 많은 분량의 서류를 일일이 확인하여 그 액수를 결정하고 있다. 그러나 지원자들 가운데 95퍼센트에 대한 재정 지원은 사실상 고정된 몇 가지 요인에 의하여 결정되었다. 따라서 가계 소득, 주택의 가격, 신탁 재산 등 추가적인 소득의 유무 그리고 현재 대학 수업료를 지불하고 있는 형제 자매의 유무 등의 몇 가지 사항을 입력하면 컴퓨터가 몇 초 내에 얼마의 재정 지원이 필요한지 계산해 주었다. 2명의 임시 직원도 5퍼센트의 특별 케이스―예를 들면, 체육 특기생 같은―를 추려내는 데에만 필요하며, 이들 특별 케이스의 지원자들에 대해서는 학장과 소규모 교수 위원회에서 몇 시간 만에 쉽게 처리할 수가 있다.

이와 같이 지식 노동에 있어서는 과업의 내용을 분석함으로써, 나아가 하지 않아도 될 일을 제거함으로써 훨씬 더 높은 성과를 거둘 수 있다.

내가 알고 있는 국제적인 사례가 한 가지 있다. 그것은 한 다국적 기업이 '전략적 계획'이 무엇인지를 재정의한 사례이다. 45명의 훌륭한 인재로 구성된 이 회사의 기획팀은 여러 해에 걸쳐서 '전략적 시나리오(strategic scenarios)'를 세부 사항에 이르기까지 신중하고 정밀하게 작성했다. 누구나 그 시나리오가 최상의 작품으로서 모든 사람을 고무시킬 수 있는 보고서라는 점을 인정하였다. 그러나 막상 기업을 운영하는 데 있어서의 효과는 매우 적었다. 새로 부임한 최고경영자가 다음과 같이 질문했다. "전략적 계획을 수립하는 목적이 무엇인가? 즉 과업이 무엇인가?" 스스로 내린 대답은 "그것은 미래를 예측하는 일이 아니다. 그것은 우리 사업의 방향과 목표를 설정하며, 목표를 달성하기 위한 전략을 제공하는 일이다."였다. 결국 전략적 계획을 짜는 일은 다시 시작되었다. 새로운 작업은 4년간이나 계속되었고, 처음에는 여러 번 실책을 범하기도 했다. 그러나 오늘날에는 똑같이 45명으로 구성된 기획팀이 회사 내의 각 사업부들을 위하여 다음 세 가지 질문들을 하면서 일을 하고 있다. "시장의 주도권을 유지하기 위해서는 시장 점유율이 몇 퍼센트여야 하는가? 필요한 시장 점유율을 확보하기 위해서는 어떤 혁신적인 성과를 필요로 하는가? 자본 비용을 보상하기 위해 필요한 최소 수익률은 얼마인가?" 그리고 나서 기획팀의 팀원들은 각 사업부의 경영진과 함께 경제적 조건들에 관한 상이한 가정하에서 목표들을 달성하기 위한 전략을 수립한다. 이렇게 해서 수립된 계획들은 종전의 것들보다 훨씬 더 단순하고 훨씬 덜 과장된 한편, 그다지 세련되지는 않았다. 그러나 그 계획들은 각 사업부와 경영진에게 실제로 나아가야 할 길을 안내해 주는 '비행(飛行) 계획서'로서의 역할을 했다.

나는 이 다국적 기업을 제외하고는 아직까지 지식 노동과 관련하여 "그 과업이 과연 **무엇**이며, **왜** 그것을 하는가?"라는 질문을 제대로 하고 있는 기업의 예를 보지 못했다.

과업에 대한 집중

물건을 생산하고 운반하는 일을 하는 육체 노동자는 한 번에 한 가지의 일만 한다. 테일러의 연구 대상이었던 육체 노동자는 모래를 삽질하는 일을 할 뿐, 화덕에 불을 지피는 일은 하지 않았다. 메이요의 실험에 참여했던 배선 작업실의 여성 근로자는 납땜질만 하였을 뿐, 완성된 전화 배선을 시험하는 일은 하지 않았다. 아이오와 주의 농부는 옥수수를 심다가 밭에 트랙터를 팽개치고 회합에 참가하기 위해 가지 않는다.

한 가지 일에 집중하는 것은 지식 노동에 있어서도 마찬가지다. 외과 의사는 수술실에서 전화를 받지 않으며, 변호사도 사건 의뢰인과 상담하는 중에는 걸려온 전화를 받지 않는다.

그러나 대부분의 조직에서는—그곳은 대부분 지식 근로자들이 일하고 있는 곳인데—한 사람이 여러 가지 일을 하는 경우가 늘어나고 있다. 최고경영자의 자리에 있는 사람들은—그렇게 하려는 사람이 드물긴 해도—때때로 하나의 일에만 전념할 수 있을 것이다. 하지만 조직에서 지식 노동의 대부분을 실제로 담당하고 있는 사람들—엔지니어, 교사, 판매원, 간호사, 일반적인 중간 관리자―은 거의 또는 전혀 가치를 창출하지 않는 잡무 그리고 그들의 기본적 업무와는 거리가 먼 다른 부가적인 일들 때문에 점점 더 허덕이고 있다.

가장 나쁜 사례가 아마도 미국의 병원에서 일하는 간호사들일 것이다. 우리는 간호사가 부족하다는 이야기를 많이 듣는다. 그렇다면 이 문제를 어떻게 해결할 수 있겠는가? 학업을 마치고 간호사라는 전문직에 입문하는 사람의 수는 지난 몇 년간 꾸준히 늘고 있다. 반면에 입원 환자의 수는 급격히 줄어들고 있다. 이러한 모순된 상황은 다음과 같이 설명할 수 있다. 오늘날 간호사들은 그들이 대학에서 배웠고, 병원으로부터 봉급을 받는 대가로 하기로 한 일, 즉 기본적으로 환자를 돌보는 일에 근무 시간의 절반만을 할애하고 있다. 나머지 절반의 시간은 간호사로서의 기능과 지식을 요구하지 않는, 의학적 가치나 경제적 가치도 별로 없고 환자의 보호와 복지에도 거의 또는 전혀 도움을 주지 못하는 일에 빼앗기고 있다. 물론 이런 부차적인 일은 주로 노인의료보험제도(Medicare), 국민의료보장제도(Medicaid), 보험 회사 업무, 의료비 청구 업무 그리고 의료 사고에 따른 소송 관계 등에 관련된 서류 처리 업무가 계속해서 폭증하고 있는 데에서 기인한다.

대학의 상황도 이와 별반 다르지 않다. 관련 조사 결과에 따르면, 대학의 교수들이 강의와 학생 지도 또는 조사 연구보다는 각종 위원회나 회의에 점점 더 많은 시간을 빼앗기고 있다고 한다. 그러나 교수들이 참석하고 있는 위원회들 가운데 없어서는 안 될 위원회는 몇 개 되지 않는다. 또한 위원의 수를 7명에서 3명으로 줄인다면 일을 더 잘할 수 있을 뿐만 아니라 시간도 절약할 수 있는 경우가 많다.

　백화점 판매원들도 마찬가지로 근무 시간을 쪼개 여러 가지 일을 하고 있다. 오늘날 그들은 컴퓨터를 다루는 일에 많은 시간을 빼앗기기 때문에 고객을 응대할 시간이 절대적으로 부족하다. 이것은 아마도 판매원으로서 그리고 매출의 창출자로서 그들의 생산성이 꾸준히 저하되고 있는 주된 이유일 것이다. 현장의 판매 책임자들은 고객들을 응대하는 대신 각종 보고서를 작성하느라 근무 시간의 3분의 1을 빼앗기고 있다. 그리고 엔지니어들은 작업장에서 한창 바쁘게 일해야 할 시간에 회의실 의자에 앉아 있는 경우가 많다.

　그것은 직무 충실화(job enrichment)가 아니다. 그것은 직무의 착취(job impoverishment)이다. 직무의 착취는 생산성을 파괴한다. 근로자의 의욕을 저하시키고 사기를 떨어뜨린다. 간호사들을 대상으로 한 의식 조사 결과를 보더라도 간호사들이 자신이 간호사가 된 목적이자 교육과 훈련을 받은 내용, 즉 환자를 간호하는 일을 수행하지 못하는 것에 대해 불만을 품고 있음을 알 수 있다. 그들은 또한―이해할 수 있는 일인데―자신들이 할 수 있는 일에 비해 보수가 너무 낮다고 느끼고 있다. 반면에 병원의 관리자들은―이것 또한 이해할 만하다―간호사들이 실제로 수행하고 있는 일이 특별한 훈련이 필요 없는 사무적인 일인 데 비해 보수가 너무 높다고 느끼고 있다.

　이러한 문제에 대한 대책은 아주 단순하다. 몇몇 병원에서는 간호사들이 하던 서류 처리 업무를 하급 사무직 직원에게 넘기고, 전화를 받고 병실을 정리하는 등의 일도 그들에게 맡겼다. 그 결과 간호사들이 본연의 임무, 즉 환자를 돌보는 일에 더욱 전념할 수 있게 되었고, 그 병원의 의료 서비스 수준도 향상되었다. 당연히 남아도는 간호사가 생겼고, 병원은 간호사의 수를 3분의 1 내지 4분의 1까지 감축할 수 있었다. 덕분에 간호사들에게 지급하는 인건비 총액을 늘리지 않고도 남아 있는 간호사들의 봉급을 올려줄 수 있었다.

이처럼 지식 근로자들의 생산성을 높이기 위해서는 모든 지식 노동에 관하여 다음과 같은 질문을 해야 한다. "우리는 무엇에 대하여 봉급을 지불하는가?" 그리고 "이 직무는 어떤 가치를 창출하기로 되어 있는가?" 이에 대한 대답이 항상 명료하거나 논쟁의 여지가 없는 것은 아니다. 어느 백화점에서 현장의 판매원들에게 이러한 질문을 했더니, "판매입니다."라는 대답이 나왔다. 그런데 그 백화점과 같은 도심 지역에 있고 또 고객층도 거의 비슷한 다른 백화점의 판매원들은 이 질문에 대하여 "고객 서비스지요."라고 대답했다. 이 두 가지 대답은 백화점 판매 현장의 직무 구조를 개선하는 데에 각기 다르게 반영되었지만, 두 백화점 모두 생산성과 수익성을 증진시키는 데 성공했다. 판매원 각자의 판매고가 높아졌고, 백화점의 총수입도 늘어난 것이다.

지식 노동의 3가지 범주

지식 노동은 일반적인 노동처럼 취급되어서는 안 된다. 지식 노동들은 서로간에 동질성을 갖는 것으로 간주될 수 없다. 지식 노동들은 세 가지의 뚜렷한 범주로 나누어 취급되어야 한다. 각각의 범주들은 상이한 분석과 상이한 조직을 필요로 한다. 물건을 생산하고 운반하는 일에 있어서는 생산성 향상의 초점이 '작업 그 자체'에 맞추어진다. 하지만 지식 노동에 있어서는 '성과'에 초점을 맞추어야만 한다. 그러면 지금부터 성과에 초점을 맞추어 지식 노동의 세 가지 범주를 살펴보도록 하겠다.

1. 지식 노동들 중 몇 가지 직무들의 성과는 곧 질(質)을 의미한다. 그 하나의 예가 연구소의 연구원들이 수행하는 직무인데, 이 직무에서 성과의 양(量)—연구 결과의 수—은 질적인 문제에 비해 부차적인 것에 불과하다. 연간 2,000만 달러에서 3,000만 달러 정도의 매상을 올리는 20개의 '모조 약'보다는 10년간 시장을 지배하면서 연간 5억 달러의 매상을 올리는 '신약' 한 가지가 훨씬 더 큰 가치를 지닌다. 이러한 사실은 기본 정책이나 전략을 결정할 때에도 마찬가지로 적용된다. 또한 의사들의 환자 진단, 포장지 디자인 작업, 잡지 편집 등과 같은 일에도 똑같이 적용된다.

2. 성과가 질과 양 두 가지로 구성되는 지식 노동도 매우 많다. 백화점 판매원의 작업이 그 한 예이다. '고객의 만족'은 질적인 성과이기 때문에 측정하기가 쉽지 않다. 그렇지만 그 질적인 성과는 판매 전표의 매수나 총판매액과 같은 양적인 성과 못지않게 중요하다. 건축 설계와 같은 지식 노동에 있어서는 대체로 질적인 부분이 성과의 대부분을 차지한다. 수공업을 하는 장인의 작업에 있어서는 질이 필수적이지만 양 또한 중요하다. 엔지니어, 증권 회사의 지방 영업 소장, 의료 기술자, 지방 은행의 지점장, 통신원, 간호사, 자동차 보험 청구 조정자 등 대다수 지식 근로자들이 질

과 양 두 측면 모두에서 성과를 측정받는다. 따라서 이러한 지식 노동의 생산성을 향상시키기 위해서는 질과 양의 두 측면 모두에 대한 연구가 필요하다.

3. 마지막으로, 그 성과가 양적인 측면에 있는 작업도 있다. 즉 보험 회사에서 보험금 청구서의 기입과 처리를 하는 일이라든지 병원에서 병상을 꾸미는 일 등과 같이 그 성과가 물건을 생산하고 운반하는 일, 즉 육체 노동과 비슷한 작업들도 매우 많다. 이러한 작업들에서 질은 성과를 달성하는 데 있어 하나의 전제 조건이자 제약 조건일 뿐이다. 그것은 성과 그 자체라기보다는 외적인 조건이다. 질적인 측면은 작업 과정 속에 이미 포함되어 있어야 하며, 성과는 대부분 작업의 양에 의해 측정된다. 예를 들어, 병상을 꾸미는 일에서의 성과는 그 일을 하는 데 걸린 시간으로 측정된다. 이러한 직무들은 물건을 생산하고 운반하는 일과는 직접적인 관련이 없지만, 사실상은 '생산 작업'이다.

지식 노동이 이렇게 뚜렷한 세 가지 범주로 나뉘는 까닭에, 지식 노동의 생산성을 향상시키기 위해서는 특정 직무가 어느 범주에 속하는지를 먼저 따져볼 필요가 있다. 그러고 난 다음에야 비로소 우리가 '해야 할 일'이 무엇인지 알게 될 것이다. 또한 '분석해야 할 일'과 '개선해야 할 일' 그리고 '변화시켜야 할 일'이 어떤 것인지도 결정할 수 있게 될 것이다. 그 이유는 그렇게 해야만 특정의 지식 노동에 있어서 생산성이 뜻하는 바가 무엇인지를 알 수 있기 때문이다.

생산성 향상과 파트너십

　지식 노동의 생산성을 증대시키기 위해서는 과업을 정의하고, 그것에 전념하며 그리고 성과를 규정하는 일 외에 다른 여러 가지 일이 더 필요하다. 우리는 성과가 주로 질을 뜻하는 직무들에 있어서는 그 작업 과정을 어떻게 분석해야 될지 잘 모르고 있다. 이런 지식 노동에 있어서는 오히려 "무엇이 효과를 발휘하는가?"라고 물어야 한다. 한편 성과가 질과 양 둘 다를 의미하는 직무들에 대해서는 위의 두 가지를 모두 다 해야 한다. 즉 작업 과정을 단계별로 그리고 활동별로 분석해야 하고, 또한 '무엇이 효과를 발휘하는지'를 물어야 한다. 마지막으로, 성과가 양으로 평가되는 생산 작업에 있어서는 질의 기준을 규정하고 그것을 생산 공정에 반영할 필요가 있다. 하지만 그러한 작업에 있어서의 실질적인 생산성 개선은 상당히 전통적인 산업공학, 즉 개개의 단순 과업들을 합쳐서 하나의 완전한 '직무'로 구성하는 과업 분석(task analysis)을 통해서 이루어진다.

　이 세 가지의 단계적인 조치들은 지식 노동에 있어서 제각기 상당한 생산성 향상을 가져온다. 이 세 단계의 조치는 각기 반복해서 실시될 필요가 있다―그 주기는 3년 내지 5년이 좋으며, 그리고 직무 또는 조직을 변경했을 때에는 언제라도 반드시 실시할 필요가 있다. 우리의 모든 경험에 비추어 보건대, 이 세 단계를 통해 이룩되는 지식 노동에서의 생산성 향상은 산업공학, 과학적 관리 방법 또는 인간관계론 등이 물건을 생산하고 운반하는 일에서 달성한 수준을 초과하지는 못하더라도 최소한 비슷한 수준은 될 것이다. 달리 말해, 이 세 가지 조치는 지식 노동 자체에 필요한

'생산성 혁명'을 초래하게 될 것이다.

그 전에 꼭 필요한 조건이 한 가지 있다. 그것은 우리가 제2차 세계대전 이후 물건을 생산하고 운반하는 일의 생산성을 향상시키는 과정에서 배운 것을 실제로 응용해야 한다는 것이다. 즉 지식 노동의 생산성을 향상시키는 일은 실제로 지식 노동을 담당하고 있으면서 앞으로 더욱 생산적으로 일하게 될 사람들과 파트너가 되어 추진되어야 한다. 그리고 그 목표는 작업의 수준, 난이도, 기능의 정도에 관계없이 모든 지식 근로자가 생산성 향상과 성과에 대한 책임을 자신이 수행하는 작업의 일부로 짜 넣는 것이 되어야만 한다.

테일러는 그의 연구 대상이었던 노동자들에게 한번도 의견을 물어보지 않았다는 이유로 종종 비판을 받아왔다. 그는 육체 노동자들에게 지시만을 했다. 메이요 역시 질문을 하지 않았다. 그 역시 노동자들에게 지시만을 했다. 프로이트 또한 환자들에게 자신의 문제가 어디에 있다고 생각하느냐는 질문을 하지 않았다. 마르크스도, 레닌도 대중에게 의견을 물어볼 생각을 한 적이 없었다. 그리고 전쟁중의 어느 최고 사령관도 일선에 있는 하급 장교 또는 사병들에게 무기, 군복, 심지어는 식량에 관해서도 의견을 물어본 적이 없었다. (미 육군에서는 의견 청취가 월남전 때 비로소 관습이 되었다.) 테일러는 전문가와 전문 지식을 중요시하던 당시의 사람들과 같은 생각, 즉 노동자와 경영 관리자들은 무능하기 짝이 없는 '말 못 하는 소'라는 생각을 하고 있었다. 그로부터 40년 후에 메이요는 경영 관리자들에 대해서는 높은 존경심을 가지게 되었지만, 노동자에 대해서는 여전히 '미숙하고' 환경에 '잘

적응하지 못하는' 존재로서 심리학자의 전문적인 지도를 받아야 한다고 생각했다.

그러나 제2차 세계대전이 일어나자 선택의 여지가 없어졌다. 노동자들에게 직접 의견을 물어볼 수밖에 없었던 것이다. 공장에는 엔지니어도, 심리학자도, 현장 감독도 없었다. 그들은 모두 전쟁터로 가버렸다. 막상 노동자들에게 의견을 물어본 사람들은 모두 깜짝 놀랐다. 노동자들이 말 못 하는 소도 아니며 미숙하거나 적응을 잘하지 못하는 존재도 아니라는 사실을 알게 되었던 것이다. 노동자들은 자신들이 하고 있는 작업, 그 작업의 논리와 리듬 그리고 작업에 필요한 도구와 질(質) 등에 관하여 아주 많이 알고 있었다. 노동자들에게 그들이 하고 있는 일에 대한 질문을 하는 것은 바로 생산성과 작업의 질을 향상시키기 위한 출발점이었다. 처음에는 몇몇 기업만이 이 새롭고 획기적인 제안을 받아들였다. IBM이 그 첫번째 기업이었고, 또한 장기간에 걸쳐 이 방식을 채택한 유일한 기업이었다. 1950년대 말과 1960년대 초에는 일본에서도 이 제안을 채택하였다. 사실 그들도 처음에는 제2차 세계대전 이전의 공장 체제, 즉 전제주의 방식으로 다시 돌아가려고 했지만 유혈 파업과 내전에 가까운 분규로 무산되고 말았다. 근로자들에게 직접 질문을 던지는 이러한 관행은 오늘날에도 매우 소수의 기업에서만 실시되고 있다. 하지만 자기 직무에 관한 근로자의 지식이 생산성과 질 그리고 성과 모두를 향상시키는 데 있어서 출발점이 된다는 것은—적어도 이론상으로는—일반적으로 받아들여지고 있다.

어쨌거나 물건을 생산하고 운반하는 일의 생산성 향상에 있어 책임 있는 근로자와의 파트너십은 오직 '최선의' 방법이다—노동자에게 의견을 묻지 않고 지시만을 한 테일러의 방식도 또한 효과적이었으며, 그것도 상당히 효과를 거두었다. 하지만 지식 노동에 있어 책임 있는 근로자와의 파트너십은 '유일한' 방법으로서 그 밖의 다른 방법은 어떤 것도 전혀 효과를 발휘하지 못할 것이다.

조직은 배우는 기관이자 가르치는 기관이다

테일러와 메이요가 알지 못했던 교훈이 두 가지 있다.

첫째는, 향상된 생산성을 계속 유지하기 위해서는 끊임없는 학습이 필요하다는 점이다. 테일러가 했던 것, 즉 직무를 다시 설계하고, 그것을 실행하는 새로운 방법을 훈련시키는 것만으로는 충분하지 않다. 이는 학습의 시작일 뿐이고, 학습이라는 것은 결코 그 끝이 없는 일이다.

우리가 일본의 기업들로부터 정말 배워야 할 것이 있다면, 그것은 훈련을 통해 얻을 수 있는 가장 큰 혜택은 새로운 것을 배우는 데에 있지 않고 이미 잘하고 있는 것을 훨씬 더 잘하게 되는 데에 있다는 사실이다. 그리고 마찬가지로 중요한 것은, 지난 몇 년간의 관찰로 알게 된 것인데, 지식 근로자는 자기 자신이 스스로를 가르칠 때 가장 잘 배울 수 있다는 사실이다.

실력 있는 판매원의 생산성을 더욱 향상시키기 위한 최선의 방법은 그로 하여금 판매 대회에서 '나의 성공 비결'을 발표하도록 하는 것이다. 외과 의사의 성과를 향상시키는 최선의 방법은 그로 하여금 지역 의료 협회에서 자신의 시술 경험에 관한 보고서를 발표하게 하는 것이다. 간호사의 성과를 향상시키는 최선의 방법은 동료 간호사들을 가르치게 하는 것이다.

정보 시대에는 모든 기업이 배우는 기관(learning institution)이 되어야 한다고 흔히 이야기되고 있다. 그러나 모든 기업은 또한 가르치는 기관(teaching institution)이 되어야만 한다.

THE ESSENTIAL DRUCKER 4

어떻게 성과를 올릴 것인가

> 목표 달성 능력은 지식과 재능이라는 자원으로부터 더 많은 그리고 더 좋은 결과를 얻게 해주는 하나의 수단이다. 이러한 이유로 목표 달성 능력은 조직이 추구해야 할 것들 중 가장 우선순위를 차지한다.

지식 근로자의 과업은 최대한 높은 성과를 올리는 것이고 또한 목적을 달성하는 것이다. 기업, 병원, 정부 기관, 노동 조합, 대학, 군대 등 어디에서 일하든지 간에 지식 근로자는 항상 '올바른 일을 수행할 것(get the right things done)'으로 기대되고 있다. 이는 간단히 말해, 목표를 달성해 주길 바란다는 의미이다.

그러나 지식 업무(knowledge job)에 종사하는 사람들 가운데 높은 성과를 올리는 사람은 극히 드물다. 지식 근로자는 당연히 고도의 지적 능력을 갖고 있으며 상상력도 풍부하다. 그러나 성과를 올리는 것과 지적 능력 사이에는 그다지 상관 관계가 없는 듯하다. 머리는 좋은 사람이 놀랄 만큼 터무니없는 행동을 하는 예가 얼마든지 있다. 그들은 뛰어난 지적 통찰력 그 자체가 곧바로 성과로 이어지는 것은 아니라는 사실을 인식하지 못하고 있다. 그들은 지적 통찰력은 매우 체계적인 작업을 통해서만 성과와 연결될 수 있다는 사실에 대해 전혀 모르고 있다. 반면에 모든 조직에는 상당히 높은 성과를 올리는 끈질긴 사람들도 있다. 다른 머리 좋은 사람들이 종종 '창조성'과 혼동되기도 하는 열정과 분방함 속에 빠져 있는 동안 그들은 동화 속의 거북이처럼 한발 한발 앞으로 나아가고, 결국에는 목표 지점에 먼저 도달하는 것이다.

지식 근로자에게 있어 지능과 상상력 그리고 지식은 기본적인 요소로서 이 요소들을 성과로 연결시키기 위해서는 목표 달성 능력(effectiveness)이 필요하다. 지능과 상상력 그리고 지식 그 자체는 성과의 한계를 설정할 따름이다.

목표 달성 능력은 왜 필요한가

이 모든 것은 명백한 사실이다. 그런데 지식 근로자들의 직무 수행에 관한 책과 논문이 산더미처럼 쏟아져 나왔음에도 불구하고 그들의 목표 달성 능력에 대해 주의를 기울이는 사람이 그토록 적었던 이유는 무엇일까?

그 한 가지 이유는 조직에서 일하는 지식 근로자들에게는 성과를 달성하는 일이 아주 특별한 기술처럼 여겨졌기 때문이다. 최근까지도 목표 달성 능력을 갖춘 지식 근로자는 그리 많지 않았다.

육체 노동자에게는 능률(efficiency)만 필요했다. 그것은 올바른 목표를 달성하는 능력이 아니라 주어진 일을 '올바르게 할 수 있는 능력(ability to do things right)'이다. 육체 노동자는 구체적으로 정의를 내릴 수 있고, 또 개별적으로 계산할 수 있는 산출물의 양과 질을 기준으로 언제든지 평가될 수 있다. 우리는 지난 100년 동안 육체 노동의 능률을 측정하고, 또 질을 파악하는 방법을 배웠다—그 결과 육체 노동자 개개인의 산출량을 대폭 증대시킬 수 있었다.

과거에는 모든 조직에서 육체 노동자—공장에서 일하는 기계공이나 일선에 배치된 병사 등—가 압도적으로 많았다. 목표 달성 능력을 가진 사람은 거의 필요로 하지 않았다. 육체 노동자들에게 어떤 일을 하도록 지시를 내리는 사람만이 몇 명 있었다. 육체 노동자들은 이들의 지시를 받아 그대로 수행했다. 이들은 전체 노동력 가운데 아주 일부분만을 차지했기 때문에 유능한지 무능한지는 별로 문제가 되지 않았고 목표 달성 능력도 당연히 갖추고 있는 것으로 여겨졌다. 육체 노동자들은 자신들이 힘들여 배워야 할 어떤 것을 이미 잘 알고 있는 '천부적인' 소질을 갖춘 몇몇 사람에게 의존하면 된다고 생각했다.

사실상 과거의 조직에는 매우 소수의 지식 근로자만이 있었을 뿐이다. 그들 대부분은 기껏해야 사무원 한 명 정도만을 데리고 전문가로서 일했다. 그들에게 목표 달성 능력이 있고 없음은 오직 그 자신들만의 관심사였고, 또한 자신들에게만 영향을 미치는 문제였다.

오늘날 지식에 기반을 둔 거대 조직은 사회의 중심적인 존재이다. 현대 사회는 거대한 조직들의 사회이다. 군대를 포함한 모든 커다란 조직 내에서 힘의 중심이 몸을 이용해 일을 하는 육체 노동자에서 지식을 이용해 일을 하는 지식 근로자로 이동했다. 앞으로는 조직 내에 지식과 이론 그리고 개념을 활용하도록 학교에서 교육받은 사람들이 더 많아질 것이다. 그리고 이들의 존재 가치는 조직의 목표 달성에 얼마만큼 기여하느냐로, 즉 그들의 목표 달성 능력으로 평가될 것이다.

이제 더 이상 목표 달성 능력을 당연한 것으로 간주할 수 없게 되었다. 따라서 그것은 간단히 무시할 수 없는 것이 되었다.

육체 노동자들의 성과를 측정하고 검증하기 위해 개발된 평가 시스템—산업공학을 비롯하여 품질 관리에 이르기까지—은 지식 근로자에게는 적용될 수 없다. 불량품밖에 만들지 못할 멋진 설계도를 재빨리 만드는 엔지니어만큼 비생산적이고 기업의 경영자를 실망시키는 사람도 없을 것이다. '올바른' 일을 하는 것만이 지식 노동을 효과적인 것으로 만든다. 지식 노동은 육체 노동을 평가하는 척도로는 측정될 수가 없다.

지식 근로자를 직접적으로 세부적인 면까지 감독할 수는 없다. 다만 도움을 줄 수 있을 뿐이다. 따라서 지식 근로자는 스스로 방향을 정해야만 한다. 그리고 그 방향은 성과와 공헌, 즉 목표 달성에 초점이 맞추어지지 않으면 안 된다.

「뉴요커 *The New Yorker*」지에 게재되었던 만화 하나를 소개하겠다. 사무실 문에는 '판매 부장 찰스 스미스'라는 팻말이 걸려 있다. 사무실 안의 벽에는 '생각하라'라고 쓰여진 대형 액자가 덩그렇게 걸려 있고, 스미스 부장은 책상 위에 다리를 올려놓은 채 천장을 향해 담배 연기를 내뿜고 있다. 문밖으로 지나가던 한 사람이 옆의 사람에게 이렇게 말한다. "그런데 스미스 부장이 지금 무슨 생각을 하고 있는지 우리가 어떻게 알지?"

정말이지, 우리는 지식 근로자가 무슨 생각을 하고 있는지 확인할 도리가 없다. 그렇지만 생각하는 것이야말로 지식 근로자 고유의 일이다. 생각하는 것이 곧 '일'의 시작이다. 지식 근로자에게 동기를 부여하는 것은 그 자신의 목표 달성 능력 혹은 성취 능력이다. 만일 목표 달성 능력이 부족한 지식 근로자가 있다면, 그는 자신이 하고 있는 일에 집중할 수 없고 공헌하고자 하는 의욕도 떨어지게 된다. 그리고 결국은 정해진 근무 시간만 겨우 때우며 일하는 사람이 되고 마는 것이다.

지식 근로자는 그 자체로서 성과가 될 만한 어떤 것을 생산하지 않는다. 그는 수도관, 구두, 기계 부품 같은 물리적인 제품을 생산하지 않는다. 그는 지식과 아이디어 그리고 정보를 창출해 낸다. 지식 근로자가 창출해 내는 이러한 '생산물'은 그 자체만으로는 아무런 효용이 없다. 그것은 누군가 다른 사람이, 즉 다른 지식 근로자가 자신의 일에 투입하여 새로운 생산물을 창출해 내는 데 이용되었을 때 비로소 그 가치를 인정받는다. 아무리 위대한 지혜라 해도 그것이 실제 작업 활동과 행위에 적용되지 않는다면 무의미한 데이터에 지나지 않는다. 따라서 지식 근로자는 육체 노동자가 하지 않는 일, 즉 자신의 성과를 다른 사람에게 제공하는 일을 해야만 한다. 지식 근로자는 자신의 생산물이 잘 만들어진 한 켤레의 구두처럼 그 자체로서 효용을 갖기를 기대해서는 안 된다.

지식 근로자는 오늘날 고도 선진 사회와 선진 경제―미국, 서유럽, 일본 그리고 차츰 러시아―가 경쟁력을 확보하고 유지하기 위해 필요한 하나의 '생산 요소'이다.

경영자로서의 지식 근로자

현대 조직의 모든 지식 근로자는 한 사람의 '경영자'라고 할 수 있다. 만일 그가 자신의 지위 또는 지식을 이용하여, 성과를 올리고 결과를 얻는 조직의 능력에 실질적으로 기여할 책임을 지고 있다면 말이다. 그것은 기업의 경우 새로운 제품을 생산하거나 기존 시장에서 시장 점유율을 높이는 능력이 될 수 있다. 또 병원의 경우라면 입원 환자에게 의료 서비스를 제공하는 능력일 수도 있다.

이러한 조직의 능력에 기여할 책임을 지고 있는 지식 근로자는 스스로 의사 결정을 내리지 않으면 안 된다. 단지 다른 사람이 내린 명령만을 수행하는 것이 아니라, 조직에 공헌해야 하는 자신의 책임을 스스로 이행해야 한다. 또한 지식 근로자는 자신의 전문 지식 분야에 있어서는 조직 내의 어느 누구보다 올바른 의사 결정을 할 수 있는 사람이 되어야 한다. 그가 내린 의사 결정은 완전히 무시당할 수 있으며, 그로 인해 강등되거나 좌천되거나 해고될 수도 있다. 그러므로 그가 어떤 일을 수행하는 동안 그 일의 목표와 기준과 공헌은 전적으로 그의 손안에 달려 있는 셈이다.

이러한 상황은 베트남의 정글에서 임무를 수행하던 젊은 미국 보병 대위의 신문 인터뷰 기사가 잘 설명해 줄 것 같다.

"이러한 혼란스러운 상황에서 당신은 어떻게 부대를 지휘하고 있습니까?" 이러한 기자의 질문에 대해 젊은 대위는 다음과 같이 대답했다. "이곳에서는 책임을 질 사람이 나 혼자밖에 없습니다. 만약 사병들이 정글 속에서 적군과 맞닥뜨렸을 때 어떻게 해야 할지 모른다고 생각해 봅시다. 멀리 떨어져 있는 내가 할 수 있는 일이 뭐가 있겠습니까? 나의 임무는 그들로 하여금 자신들이 해야 할 일을 분명히 알도록 가르치는 것입니다. 실제 상황에서 그들이 무엇을 하는가 하는 것은 오직 그들의 판단에 달려 있습니다. 물론 책임은 언제나 내게 있습니다. 하지만 결정은 현장에 있는 사람이 합니다."

결국 전쟁터에서는 모든 병사가 '경영자'가 되는 것이다.

지식 노동은 양으로 측정될 수 없다. 비용으로 측정되는 것도 아니다. 지식 노동은 그 결과의 질에 따라 규정되는 것이다. 지식 노동에 있어서는 부하직원의 수나 관리 업무의 양을 가지고는 그 내용을 알 수가 없다.

시장 조사 책임자는 시장 조사 업무에 보다 많은 사람들을 투입함으로써 기업의 급속한 성장과 성공의 가능성을 높여주는 통찰력, 상상력, 업무의 질이 향상되는 결과를 얻을 수도 있을 것이다. 만일 그렇게만 된다면 사실 200명을 투입해도 비싼 것은 아니다. 그러나 이 경우 시장 조사 책임자는 200명의 부하직원들 각자가 일으킬 수 있는 문제 그리고 그들이 상호 작용하면서 일으킬 수 있는 문제들에 압도당할 위험이 있다. 부하직원을 '관리'하는 일에 시간을 너무 많이 빼앗겨 정작 본래의 업무인 시장 조사 업무나 중요한 의사 결정을 할 시간은 부족해지는 사태가 벌어질 수도 있는 것이다. 그는 온갖 서류들의 숫자들을 확인하느라 너무 바빠서 다음과 같은 질문은 하지 못하고 있을 수도 있다. "우리가 '우리 회사 시장'이라고 말할 때, 진정 그것은 무엇을 의미하는가?" 결국 그는 회사에 심각한 위기를 가져다줄 중요한 시장 변화를 인식하지 못하고 그냥 넘어가게 되는지도 모른다.

만일 부하직원이 한 명도 없는 시장 조사 책임자라 해도 마찬가지로 생산적일 수도 있고 비생산적일 수도 있다. 그는 어쩌면 회사에 번영을 가져다주는 지식과 통찰력을 가진 자원일 수도 있다. 혹은 학자들이 종종 연구의 일부분이라고 생각하면서 무수히 많은 각주를 다는 것처럼 지나치게 세부적인 일에 시간을 소비하느라 아무것도 보지도, 듣지도 그리고 심지어는 생각조차 하지 못하고 있을 수도 있다.

그런가 하면, 지식을 기반으로 하는 모든 조직에는 한 사람의 부하직원도 관리하지 않으면서도 경영자 역할을 하는 사람이 얼마든지 있다.

진정으로 드문 일이긴 하지만, 베트남의 정글 속에서 임무를 수행하고 있는 병사들처럼, 조직의 모든 구성원들은 각자가 조직 전체의 사활에 관계되는 중요한 의사 결정을 해야만 하는 상황에 놓일 수 있다.

연구 주제나 방식을 결정하는 어느 연구소의 화학자는 기업의 장래를 좌우하는 기업가적인 의사 결정을 하고 있는 것이다. 그는 연구실 책임자일 수도 있겠지만, 관리 책임이 전혀 없는 일개 연구원일 수도 있다. 회계상 무엇을 '제품'이라고 규정할 것인지에 관한 결정은 그 회사의 부사장의 권한일지도 모른다. 하지만 그것 또한 신입사원이 결정할 수도 있는 문제이다. 이러한 것은 오늘날 대규모 조직의 어느 분야에서나 적용될 수 있다.

나는 자신의 지위나 지식을 이용하여 업무를 수행하는 과정에서 조직 전체의 성과와 결과에 영향을 미치는 의사 결정을 해야 하는 지식 근로자와 관리자, 전문가를 모두 '경영자(executive)'라고 부른다. 그런데 기업, 정부 기관, 연구소, 병원 등과 같은 오늘날의 평범한 조직에서조차 얼마나 많은 사람이 이러한 의사 결정을 해야만 하는지에 대한 인식이 부족한 상태이다.

지식에 의한 권한은 지위에 따른 권한과 마찬가지로 분명 합법적인 것이므로, 지식 근로자들이 지식에 의해 내린 의사 결정은 최고경영자의 의사 결정과 같은 '종류'의 것이다. 우리는 지금 가장 낮은 지위에 있는 관리자들도 기업의 최고경영자나 정부 기관의 대표들과 똑같은 종류의 일을 하고 있을 수 있다는 사실을 알고 있다. 즉 계획, 조직화, 통합, 조정, 동기 부여, 성과의 측정 등과 같은 일을 말이다. 그들이 할 수 있는 의사 결정의 한도는 상당히 제한되어 있을지도 모른다. 그러나 적어도 자신의 권한 범위 안에서는, 그 역시 틀림없는 '경영자'이다.

오늘날 모든 계층에 있는 의사 결정자들은 기업의 최고경영자나 정부 기관의 대표가 하는 것과 같은 종류의 일을 하고 있다. 그들의 권한 범위는 상당히 제한되어 있을지 모르며, 또한 그들의 직책과 이름은 회사 조직도 혹은 사내 전화번호부에 올라가 있지 않을 수도 있다. 그렇다 해도 그는 분명 '경영자'이다. 그리고 그가 최고경영자이든 신입사원이든 간에 어쨌든 그는 성과를 올릴 필요가 있다.

지식 근로자의 4가지 현실

　지식 근로자가 당면한 현실은 그들에게 목표 달성 능력을 요구하는 동시에 목표를 달성하는 것을 매우 어렵게 만들고 있다. 정말이지, 그들 자신이 효과적인 사람이 되려고 노력하지 않으면 그들이 처해 있는 현실은 그들을 아무 쓸모 없는 사람으로 만들어 버리고 말 것이다.
　지식 근로자는 스스로가 통제할 수 없는 네 가지 주요한 현실에 직면해 있다. 그 현실들은 하나같이 조직 내에 그리고 일상 업무의 틀 안에 뿌리 박혀 있다. 따라서 '불가피한 현실과 타협하는 것' 이외에는 선택의 여지가 없다. 이 네 가지 현실들은 모두가 지식 근로자로 하여금 결과를 얻지 못하도록 그리고 성과를 올리지 못하도록 방해하는 쪽으로 압력을 가하고 있다.

　1. 지식 근로자는 다른 사람을 위해 시간을 할애해야 하는 경우가 많다. 만일 누군가가 지식 근로자를 그의 활동들을 분석함으로써 정의하려고 한다면, 그는 아마도 지식 근로자를 조직의 포로라고 정의해야만 할 것이다. 조직 내의 모든 사람이 그의 시간을 빼앗을 수 있고, 또 실제로 빼앗음으로써 제약을 가하고 있기 때문이다. 그러나 이러한 제약을 피하기 위해 지식 근로자가 할 수 있는 일이라곤 아무것도 없는 것 같다.

　원칙적으로, 지식 근로자는 의사가 문밖으로 얼굴을 내밀고 간호사에게 "앞으로 30분 동안 아무도 들여보내지 마시오."라고 하는 식의 말을 할 수가 없다. 설사 그렇게 말한다 해도, 중요한 거래처나 정부 기관의 고위 관리 혹은 상사로부터 전화가 걸려오면 그는 전화를 받아야만 한다. 그러다 보면 어느새 30분이란 시간이 훌쩍 지나가 버리고 만다.

2. 지식 근로자는 자신이 살고 있고, 또 일하고 있는 현실을 바꾸기 위해 적극적인 행동을 취하지 않는 한 '일상 업무'에 쫓겨 다닐 운명에 처해진다.

일상 업무에 있어서의 사건들은 지식 근로자에게 진정한 문제는 고사하고 문젯거리가 될 만한 어떤 것조차 알려주는 경우가 거의 없다. 환자의 통증 호소는 의사가 진단을 하는 데 있어 결정적인 요소라고 할 수 있는데, 그 이유는 통증 그 자체가 환자에게 중요한 문제이기 때문이다. 그에 비해 지식 근로자는 훨씬 더 복잡한 세계에 살고 있다. 어떤 사건들이 중요하고 또 조치를 취해야 하는 것인지 그리고 어떤 사건들이 단지 사소한 문제들인지에 대해 각각의 사건은 알려주지 않는다. 통증에 관한 환자의 설명이 의사에게 진단의 실마리가 되는 것과는 달리, 일상적인 업무에서의 각각의 사건은 지식 근로자에게 문제의 징후가 될 만한 어떤 것도 제공하지 않는다.

연속되는 일상 업무에 따라 어떤 일을 해야 할지, 무엇에 집중해야 할지 그리고 무엇을 심각하게 받아들여야 할지를 결정하다 보면, 지식 근로자는 일상 업무 처리에 자기 자신을 모두 소모하게 되고 만다. 그는 유능한 사람일 수도 있다. 그러나 분명 그는 자신의 지식과 능력을 낭비하고 있으며, 자신이 달성할 수 있었던 성과를 포기하고 있는 것이다.

지식 근로자에게 필요한 것은 어떠한 일이 자기 자신에게 정말 중요한 일, 즉 조직에 공헌하고 성과를 올리며 결과를 얻을 수 있는 일인지를 판단하는 기준이다. 그런데 이 판단 기준은 계속되는 일상 업무 속에서는 찾아낼 수가 없다.

3. 지식 근로자로 하여금 성과를 내지 못하도록 하는 세번째 현실은 그가 '조직' 내에서 일하고 있다는 점이다. 지식 근로자가 조직에서 일하고 있다는 사실은 자신이 공헌한 바를 다른 사람들이 활용하는 경우에만, 그때에만 비로소 실질적인 성과를 올릴 수 있음을 의미한다. 조직은 개인의 강점을 증대시키는 하나의 수단으로서 존재한다. 조직은 개개인의 지식을 획득하여 그것을 다른 지식 근로자들을 위한 자원으로 활용하며, 또한 동기와 비전을 부여해 주는 수단으로 활용한다. 각각의 지식 근로자들이 한꺼번에 같은 처지에 놓이는 경우는 거의 없는데, 그것은 바로 그들이 지식 근로자이기 때문이다.

지식 근로자는 각각 자신만의 기술, 자신만의 관심사를 갖고 있다. 사람에 따라 세무 회계, 세균학 또는 간부 양성과 개발의 분야에 관심을 가진다. 또 어떤 사람은 원가 계산의 세부 사항이나 병원의 경영 관리 또는 시의회에서 정한 조례의 적법성에 관심을 기울인다. 관심 분야가 무엇이든 간에, 지식 근로자 각자는 조직 내의 다른 사람들이 생산한 것을 자신의 과업에 활용할 수 있는 능력을 갖고 있어야 한다.

일반적으로 어떤 지식 근로자가 자신의 목표를 달성하는 데 있어 가장 필요로 하는 사람은 직속 부하직원이 아니다. 그 사람은 오히려 다른 분야에 있는 사람들로서 조직이라는 관점에서 보면 '국외자(局外者)'들이다. 그는 횡적 관계에 있는 사람일 수도 있고 혹은 상사일 수도 있다. 지식 근로자는 이렇게 자신의 목표를 달성하는 데 있어 중요한 사람들에게 접근할 수 있어야 하고, 그 사람들과 그 사람들의 과업에 공헌해야만 한다. 그렇지 않은 지식 근로자는 목표를 달성할 수 없다.

4. 마지막으로, 지식 근로자는 조직 '내부'의 세계에 존재한다. 모든 지식 근로자는 자신이 속한 조직－기업, 정부 기관, 연구소, 대학, 공군 부대, 그 어느 곳이든 간에－의 내부를 가장 가깝고도 직접적인 현실로 인식한다. 조직 외부의 세계를 본다 해도 두텁고 왜곡된 렌즈를 통해서만 본다. 대체로 지식 근로자는 외부 세계에서 무슨 일이 일어나고 있는지에 대해 직접적으로는 알지 못한다. 조직의 적절한 기준을 적용하여 미리 가공되고 또 고도로 요약된, 보고서라는 조직적 여과기를 통해서만 인식한다.

그런데 조직의 내부에는 결과가 존재하지 않는다. 모든 결과는 조직의 외부에 드러난다. 예컨대, 기업의 유일한 결과는 제품과 서비스를 구입함으로써 기업이 투입한 비용과 노력이 기업의 수입과 수익으로 전환될 수 있도록 해주는 고객에 의해 창출된다.

어떤 조직이든 간에 조직 내에서 발생하는 것은 노력과 비용이다. 우리가 평소 기업 내에 '이익 센터(profit center)'가 있다고 하는 것은 점잖은 완곡 어법에 지나지 않는다. 기업에는 '노력 센터(effort center)'만이 있을 뿐이다.

어떤 조직이 결과를 창출하기 위해 투입한 노력이 적으면 적을수록 그 조직은 일을 잘하는 조직이 된다. 시장의 수요에 부응하는 자동차 또는 강철을 생산하기 위해 10만 명이나 되는 종업원이 필요하다는 것은, 본질적으로 공학적인 미숙함을 드러내는 것이다.

외부 세계에 대한 봉사가 조직의 유일한 존재 이유라는 관점에서 볼 때, 조직은 사람이 적을수록, 소규모일수록, 내부의 활동이 적을수록 더욱더 완전해진다.

하나의 조직은 동물과는 달리 존재하는 그 자체가 목적이 아니다. 단순한 영속적 보존 활동만으로는 성공이라고 할 수가 없다. 조직은 사회의 기관이며, 외부 세계에 대한 공헌을 통해 존재 의의를 인정받는다. 그렇지만 조직이 점점 더 비대해지고 높은 성공을 거둘수록 조직 내부에서 지식 근로자의 관심, 노력, 능력을 더 많이 요구하게 됨으로써 조직 외부에 대한 지식 근로자 본래의 임무와 진정한 목표는 뒷전으로 밀려나 버리고 만다.

이러한 위험은 오늘날 컴퓨터와 새로운 정보 기술의 발달로 인해 더욱 심화되고 있다. 우둔한 기계에 불과한 컴퓨터는 오직 계량적인 자료만 처리할 수 있을 뿐이다. 컴퓨터는 자료를 신속하고 정확하게 그리고 정밀하게 처리할 수 있고, 그럼으로써 지금까지는 불가능했던 계량화된 정보를 대량으로 제공해 준다. 그러나 이렇게 계량화할 수 있는 정보는 조직 내부의 것에 한정되어 있다. 비용, 생산량, 병원의 환자 수 또는 훈련 결과 보고 같은 것들 말이다. 조직 외부의 중요한 사건들에 대해서는 너무 늦어 아무것도 할 수 없는 지경에 이르기 전까지 계량적인 형태로 정보를 입수하는 것이 거의 불가능하다.

이는 외부 세계와 관련된 정보를 수집하는 우리의 능력이 컴퓨터의 연산 능력에 비해 뒤떨어져 있기 때문이 아니다. 만일 그것만이 유일한 원인이라면, 우리는 단지 통계적인 작업을 위한 노력만 증대시키면 된다. 나아가 이러한 기술적인 제약을 극복하는 데에 컴퓨터가 커다란 역할을 할 수 있다. 하지만 정작 근본적인 문제는 조직에 관련된 중요하고 의미 있는 외부 사건들이 대부분 계량화할 수 없는 질적인 것들이라는 데에 있다. 그것들은 아직 '사실들'이 아니다. 사실이라고 할 수 있으려면, 그것은 정의되어야 하고, 분류되어야 하며, 무엇보다 타당성을 인정받은 것이어야만 한다. 무엇을 계량화하기 위해서는 우선 개념이 있어야 한다. 먼저 무한하고 복잡한 현상들로부터 구체적인 변수를 추출해 내고, 그 다음에 그것에 이름을 붙이고, 그리고 마지막으로 그 숫자를 셀 수 있어야 한다.

외부 세계에서 일어나는 진정 중요한 사건은 추세가 아니다. 그것은 추세의 변화이다. 외부 추세의 변화는 궁극적으로 조직과 조직이 기울인 노력의 성패를 결정한다. 그러나 그러한 변화는 지각되지 않으면 계량화할 수도, 정의를 내릴 수도, 분류를 할 수도 없다. 다양한 변화들을 그 속성에 따라 분류함으로써 예측치를 내놓을 수는 있다. 그러나 그러한 예측치는 실제 상황을 사실상 반영하지 않고 있다. 포드에서 내놓은 최악의 신제품으로 기록된 '에드셀(Edsel)'이 그랬던 것처럼 말이다.

컴퓨터는 논리적인 기계이다. 그것이 컴퓨터의 강점이다―그러나 한편으로는 한계이기도 하다. 외부의 중요한 사건은 컴퓨터 또는 어떤 논리적인 시스템으로도 처리할 수 있는 성질의 것이 아니다. 그러나 인간은 특별히 논리적이지 않은 반면에 지각 능력이 있다. 바로 그것이 인간의 강점인 것이다.

한 가지 주의를 기울여야 할 것은, 컴퓨터의 논리와 언어로 나타낼 수 없는 정보와 자극은 가볍게 처리해 버릴 위험이 있다는 점이다. 즉 명확한 사실(사건 이후의 사실)이 아닌 지각 영역에 있는 사건(아직 사실로 되지 않은 사건)에 대해서는 무시할 수도 있다는 점이다. 그래서 방대한 양의 컴퓨터 정보가 오히려 현실로의 접근을 막아버릴 수도 있는 것이다.

궁극적으로 컴퓨터―가장 유용한 경영 관리 도구―는 지식 근로자들로 하여금 그들이 외부 세계와 단절되어 있음을 자각하게 해주고, 외부 세계에 더 많은 시간을 할애할 수 있도록 해주어야 한다. 그러나 지금 당장에는 급성 '컴퓨터 병'이라는 위험이 존재하고 있다. 그것은 심각한 질병이다.

컴퓨터는 오직 존재하고 있는 상황만을 보여줄 뿐이다. 지식 근로자는 당연히 조직의 내부에서 생활하며 일하고 있다. 따라서 외부 세계를 지각하기 위해 의식적으로 노력하지 않으면 조직 내부 세계의 힘이 그들로 하여금 외부의 진정한 현실을 보지 못하게 만들 수도 있다.

이상과 같은 네 가지 현실은 지식 근로자가 변화시킬 수 없는 것들이다. 한편으로, 그것은 지식 근로자가 존재하기 위한 필요 조건들이다. 그렇기 때문에 지식 근로자는 성과를 올리는 방법을 배우기 위해 각별한 노력을 기울이지 않으면 무능한 사람이 될 수 있다는 사실을 알아야 한다.

지식 근로자의 목표 달성 능력

지식 근로자의 성과와 성취 그리고 만족의 수준을 대폭 증가시킬 수 있는 유일한 방법은 목표 달성 능력을 향상시키는 것이다.

물론 우리는 여러 분야에서 뛰어난 능력을 가진 사람을 고용할 수 있다. 또 여러 분야에 걸쳐 두루 광범위한 지식을 가진 사람을 고용할 수도 있다. 그러나 단언하건대, 뛰어난 능력과 광범위한 지식이라는 두 측면에서는 아무리 더 많은 노력을 보탠다 해도 어느 정도 이상의 큰 성과를 기대할 수가 없다. 우리는 이미 본질적으로 불가능하거나, 최소한 아무런 이익도 나지 않는 일을 시도하려는 수준에 이르렀는지도 모른다. 그렇다 해도 슈퍼맨과 같은 새로운 종류의 인간을 탄생시킬 수는 없다. 경영자는 현재의 구성원들을 이끌고 조직을 운영해 나가는 수밖에 없다.

경영자 육성에 관한 책들은 '내일의 경영자' 상(像)으로 '사계절의 사나이(man for all seasons)'를 제시하고 있다. 자주 듣는 말이지만, 고위 경영자는 상황 분석가로서 그리고 의사 결정자로서 매우 특출한 능력을 갖고 있지 않으면 안 된다. 동시에 다른 사람들의 협력을 잘 이끌어낼 수 있어야 하고, 조직의 역학 관계에 대해서도 잘 알아야 하며, 숫자에도 밝아야 한다. 나아가 예술적인 심미안과 창조적 상상력도 풍부해야 한다. 즉 어떤 분야의 어떤 일이든 척척 해낼 수 있는 천재적인 능력을 갖고 있어야 한다. 하지만 이런 만능 천재는 결코 흔한 존재가 아니다. 인류의 경험에 비추어 보건대, 오히려 모든 면에 있어서 무능한 사람이 훨씬 더 많다. 그러므로 우리는 어떤 한 분야에 특히 뛰어난 능력을 가진 사람을 채용하는 수밖에 없다. 그러한 사람은 다른 여러 분야에서는 능력이 떨어지겠지만, 적어도 자신의 분야에 있어서는 탁월한 능력을 발휘할 수 있을 것이다.

따라서 우리는 어떤 중요한 분야에서 강점을 지닌 사람이 그 강점을 잘 활용할 수 있도록 해주는 조직을 만드는 방법을 배워야만 할 것이다. 그러나 구성원들의 능력을 향상시키는 것만으로는 우리가 목표로 하는 성과를 달성할 것으로 기대할 수가 없다. 우리는 인간의 능력을 비약적으로 증대시킴으로써가 아니라, 인간이 작업을 할 때 사용하는 도구의 개선을 통해서 인간 능력의 범위를 확대해야 할 것이다.

똑같은 원칙이 다소간 차이는 있겠으나 지식에도 적용될 수 있다. 우리는 우수한 지식을 많이 소유한 사람을 필요로 할 경우가 있는데, 그런 사람을 채용하는 데에 들어가는 비용은 그들이 창출할 것으로 기대되는 어떤 성과보다도 훨씬 더 크기 마련이다.

오퍼레이션스 리서치(Operations Research, OR)라는 것이 처음 등장했을 때, 몇몇 우수한 젊은 연구원들이 OR 전문가로서 갖추어야 할 조건을 책으로 출간했다. 그들이 책에서 제시한 조건들을 보건대, 그들은 한결같이 온갖 분야의 지식을 두루 알고 있고, 모든 분야에서 뛰어난 능력을 발휘할 수 있을 뿐 아니라 독창성까지 겸비하고 있는 다재다능한 인간을 요구하고 있었다. 그 중 한 연구에 따르면, OR 전문가는 62개에 이르는 첨단 지식 또는 주요 자연과학 및 인문과학 분야의 지식이 필요하다고 했다. 그러나 내 생각으로는, 그러한 사람이 만에 하나 있다고 해도 그가 재고 관리나 생산 일정 관리 프로그램 작업 같은 일에 자신의 능력을 허비하리라고는 믿어지지 않는다.

경영자를 육성하기 위한 훨씬 덜 야심적인 프로그램에서조차 회계, 인사, 마케팅, 가격 전략, 경제 분석 그리고 심리학을 비롯한 행동과학과 물리, 생화학, 지질학에 이르는 자연과학 등 다방면에서 고도의 지식을 요구하고 있다. 그리고 우리는 현대 기술의 역동성과 세계 경제의 복잡성 그리고 미로와 같은 정부 기구들을 잘 이해하고 있는 사람들을 필요로 하고 있다.

사실 지금 언급한 분야들은 모두 덩치가 큰 것들이다. 심지어는 그 분야만을 전문적으로 연구하는 사람에게조차 너무나 크고 광범위한 것들이다. 학자들도 자신의 연구 분야에서 아주 협소한 부분만을 전공하며, 그 분야 전체에 대해서는 보통 사람 이상의 지식을 갖고 있다고 주장하지 않는다. 그렇다고 해서 이러한 여러 분야에 대한 기초적 지식을 이해하기 위한 노력이 전혀 필요 없는 것이라고 주장하는 것은 아니다.

오늘날 고등 교육을 받은 젊은이들의 약점 가운데 하나는—기업, 병원, 정부 기관 등 어느 곳에서 일하든지 간에—자신의 전문 분야에 대한 지식에 만족하고 다른 분야에 대해서는 경시한다는 점이다. 회계사가 인간관계론의 세부적인 내용을 알 필요는 없을 것이고, 또 엔지니어가 신상품의 판매 촉진에 관해 알아야 할 필요도 없을 것이다. 그러나 적어도 그 분야가 어떤 것이며, 왜 필요하며, 무엇을 하려고 하는 분야인가에 대해서 정도는 알아둘 책임이 있다. 우수한 비뇨기과 전문의가 되기 위해서 정신의학에 통달할 필요는 없다. 그러나 정신의학이 무엇인가 정도는 알아두는 것이 좋다. 농수산부에서 일하기 위해 국제 변호사가 될 필요는 없다. 그러나 편협한 농업 정책 때문에 국제적인 피해가 일어나는 일이 없도록 하기 위해서는 국제 정치에 관한 충분한 지식을 갖고 있어야 한다.

그렇다고 해서 모든 사람이 만능 전문가가 되어야 한다는 것은 결코 아니다. 그 대신 우리는 한 가지의 전문 영역에서 뛰어난 능력을 가진 사람을 보다 잘 활용할 수 있는 방법을 배워야 한다. 이 방법을 배우는 것이야말로 목표 달성 능력을 증대시키는 것을 의미한다. 만약 우리가 자원의 공급을 늘릴 수 없다면 자원의 생산성을 높여야 한다. 그리고 목표 달성 능력이라는 것은 재능과 지식이라는 자원으로부터 더 많은 그리고 더 좋은 결과를 얻게 하는 하나의 수단이다.

이러한 이유로 목표 달성 능력은 조직이 추구해야 할 것들 중 가장 우선 순위를 차지한다. 동시에 목표 달성 능력은 하나의 도구로서 그리고 성과와 공헌을 달성하는 수단으로서 지식 근로자 개개인에게도 한층 더 높은 우선 순위를 점유할 가치가 있다.

목표 달성 능력은 배워서 익힐 수 있는 것인가

만일 목표 달성 능력이 음악이나 미술 재능처럼 타고나는 것이라면, 그것은 우리에게 아주 불행한 사태이다. 왜냐하면 어떤 분야에서든 뛰어난 재능을 타고나는 사람은 극히 적은 수에 지나지 않기 때문이다. 따라서 우리는 목표 달성에 있어 높은 잠재력을 지니고 있는 사람이 있다면 진작에 발견하여 그 재능을 개발할 수 있도록 최선을 다해 훈련시켜야 할 것이다.

그러나 이런 방법만으로는 현대 사회에서 성과를 올리는 사람들을 충분히 확보하기 어려울 것이다. 목표 달성 능력이 타고나는 것이라면, 현대 문명은 이대로 끝나버리지는 않는다 해도 아주 취약한 것이 될 것이다. 현대 문명은 대규모 조직에 기반을 둔 문명으로서, 목표 달성 능력을 갖춘 사람들이 가능한 한 많이 공급되어야만 유지될 수 있기 때문이다.

그런데 목표 달성 능력이 타고나는 것이 아니라 배워서 익힐 수 있는 것이라면? 그렇다면 여기에서 다음과 같은 많은 의문이 제기될 것이다. 목표 달성 능력은 무엇으로 구성되는가? 목표 달성 능력을 갖추기 위해서는 무엇을 배워야 하는가? 그것은 어떤 종류의 학습인가? 그것은 체계적으로 그리고 개념적으로 배우는 지식인가, 아니면 도제 방식으로 배우는 기술인가? 혹은 기본적인 것을 되풀이함으로써 배우는 기능인가?

나는 이런 질문들에 대해 오랫동안 생각해 왔다. 나는 컨설턴트로서 많은 조직에서 지식 근로자들과 함께 일했다. 목표 달성 능력은 나에게 다음의 두 가지 점에서 결정적으로 중요했다. 첫째, 컨설턴트는 원래 자신의 지식에 의한 권한 이외에는 아무런 권한이 없으므로 그 스스로 성과를 올려야만 한다. 그렇지 않으면 그는 아무것도 아니다. 둘째, 가장 효과적인 컨설턴트가 무언가를 이루기 위해서는 고객의 조직 내에 있는 사람들에게 의존해야 한다는 점이다. 그러므로 컨설턴트가 자신의 일에 공헌을 하고 결과를 얻어내느냐 혹은 경비만 축내는 '코스트 센터(cost center)'에 머물면서 기껏 광대 노릇이나 하느냐 하는 것은, 전적으로 조직 내 사람들이 가진 목표 달성 능력에 달려 있다.

나는 '성과를 올리는 인간형(effective personality)'이 따로 존재하는 것이 아니라는 사실을 곧 알게 되었다. 나는 성과를 거둔 사람들을 많이 만나봤는데, 그들의 성격과 능력, 그들이 하는 일과 일하는 방식 그리고 그들이 가진 개성과 지식과 관심사들은 천차만별이었다. 사실 인간을 구별하는 모든 측면에서 그들은 서로 달랐다. 그들의 공통점은 올바른 일을 해낼 수 있는 능력뿐이었다.

성과를 올리는 사람들 가운데에는 외향적인 사람, 내향적인 사람, 사교성이 없는 사람, 심지어는 병적일 만큼 수줍음을 심하게 타는 사람도 있다. 괴짜가 있는가 하면 애처로울 정도로 꼼꼼한 순응주의자도 있다. 뚱뚱한 사람이 있는가 하면 홀쭉한 사람도 있다. 늘 걱정이 끊이지 않는 사람이 있는가 하면 만사에 천하태평인 사람도 있다. 술을 많이 마시는 사람이 있는가 하면 전혀 안 마시는 사람도 있다. 매력이 넘치고 포근함을 주는 사람이 있는가 하면 냉동 고등어처럼 차가운 성격을 가진 사람도 있다. 그들 가운데에는 '리더'라고 부르기에 적합한 유형의 사람들도 몇몇 있다. 반면에 여러 사람들 가운데에 파묻혀 있으면 전혀 주의를 끌지 못할 특색 없는 사람도 있다. 학자풍의 사람, 진지한 학생 같은 사람, 제대로 공부를 하지 않은 사람도 있다. 어떤 사람은 다양한 분야에 관심을 갖고 있고, 어떤 사람은 자신의 좁은 영역 밖에 있는 것에 대해서는 아무것도 모르고 또 관심조차 기울이지 않는다. 자기중심적인 사람이 있는가 하면 어떤 사람은 넓은 가슴과 포용력을 지니고 있다. 자신이 하고 있는 일밖에 모르는 사람이 있는가 하면, 바깥 일에 주로 관심을 두는 사람도 있다. 그들의 관심 분야는 지역 사회, 교회, 중국 한시, 현대 음악 등 여러 가지다.

성과를 올리는 사람들 가운데에는 논리적이고 분석적인 사람도 있고, 주로 지각과 직관에 의존하는 사람도 있다. 모든 것을 쉽게 결정하는 사람이 있는가 하면, 무언가를 행동으로 옮길 때마다 고심하는 사람도 있다.

의사, 고등학교 교사, 바이올리니스트가 서로 다른 만큼이나 성과를 올리는 사람들 역시 서로 많이 다르다. 성과를 올리는 사람들은 그렇지 못한 사람들만큼이나 천차만별이다. 그들은 인간 유형, 개성 그리고 재능의 측면에서 무능한 사람들과 구별이 되지 않는다. 성과를 올리는 모든 사람들이 공통적으로 갖고 있는 것은 자신의 능력과 존재를 성과로 연결시키기 위해 끊임없이 노력하는 실행 능력뿐이다. 이러한 실행 능력은 기업, 정부 기관, 병원, 대학, 어느 조직에서 일하든지 간에 성과를 올리는 사람들의 공통점으로 드러났다.

한편으로 나는, 이러한 실행 능력이 없는 사람은 아무리 지능과 근면성과 상상력이 뛰어나다 해도 결국에는 실패한다는 사실을 알게 되었다. 또한 그런 사람은 목표 달성 능력이 부족한 사람이라는 것도 확인하였다.

실행 능력은 하나의 습관이다. 즉 습관적인 능력들의 집합이다. 실행 능력은 지속적으로 배워야 가능한 것이지만, 한편으로는 믿어지지 않을 만큼 단순한 것이기도 하다. 심지어 일곱 살짜리 어린아이도 그것이 무엇이라는 것을 이해하는 데에 어려움을 느끼지 않는다. 그러나 그것을 충실히 유지하는 것은 언제나 무척 어렵다. 우리 모두가 구구단을 외우는 것처럼 실행 능력을 몸에 익혀야 한다. 다시 말해, '육 곱하기 육은 삼십육'이라는 것을 무의식적으로 입에서 튀어나올 만큼 확실히 몸에 배인 습관이 될 때까지 '지겹도록' 반복해서 외우듯이 실행 능력도 그렇게 몸에 익혀야 한다. 실행 능력은 실행, 그것도 반복적인 실행을 통해서만 배울 수 있는 것이다.

내가 어렸을 때 나이 많은 피아노 선생이 언짢은 기색으로 이런 말을 한 적이 있다. "너는 결코 모차르트의 곡을 아르투어 슈나벨(Arthur Schnabel, 1882~1951)처럼 연주할 수는 없을 게다. 하지만 너는 그가 연주하는 방식으로 악보를 보면서 음계를 연주할 수는 있다."

그 피아노 선생이 잊어버리고 덧붙이지 않았던 말―아마도 그 여선생에게는 너무나 당연한 말이었기 때문이겠지만―은 "심지어 위대한 피아니스트들마저도 악보를 보고 연습하지 않았다면, 그리고 그것을 계속 연습하지 않았다면 모차르트를 지금처럼 연주하지 못했을 것이다."였다.

달리 표현하면, 정상적인 사람이라면 누구라도 어떤 특정 분야에서 일정한 수준의 역량을 획득하지 못할 이유가 없다. 그 분야에서 대가(大家)가 되기는 어려울지도 모르겠다. 왜냐하면 대가가 되기 위해서는 타고난 특별한 재능이 필요하니까 말이다. 그러나 목표 달성 능력을 갖추는 데 필요한 것은 특별한 재능이 아니라 노력을 통해 얻을 수 있는 만큼의 역량이다. 말하자면, '음계'대로 피아노를 칠 수 있는 역량이 필요한 것이다.

THE ESSENTIAL DRUCKER 5

공헌할 목표에 초점을 맞추어라

> 지식 근로자는 대체로 전문가이다. 그는 원칙적으로 한 가지 일을 잘할 수 있도록 배웠을 때에만 성과를 올리는 사람이 될 수 있다. 달리 말해, 지식 근로자는 전문화되었을 때에만 목표를 달성할 수 있다.

성과를 올리는 사람들은 공헌에 초점을 맞춘다. 그들은 지금 자신이 하고 있는 일보다 더 높은 곳에 있는 것을 지향하고, 또한 목표를 향해 외부 세계로 눈을 돌린다. 그는 "내가 속해 있는 조직의 성과와 결과에 큰 영향을 미치는 것으로서 내가 공헌할 수 있는 것은 무엇인가?"라는 질문을 스스로에게 던져야 한다. 그는 자신의 책임에 중점을 두고 일하지 않으면 안 된다.

공헌에 초점을 맞추는 것은 목표 달성을 위한 가장 중요한 열쇠이다. 자신이 하고 있는 업무의 내용, 수준, 기준, 영향력의 측면에서 그리고 상사, 동료, 부하직원과의 관계에서도 공헌에 초점을 맞추는 것이 목표 달성의 관건이다. 또한 회의나 보고와 같은 일상의 업무에서도 마찬가지다.

대다수의 사람들이 자신의 능력에 비해 낮은 수준에 초점을 맞추는 경향이 있다. 그들은 결과가 아니라 노력 자체에 몰두하고 있다. 그들은 조직과 상사가 그들에게 해주기를 바라는 것 그리고 당연히 해주어야 할 일에 신경을 쓴다. 그리고 그들은 무엇보다도 자신들이 '가져야 할' 권한을 의식한다. 그 결과 그들은 목표를 달성하지 못하고 만다.

어느 경영 컨설팅 회사 사장은 신규 고객과 일을 할 때는 언제나 며칠씩 시간을 내어 고객 회사의 관리자들과 차례차례 개별 면담을 하는 것으로 일을 시작한다. 그는 컨설팅이 수행해야 할 내용과 고객 회사의 역사와 사원들에 관해 이야기를 나눈 뒤 이렇게 묻는다. "그러면 '당신'은 이 회사에서 봉급을 받는 대가로 어떤 일을 하고 있습니까?" 그 사장의 말에 따르면, 거의 대다수 관리자들이 다음과 같이 대답한다고 한다. "나는 경리부를 책임 맡고 있습니다." 또는 "나는 영업부 책임자입니다." 가끔은 "850명의 부하직원을 거느리고 있습니다."라는 식의 대답도 듣는다. 그러나 오직 몇몇 사람들만이 "다른 관리자들이 올바른 결정을 내리는 데 필요한 정보를 제공하는 것이 나의 일입니다."라거나 "고객들이 장차 필요로 하게 될 제품을 찾아내는 것이 내 책임입니다." 또는 "사장이 장차 내려야 할 의사 결정에 대하여 깊이 생각하고 준비하고 있습니다."라고 대답한다.

그 사람의 지위가 아무리 높다 해도, 공헌과 책임보다는 노력과 권한에 주로 초점을 맞추는 사람이라면 자신이 한갓 다른 사람의 부하에 지나지 않음을 인정하는 것이나 다름없다. 그러나 공헌에 초점을 맞추고 결과에 대한 책임을 지는 사람은, 그가 아무리 하급 관리자라 하더라도 '톱 매니지먼트(top management)'이다. 그는 조직 전체의 성과에 대해 스스로 책임을 지고 있는 것이다.

무엇에 어떻게 공헌할 것인가

공헌할 목표에 초점을 맞추게 되면 자신의 전문 분야와 기술 그리고 자신이 속해 있는 부서에 국한되어 있던 관심을 조직 전체의 성과에 대한 관심으로 넓힐 수 있다. 성과가 존재하는 유일한 장소인 외부 세계로 눈을 돌릴 수 있게 되는 것이다. 이렇게 외부 세계에 눈을 돌리고 있는 지식 근로자는 자신의 전문 분야와 기술 혹은 자신의 부서가 조직 전체 그리고 '조직'의 목표와 어떤 관계에 있는지에 대해서도 역시 철저하게 생각할 수밖에 없다. 나아가 소비자나 단골 고객 또는 환자의 입장에서 생각하게 될 터인데, 이들이야말로 무엇을 생산하는 조직이든 간에—경제적 재화이든, 정부의 시책이든, 의료 서비스이든 간에—그 조직이 존재하는 궁극적 이유이다. 이렇게 외부 세계로 눈을 돌린 지식 근로자의 일과 일하는 방식은 실질적으로 달라질 것이다.

다음은 미국 정부 산하의 대규모 과학 연구소에서 있었던 일이다. 연구소가 처음 설립된 1930년대부터 일해오던 나이 많은 출판국장이 퇴직을 했는데, 그는 과학자도 훈련받은 작가도 아니었다. 그가 발행하는 간행물들은 간혹 전문가적인 세련미가 부족하다는 지적을 받기도 했다. 그의 후임에는 일류 과학 전문 기자가 기용되었다. 연구소에서 출판하는 간행물들은 즉시 전문지다운 냄새를 물씬 풍기기 시작했다. 그러나 그 간행물의 주요 독자층인 과학자들이 잡지의 구독을 중단했다.

이 연구소와 오랫동안 긴밀한 협력 관계를 맺고 있던, 매우 존경받는 어느 대학 연구소 소속의 과학자가 마침내 연구소장에게 다음과 같은 말을 해주었다. "지난번 출판국장은 '우리들을 위해' 글을 썼는데, 새로 부임한 국장은 '우리들에게' 글을 쓰고 있는 것 같소이다."

퇴임한 출판국장은 스스로 다음과 같이 질문했다. "이 연구소가 성과를 올릴 수 있도록 하기 위해 나는 어떤 공헌을 할 수 있는가?" 이에 대한 스스로의 대답은 "나는 우리 연구소에서 하는 일과 유사한 일을 하는 외부의 젊은 과학자들에게 흥미를 유발할 수 있고, 그들로 하여금 우리와 함께 일하려는 마음이 생기도록 할 수 있다."는 것이었다.

그러므로 그는 연구소 내부의 주요 문제들과 새로운 결정 사항들 그리고 심지어는 연구소 안에서 벌어지는 사소한 논쟁들까지도 중요하게 다루었다. 그런 편집 방침은 종종 국장과 연구소 소장 사이에 정면 충돌을 일으키기도 했다. 그러나 전임 국장은 조금도 양보하지 않았다. "우리가 만드는 간행물의 존재 가치는 연구소 내부 사람들의 입맛에 달려 있는 것이 아니다. 그것은 이 간행물을 읽고 얼마나 많은 젊은 과학자들이 이 연구소에 지원하는지 그리고 그들이 얼마나 유능한 과학자들인지 하는 것에 달려 있다."라고 주장하였다.

"나는 무엇에 공헌할 수 있을까?"라고 스스로 질문함으로써 그때까지 발휘되지 못했던 자신의 잠재력을 개발할 수 있다. 그리고 대부분의 경우, 지금까지 뛰어난 성과라고 간주되었던 것들이 자신이 가진 잠재력의 극히 일부분만 발휘된 것에 지나지 않았음을 확인하게 된다.

"내가 무엇을 공헌해야 할까?"라고 스스로 묻지 않는 지식 근로자는 목표를 너무 낮게 설정할 뿐만 아니라, 십중팔구는 잘못된 목표를 설정하기 쉽다. 무엇보다도 그들은 자신이 할 수 있는 공헌의 범위를 너무 좁게 설정하게 될지도 모른다.

공헌의 세 가지 영역

'공헌'은 여러 가지를 의미한다. 모든 조직은 세 가지 주요 영역에서 성과를 올릴 필요가 있다. 1)직접적인 결과를 산출하고, 2)가치를 창출하고 재확인하며, 3)인재를 육성하는 것이 그것이다. 만일 이 세 가지 영역 가운데 어느 하나라도 성과를 달성하지 못한다면, 그 조직은 썩어서 없어지고 말 것이다. 그러므로 조직에 몸담고 있는 모든 지식 근로자의 공헌 활동은 이 세 가지 영역과 연결되어 있어야만 한다. 한편 세 영역의 상대적인 중요도는 조직의 필요에 따라 그리고 지식 근로자 개개인에 따라 상당히 많이 달라진다.

첫번째 영역인 직접적인 결과의 경우 원칙적으로는 분명하게 측정할 수 있는 것이다. 기업의 경우에는 판매 그리고 이익과 같은 경영상의 업적이 그것이다. 병원의 경우에는 환자의 치료율이

이에 해당된다. 때로는 직접적인 결과라 해도 전적으로 명백하지 않은 경우도 있다. '직접적인 결과가 무엇이어야 하는가'가 명백하지 않은 조직이 있다면 그 조직은 성과를 올릴 수 없다.

직접적인 결과는 항상 가장 중요한 것이다. 조직을 돌보고 먹여 살린다는 측면에서, 그것은 인간의 영양분 섭취에 있어 칼로리가 하는 것과 같은 역할을 한다. 그러나 마치 인간의 몸에 비타민과 미네랄이 필요한 것처럼, 모든 조직에도 두번째 영역인 가치에 대한 몰입(commitment)이 필요하다. 또한 모든 조직은 자신의 가치를 지속적으로 재확인할 필요가 있다. 조직은 항상 "우리 조직의 존재 이유는 이것입니다."라고 말할 수 있는 분명한 목적을 가지고 있어야 하며, 그렇지 못하면 해체와 혼란 그리고 마비로 이어져 쇠퇴하고 만다. 기업에 있어서 가치에 대한 몰입은 기술적인 면에 있어서 선두의 자리를 차지하는 것일 수도 있고, 또는 일반 가정에 보다 값싸고 질 좋은 제품과 서비스를 제공하는 것일 수도 있다.

'가치에 대한 몰입이 무엇인가'하는 것에 대해서도 역시 결과에 대한 공헌과 마찬가지로 불분명할 때도 있다.

미국 농무부는 양립할 수 없는 두 가지 가치 사이에서 오랫동안 고민해 왔다. 하나는 농업 생산성 향상이고, 다른 하나는 '가족 농장'의 유지였다. 전자는 미국을 산업적 농업 국가로 만들자는 것으로서 고도로 기계화되고 산업화된 대규모의 상업성을 지향하는 것이었다. 반면에 후자는 향수를 불러 일으켜서 비생산적인 농민 프롤레타리아를 지원해 주어야 한다는 것이었다. 어쨌거나 농업 정책이—적어도 최근까지는—두 가지 서로 다른 가치 사이에서 갈피를 잡지 못하고 있었던 까닭에 농무부가 성공적으로 하고 있는 일이란 방대한 예산을 지출하는 것뿐이었다.

넓은 의미에서 볼 때, 조직은 죽음이라는 운명을 피할 수 없는 한 개인의 한계를 극복하고자 하는 하나의 수단이다. 영속할 능력이 없는 조직은 그 자체가 실패작이다. 그러므로 조직은 내일의 조직을 운영할 사람들을 오늘 준비해 두지 않으면 안 된다. 조직은 인적 자본(human capital)을 쇄신하지 않으면 안 된다. 조직은 인적 자원(human resource)의 수준을 꾸준하게 향상시켜야 한다. 다음 세대는 현 세대가 축적해 놓은 고된 작업과 헌신을 당연하게 받아들여야만 한다. 그 다음에는 선배들의 어깨 위에 올라앉아 또 다음 세대의 기초가 될 '최고'의 노력과 헌신을 새로이 시작하지 않으면 안 된다.

현재의 비전과 우수성 그리고 실적만을 겨우 유지하는 조직은 적응 능력을 상실한 조직이다. 그리고 인간과 관련된 일에 있어 단 한 가지 확실한 것은 변화뿐이므로, 그런 조직은 변화된 내일에는 살아남지 못할 것이다.

그들 스스로 공헌에 초점을 맞추게 하는 것이야말로 인재 육성에 있어 강력한 추진 요소가 된다. 사람은 자신에게 부과된 요구 수준에 적응한다. 자신의 목표를 공헌에 겨냥한 사람은 함께 일하는 다른 모든 사람들의 목표와 기준을 함께 끌어올린다.

새로 부임한 어느 병원장이 첫번째 간부 회의를 주재하던 중에 일어난 일이다. 다소 까다로운 문제 하나가 있었는데 참석자들 모두 만족하는 선에서 해결이 되었다. 그런데 한 참석자가 불쑥 다음과 같이 질문했다. "브라이언 간호사도 이 결과에 만족했을까요?" 즉각 다시 논쟁이 시작되어 오랫동안 계속되었고, 결국에는 한층 더 야심적인 새로운 해결책이 도출되었다.

병원장이 나중에 안 사실이지만, 브라이언 간호사는 이미 은퇴한 고참 간호사였다. 그녀는 특별히 뛰어난 간호사도 아니었고, 간부 지위에 오른 일도 없었다. 그러나 그녀는 담당 병동에서 환자 간호에 관련된 새로운 결정을 내릴 때마다 다음과 같이 질문했다. "이 환자를 간호하는 데 있어 가능한 모든 최선을 다하고 있는가?" 브라이언 간호사가 근무하는 병동의 환자들은 훨씬 더 편안함을 느꼈고 회복도 더 빨랐다. 차츰 세월이 흐르면서, 병원 전체가 '브라이언 간호사의 규칙'으로 알려진 것을 채택해야 한다는 것을 배웠다. 달리 말해, 다음과 같은 질문을 하는 것 말이다. "우리는 이 병원의 목적에 적합한 최선의 공헌을 하고 있는가?"

브라이언 간호사는 이미 10년 전에 은퇴했지만, 그녀가 설정한 기준은 그녀보다 교육 수준과 지위가 높은 사람들에게 여전히 준수되고 있었던 것이다.

공헌에 몰입한다는 것은 목표 달성에 대한 책임을 진다는 것이다. 공헌에 몰입하지 않는 사람은 자신을 속이고 조직을 쇠퇴시키며 함께 일하는 사람들을 기만하는 셈이 된다.

지식 근로자가 실패하는 가장 일반적인 원인은 새로운 지위가 요구하는 바에 따라 스스로 변신하는 능력의 부족 또는 의지의 결여에서 찾아볼 수 있다. 이전까지 성공적으로 해왔던 공헌을 새로운 자리에서도 계속 이어가려는 지식 근로자는 실패할 수밖에 없다. 자신이 공헌해야 할 대상인 목표 그 자체가 변화한다는 데에만 그 이유가 있는 것은 아니다. 앞에서 언급한 공헌의 세 가지 영역간의 상대적인 중요성이 달라진다는 점에서도 이유를 찾아볼 수 있다. 이 점을 이해하지 못하는 지식 근로자는 어느새 잘못된 일을 잘못된 방법(the wrong things the wrong way)으로 하고 있는 자신을 발견하게 될 것이다. 비록 그 전의 일자리에서 하던 올바른 일을 올바른 방법으로 정확하게 그대로 계속하고 있다 해도 말이다.

지식 근로자의 공헌에 대한 책임

지식 근로자가 공헌에 초점을 맞추는 것은 각별히 중요하다. 그렇게 하는 것 외에 달리 그들이 공헌할 수 있는 방법은 없다.

지식 근로자는 '물건'을 생산하지 않는다. 그들은 아이디어, 정보 그리고 개념을 생산한다. 더욱이 지식 근로자는 대체로 전문가이다. 그는 원칙적으로 한 가지 일을 잘할 수 있도록 배웠을 때에만 성과를 올리는 사람이 될 수 있다. 달리 말해, 지식 근로자는 전문화되었을 때에만 목표를 달성할 수 있다. 그러나 전문적인 지식 그 자체는 단편적인 것으로서 아무런 효용도 갖지 못한다. 전문가의 생산물은 다른 전문가의 생산물과 통합되었을 때에만 비로소 성과가 될 수 있다.

이렇게 되기 위해 필요한 것은 팔방미인 격인 '제너럴리스트(generalist)'를 양성하는 것이 아니다. 필요한 것은 전문가로 하여금 그 자신과 그의 전문 지식을 활용하여 성과를 올릴 수 있도록 도와주는 것이다. 이는 달리 말하자면, 전문가는 자신의 단편적인 산출물을 성과를 올리는 생산적인 것으로 만들기 위해 '누가 그것을 이용할 것인가' 그리고 '그것을 이용하는 사람이 알아야 할 것과 이해해야 할 것은 무엇인가'를 철저하게 고려해 봐야 한다는 뜻이기도 하다.

지식을 습득한 사람은 항상 그것을 남에게 이해시켜야 할 책임을 지고 있다. 어떤 분야의 문외한이 전문가의 지식을 이해하기 위한 노력을 '할 수 있다'거나 '해야 한다'라고 말하는 것, 그리고 전문가는 소수의 전문가 동료들과 말이 통하면 그것으로 충분하다고 가정하는 것은 야만스러운 오만이다. 대학이나 연구소 내부에서도 이런 태도-유감스럽게도 오늘날 너무나 흔한 태도-는 전문가를 쓸모 없는 존재로 만들고, 또 그의 지식을 진정한 학식(學識)이 아니라 장식적인 현학(衒學)으로 변질시킨다. 만일 자신의 공헌에 대한 책임을 이행하고자 한다면 자신의 '산출물'이 갖는 유용성에 관심을 갖지 않으면 안 된다. 다시 말해, 자신이 가진 지식의 유용성에 대해 말이다.

목표를 달성하는 지식 근로자들은 자신이 가진 지식의 유용성에 대해 알고 있다. 그들은 다른 동료들이 '필요로 하는 것이 무엇인지', '무엇을 보고 있는지' 그리고 '무엇을 이해하고 있는지'를 파악하고 있다.

성과를 올리는 사람들은 조직 내의 다른 사람들, 즉 상사와 부하직원 그리고 무엇보다도 다른 분야에 있는 동료들에게 언제나 다음과 같은 질문을 한다. "당신이 우리 조직에 공헌할 수 있도록 하기 위해 내가 당신에게 해야 할 공헌은 무엇인가? 그것을 당신은 언제, 어떻게 그리고 어떤 형태로 필요로 하는가?"

자신의 공헌에 책임을 지는 사람은 자신의 한정된 전문 분야를 조직 전체에 연결시킬 수 있는 사람이다. 그가 혼자 힘으로 수많은 지식 분야를 하나로 통합하는 것은 결코 가능하지 않은 일일지도 모른다. 그렇다 해도 그는 다른 사람이 자신의 공헌을 활용할 수 있도록 하기 위해서 그들의 필요, 방향, 한계, 지각 방식 등에 관해 충분히 알고 있지 않으면 안 된다. 비록 그러한 일이 다방면의 풍부한 지식과 재미를 가져다주지는 못할 수도 있겠지만, 적어도 그로 하여금 배운 사람의 오만에 빠지지 않도록 해줄 수는 있을 것이다. 오만은 지식을 파괴하고, 지식이 갖는 아름다움과 유효성을 갉아먹는 퇴행성 질병이다.

올바른 인간 관계의 비결

조직 내에서 성공적인 인간 관계를 유지하는 사람들이라고 해서 인간 관계에 '타고난 재능'을 갖고 있는 것은 아니다. 그들이 좋은 인간 관계를 유지할 수 있는 것은 '자신의 일'과 '다른 사람과의 관계'에서 공헌에 초점을 맞추고 있기 때문이다. 그 결과 그들의 인간 관계는 생산적인 것이 된다―'생산적'이라는 것이야말로 '올바른 인간 관계'에 대한 단 하나의 타당한 정의이다. 어떤 작업이나 특정 과업과 관련하여 발생하는 인간 관계에 있어서 그 관계가 아무런 성과도 달성하지 못한다면, 따뜻한 감정이나 유쾌한 농담은 아무런 의미도 갖지 못하고 서로를 기만하는 가면극이 되어버리고 만다. 반면에 관련된 모든 사람이 결과를 얻고 성취감을 맛볼 수 있다면, 때때로 주고받는 거친 말투도 인간 관계를 파괴하지는 않을 것이다.

공헌에 초점을 맞추는 활동 그 자체가 효과적인 인간 관계에 필요한 네 가지 기본 조건을 충족시켜 준다. 그 네 가지 기본 조건이란 다음을 말한다.

- 커뮤니케이션
- 팀워크
- 자기 계발
- 인재 육성

1. 커뮤니케이션은 지난 20여 년 동안 경영의 중심 과제로 자리를 잡았다. 기업, 공공 기관, 군대, 병원을 비롯한 현대 사회의 모든 주요 기관들이 '커뮤니케이션'에 대해 큰 관심을 기울여왔다.

지금까지의 결과는 보잘것없는 것이었다. 현대 조직에는 적절한 커뮤니케이션이 필요하다는 것, 하지만 커뮤니케이션이 턱없이 부족하다는 것을 처음 알게 된 20년 내지 30년 전과 마찬가지로 오늘날의 커뮤니케이션은 매우 빈약한 상태이다. 하지만 우리는 커뮤니케이션에 대해 쏟고 있는 방대한 노력이 왜 성과를 창출하지 못하는지에 대해서 이해하기 시작하였다.

우리는 경영자로부터 종업원에게, 상사로부터 부하직원에게 향하는 식의 하향식 커뮤니케이션에 관해서만 연구해 왔다. 그러나 커뮤니케이션이 하향적 관계로만 설정되어서는 사실상 효과를 발휘하기가 어렵다. 이런 사실은 지각과 커뮤니케이션에 관한 연구 결과를 통해 이미 분명하게 밝혀진 것이다. 상사가 부하직원에게 무언가를 말하려고 하면 할수록 부하직원에게 '잘못' 전달될 위험이 더욱 커진다. 부하직원은 상사가 말하는 것을 듣기보다는 자신이 듣고 싶은 것만 들으려고 할 것이기 때문이다.

그러나 자기 자신의 과업에 있어서 공헌할 책임을 지고 있는 지식 근로자들은 일반적으로 부하직원들에게도 스스로 책임을 질 것을 요구한다. 그들은 부하직원들에게 다음과 같은 질문을 하는 경향이 있다. "조직 그리고 당신의 상사인 내가 당신으로 하여금 조직에 공헌할 책임을 이행하도록 하기 위해서는 어떤 공헌을 해야 하는가? 우리가 당신에게 기대해야 할 것은 무엇인가? 당신의 지식과 능력을 최대한으로 활용할 수 있는 방법은 무엇인가?" 이런 물음을 통해 커뮤니케이션이 가능해지는 것은 물론이고 훨씬 수월해진다.

일단 부하직원으로 하여금 자기 자신에게 어떤 공헌이 기대되고 있는지를 충분히 생각하게 한 다음에는 상사가 그 타당성을 판단해 주어야 한다. 이것은 상사의 권한이자 책임이다.

우리 모두가 경험하는 일이지만, 부하직원들 스스로 설정한 목표는 상사가 생각하는 그것과 거의 언제나 다르다. 달리 말하면, 부하직원은 상사와 아주 다른 눈으로 현실을 본다. 부하직원이 유능할수록 그리고 책임을 지려는 의지가 강할수록, 현실과 객관적인 기회 그리고 필요에 대한 인식이 상사 또는 조직의 그것과 많이 다를 것이다. 부하직원이 내린 결론과 상사의 기대 사이에서 발생하는 견해차는 더욱 뚜렷하게 부각될 것이다.

그러한 견해 차이가 있을 때, 누가 옳은가 하는 점은 원칙적으로 그다지 중요하지 않다. 왜냐하면 그것만으로도 이미 의미 있는 커뮤니케이션, 즉 성과를 달성하는 효과적인 커뮤니케이션이 이루어지고 있는 것이기 때문이다.

2. 공헌에 초점을 맞추게 되면 횡적인 커뮤니케이션이 이루어지면서 팀워크가 가능해진다.

"나의 산출물이 성과와 연결되기 위해서는 누가 그것을 이용해야 하는가?"라는 질문을 하게 되면, 명령 계통의 위에도 아래에도 있지 않은 사람들의 중요성을 즉각 부각시켜 준다. 이는 지식을 기반으로 하는 조직에서는 당연히 필요한 것이다. 효과적인 작업은 다양한 지식과 기술을 가진 사람들로 구성된 팀 안에서 그리고 팀에 의해 실질적으로 달성된다. 팀을 구성하는 사람들은 조직의 공식적인 지배 구조에 의해서가 아니라 상황의 논리와 과업의 요구에 따라 자발적으로 다른 사람과 협력하여 일한다.

예를 들면, 병원—현대의 지식 조직 가운데 가장 복잡한 조직—에서는 간호사, 영양사, 물리 치료사, 엑스레이 촬영 기사, 약제사, 병리학자, 그 밖에 여러 의료 서비스 전문가들이 다른 사람으로부터 명령이나 통제는 최소한으로 받으면서 동일한 환자를 대상으로 그리고 환자와 함께 치료 행위를 한다. 그들은 종합적인 행동 계획에 따라, 즉 의사의 처방에 따라 환자의 치료라는 공동의 목적을 위해 협력하며 일한다. 조직 구조상 이들 의료 서비스 전문가들은 각자 자신의 상사에게만 보고를 한다. 그들은 자신의 고도로 전문화된 지식이 제공하는 관점에 따라 일한다. 즉 그들 각자는 '전문가(professional)'로서 일한다. 그러나 그들은 개별 환자에게 발생한 특수한 상황이나 요구 사항 그리고 환자의 용태에 대해 알아야 할 위치에 있는 다른 모든 전문가들에게 정보를 제공하지 않으면 안 된다. 그렇지 않으면 그들 전문가 개개인의 노력이 환자를 위한 것이 아닌 병을 악화시키는 것이 되기 십상이다.

공헌에 초점을 맞추는 것이 습관처럼 몸에 배어 있는 병원이라면 의료 서비스 전문가들 사이의 팀워크에 큰 어려움을 느끼지 않을 것이다. 하지만 그렇지 못한 병원에서는 전문가들 사이의 횡적인 커뮤니케이션이나 과업에 초점을 맞춘 올바른 팀을 구성하는 일이 자발적으로 이루어지지 않는다. 또한 커뮤니케이션과 협력을 이루어내기 위한 온갖 종류의 위원회, 간부 회의, 게시판 공고문, 설득, 그 외의 갖가지 노력들에도 불구하고 결국 그것들은 실현되지 않을 것이다.

3. 개개인의 자기 계발도 공헌에 초점을 맞추는 활동에 크게 의존한다.

"조직의 성과를 향상시키기 위해 내가 할 수 있는 가장 큰 공헌은 무엇일까?"라고 스스로 묻는다면, 그 사람은 사실상 다음과 같이 묻는 것이다. "나는 어떤 분야에서 자기 계발이 필요한가? 내가 책임을 지고 있는 공헌을 수행하기 위해 나는 어떤 지식과 기술을 습득해야 하는가? 나의 강점들 가운데 어떤 것을 작업에 적용해야 하는가? 나 자신에게는 어떤 기준을 설정해야 하는가?"

4. 공헌에 초점을 맞추는 지식 근로자는 또한 다른 사람들—부하직원이든, 동료이든, 상사이든 간에—이 자기 계발을 할 수 있도록 촉진하는 역할을 한다. 그는 자신의 개인적인 기준이 아니라 과업이 요구하는 바에 바탕을 둔 기준을 설정한다. 동시에 그 기

준은 우수성을 달성하기 위한 기준이다. 그 기준은 높은 의욕과 야심적인 목표 그리고 영향력이 큰 업무의 수행을 추구한다.

우리는 자기 계발이 무엇인지에 대해 별로 아는 것이 없다. 그러나 한 가지만은 알고 있다. 일반적으로 사람은, 특히 지식 근로자는 자신이 스스로 설정한 기준에 따라 성장한다는 것이다. 사람은 스스로가 성취하고 획득할 수 있다고 생각하는 바에 따라 성장한다. 만약 자신이 되고자 하는 기준을 낮게 잡으면, 그 사람은 더 이상 성장하지 못한다. 만약 자신이 되고자 하는 목표를 높게 잡으면, 그 사람은 위대한 존재로 성장할 것이다-일반 사람이 하는 보통의 노력만으로도 말이다.

제3부

프로페셔널로서의 자기 관리

THE ESSENTIAL DRUCKER 6

인생을 바꾼 7가지 지적 경험

> 나는 내가 앞으로 무엇을 하든지 간에 베르디의 그 교훈을 인생의 길잡이로 삼겠다고 결심했다. 나이를 더 먹더라도 포기하지 않고 계속 정진하리라고 굳게 마음먹었다. 살아가는 동안 완벽은 언제나 나를 피해 갈 테지만, 그렇지만 나는 또한 언제나 완벽을 추구하리라고 다짐했다.

개인, 특히 지식을 응용하여 일을 하는 지식 근로자 개개인은 어떻게 목표를 달성할 수 있는가? 개인은 어떻게 수세대에 걸친 변화의 시대에 낙오하지 않고 자신의 일과 인생 모두에서 효과적인 사람이 될 수 있는가?

이는 한 인간으로서의 개인에 대한 질문이므로, 이 질문에 대한 답은 나 자신의 경험을 이야기하는 것으로부터 시작해도 좋을 성싶다. 나는 나 자신을 효과적인 사람, 계속 성장할 수 있는 사람 그리고 변화할 수 있는 사람으로 만들어준, 간단히 말해 과거의 노예가 되는 일 없이 나이를 먹는 법을 가르쳐준 내 인생의 일곱 가지 경험에 대해 이야기하겠다.

대학생 신분의 견습생

고등학교를 졸업하고 고향인 오스트리아의 수도 빈을 떠나 독일의 함부르크에 있는 면제품 수출 회사에 견습생으로 입사했을 당시, 나는 열여덟 살도 채 안 된 나이였다. 부친은 내가 그 회사에 들어간 것을 그다지 탐탁해하지 않으셨다. 우리 집안은 대대로 공무원, 교수, 변호사 그리고 의사들을 배출했기 때문에 부친은 나 역시 대학생이 되길 바라셨다. 하지만 나는 학교 생활이 지겨웠고, 또 일을 하고 싶었다. 나는 부친의 심정을 헤아려 별로 진지하게 생각해 보지도 않고 일단 함부르크 대학교 법과 대학에 등록을 했다.

그 당시, 그러니까 내가 대학에 입학한 1927년경에 오스트리아나 독일에서 대학에 다니던 학생들은 완벽한 대학생이 되기 위해 수업에 꼬박꼬박 출석할 필요가 없었다. 단지 출석부에 교수의 확인만 받으면 되었다. 심지어는 출석을 전혀 하지 않아도 별탈이 없었다. 당시는 조교들이 교수를 대신해서 출석 확인을 했는데, 그들에게 간단한 선물을 쥐어주는 것으로 출석 문제는 충분히 해결되었던 것이다.

견습생이 하는 일은 정말 재미없었고, 또한 배울 것도 거의 없었다. 나는 오전 일곱시 반에 출근하여 오후 네시까지 일했고, 토요일에는 정오에 마쳤다. 따라서 내겐 시간이 남아돌았다.

주말에는 다른 두 견습생—그들 역시 오스트리아 출신이었지만 회사는 달랐다—과 함께 주로 함부르크 외곽의 아름다운 시골 길에서 자전거 하이킹을 즐겼다. 밤에는 주로 유스호스텔에 묵었는데, 나는 공식적으로는 어디까지나 학생 신분이었기 때문에 숙박비가 무료였다.

나는 주중의 5일 동안은 함부르크의 유명한 시립 도서관에서 저녁 시간 대부분을 보냈는데, 그 도서관은 내가 근무하는 회사 바로 근처에 있었다. 대학생은 원하는 대로 얼마든지 책을 빌려 볼 수 있었다. 15개월 동안 나는 독일어와 영어 그리고 프랑스어로 된 책을 읽고 읽고 또 읽었다.

첫번째 경험: 목표와 비전을 가져라

그리고 나는 일주일에 한 번씩 오페라를 관람했다. 그 당시 함부르크 오페라는, 지금도 그렇지만, 세계 최고 오페라 가운데 하나였다. 나는 견습생이었기 때문에 돈이 별로 없었지만, 다행히 대학생은 오페라를 무료로 관람할 수 있었다. 개막 한 시간 전까지 극장 앞에 가서 기다리고 있으면 막이 오르기 10분 전까지도 팔리지 않은 제일 값싼 좌석은 대학생에게 무료로 제공되었던 것이다. 그런 식으로 오페라를 관람하던 어느 날, 나는 19세기 이탈리아의 위대한 작곡가 주세페 베르디(Giuseppe Verdi, 1813~1901)의 오페라를 보게 되었다. 그것은 베르디가 1893년에 작곡한 최후의 오페라 폴스타프(Falstaff)였다.

지금 그것은 베르디의 오페라 가운데 가장 인기 있는 작품 중 하나이지만, 70여 년 전에는 잘 연주되지 않던 곡이었다. 가수들도 청중들도 모두 그 곡이 너무 어렵다고 생각했기 때문이다. 그러나 나는 폴스타프에 완전히 매료되었다.

내가 태어나 자란 빈은 말 그대로 음악의 도시였던 까닭에 나 역시 어릴 때부터 제대로 된 음악 교육을 받을 수 있었다. 덕분에 많은 오페라를 관람했지만, 베르디의 오페라는 폴스타프가 처음이었다. 그날 밤 오페라 극장에서 느꼈던 감동은 아직까지도 생생하게 남아 있다.

오페라를 관람한 후 집에 돌아와 자료를 찾아본 나는 깜짝 놀랐다. 그토록 유쾌하면서 인생에 대한 열정으로 가득 찬, 믿을 수 없을 정도로 활기가 넘치는 오페라를 작곡한 사람이 여든 살의 노인이라니! 그때 겨우 열여덟 살이었던 나에게 여든 살이라는 나이는 도저히 상상이 되지 않았다. 내가 아는 사람 중에는 그렇게 나이 많은 사람이 없었다. 당시에는 건강한 사람의 평균 수명도 50세 정도에 불과했기 때문에, 80세란 나이는 흔한 나이가 아니었다. 나는 베르디가 직접 쓴 글도 읽었다. 누군가로부터 "19세기 최고의 오페라 작곡가로 인정받고 있으며 이미 유명인이 된 사람이, 엄청나게 벅찬 주제를 가지고 더구나 그 나이에, 왜 굳이 힘든 오페라 작곡을 계속하는가?"라는 질문을 받고 답변으로 쓴 글이었다. 그는 다음과 같이 썼다. "음악가로서 나는 일생 동안 완벽을 추구해 왔다. 완벽하게 작곡하려고 애썼지만, 하나의 작품이 완성될 때마다 늘 아쉬움이 남았다. 때문에 나에게는 분명 한 번 더 도전해 볼 의무가 있다고 생각한다."

나는 베르디의 이 말을 잊은 적이 없다. 그의 말은 나에게 지울 수 없는 강한 인상을 남겼다. 베르디는 그때 내 나이였던 열여덟 살에 이미 노련한 음악가였다. 그러나 나는 그때 겨우 면제품 수출 사업으로는 성공할 것 같지 않음을 확인한 것 외에는, 장차 무엇이 될 수 있을지 전혀 생각해 보지도 않고 있었다. 열여덟 살의 나는 그 나이 또래의 다른 젊은이들과 마찬가지로 성숙하지 못한 풋내기였고, 그리고 나약했다. 그로부터 15년이 더 지나 30대 초반이 되어서야 나는 내게 어떤 소질이 있는지 그리고 어디에 속해야 하는지를 진실로 알게 되었다. 그리고 그때에 나는 내가 앞으로 무엇을 하든지 간에 베르디의 그 교훈을 인생의 길잡이로 삼겠다고 결심했다. 나이를 더 먹게 되더라도 포기하지 않고 계속 정진하리라고 굳게 마음먹었다. 살아가는 동안 완벽은 언제나 나를 피해 갈 테지만, 그렇지만 나는 또한 언제나 완벽을 추구하리라고 다짐했다.

두번째 경험: 신들이 보고 있다

함부르크에서 견습생으로 일을 배우고 있을 그 무렵, 나는 '완벽'의 의미를 되새기게 하는 또 하나의 이야기를 읽게 되었다. 그것은 고대 그리스의 위대한 조각가 페이디아스(Phidias)에 관한 이야기였다. 그는 기원전 440년경 여러 조각 작품의 제작을 의뢰받았는데, 그때 조각한 작품들이 2,400여 년이 지난 지금까지도 아테네 파르테논 신전의 지붕 위에 여전히 서 있다. 페이디아스의 작품들은 오늘날까지도 서구 미술 역사상 최고의 걸작으로 손꼽

히고 있다. 보는 사람마다 모두들 그의 작품을 칭송했지만, 정작 아테네의 재무관은 페이디아스의 작품료 지불을 거절했다. 재무관의 거절 사유는 이런 것이었다. "조각들은 신전의 지붕 위에 세워져 있고, 신전은 아테네에서 가장 높은 언덕 위에 위치해 있다. 따라서 사람들은 조각의 전면밖에 볼 수가 없다. 그런데도 당신은 우리에게 조각 전체 값을, 다시 말해 아무도 볼 수 없는 조각의 뒷면 작업에 들어간 비용까지 청구했다. 어떻게 생각하는가?" 이에 대해 페이디아스는 "아무도 볼 수 없다고? 당신은 틀렸어. 하늘의 신들이 볼 수 있지."라고 대꾸했다. 폴스타프를 관람하고 난 후 얼마 지나지 않은 때에 이 이야기를 읽었는데, 이는 나에게 또 다른 큰 충격을 주었다. 나는 항상 그렇게 살지 못했다. 나 역시 제발 신들이 눈치채지 않기를 바라는 그런 식으로 일을 한 적이 많았다. 그렇지만 페이디아스는 내게 어떤 일을 할 때 오직 '신들'만이 그것을 보게 될지라도 완벽을 추구하지 않으면 안 된다는 사실을 가르쳐주었다.

사람들로부터 "당신이 쓴 책 가운데 어느 책을 최고로 꼽습니까?"라는 질문을 받을 때면, 나는 웃으며 "바로 다음에 나올 책이지요."라고 대답한다. 웃으며 대답하긴 하지만 결코 농담은 아니다. 나는 베르디가 여든 살이라는 나이에도 늘 자신을 피해 달아나는 완벽을 추구하면서 오페라를 작곡했던 그때 그 심정으로 대답한 것이다. 비록 지금 내 나이가 폴스타프를 작곡할 당시의 베르디보다 많긴 하지만, 나는 여전히 앞으로 몇 권의 책을 더 쓸 계획을 갖고 있다. 그리고 바라건대, 앞으로 나올 책들은 과거에 나왔던 책들보다 더 나을 것이고, 더 중요한 책으로 읽힐 것이고, 그리고 조금이나마 더 완벽하게 될 것이다.

세번째 경험: 끊임없이 새로운 주제를 공부하라

몇 년 뒤, 나는 독일의 프랑크푸르트로 갔다. 그곳에서 처음에 나는 증권 회사의 견습생으로 일하게 되었다. 그런데 1929년 10월 뉴욕 증권 시장이 붕괴되면서 뒤이어 내가 근무하던 증권 회사도 파산을 맞이했다. 그 후 나는 정확히 스무 살이 되는 날에 프랑크푸르트의 최대 신문사에 금융 및 외교 담당 기자로서 첫발을 내디뎠다. 그리고 함부르크 대학에서 프랑크푸르트 대학의 법과 대학으로 전학을 했다. 당시 유럽에서는 이 대학에서 저 대학으로 학적을 옮기는 것이 누구에게나 가능했다. 사실 나는 법학에는 별다른 흥미를 느끼지 못했지만, 하여간 베르디와 페이디아스의 교훈만은 잊지 않고 있었다. 신문 기자는 여러 가지 주제에 대해 글을 써야 했기 때문에, 나는 그 주제들에 대해 유능한 기자라는 소리를 들을 수 있을 만큼은 알아두어야겠다고 마음먹었다.

신문은 석간이었다. 우리는 오전 여섯시부터 일하기 시작해서 오후 두시 반, 그러니까 최종 편집판이 인쇄에 들어가면 퇴근했다. 나는 남은 오후 시간과 밤 시간을 이용해 공부를 하기 시작했다. 국제 관계와 국제법, 사회 제도와 법률 제도의 역사, 일반 역사, 재무 등에 관해 공부했다. 공부를 하면서 차츰 나만의 공부법도 개발하게 되었는데, 나는 지금까지도 그 방법을 이용하고 있다. 나는 3년 또는 4년마다 다른 주제를 선택한다. 그 주제는 통계학, 중세 역사, 일본 미술, 경제학 등 매우 다양하다. 3년 정도 공부한다고 해서 그 분야를 완전히 터득할 수는 없겠지만, 그 분야가 어떤 것인지를 이해하는 정도는 충분히 가능하다. 그런 식으로 나는 60여 년 이상 동안 3년 내지 4년마다 주제를 바꾸어 공부를 계속해 오고 있다.

이 방법은 나에게 상당한 지식을 쌓을 수 있도록 해주었을 뿐만 아니라, 나로 하여금 새로운 주제와 새로운 시각 그리고 새로운 방법에 대해 개방적인 자세를 취할 수 있도록 해주었다. 그도 그럴 것이, 내가 공부한 모든 주제들 각각은 서로 상이한 가정을 하고 있었고, 또한 서로 다른 방법론을 사용하고 있었다.

네번째 경험: 자신의 일을 정기적으로 검토하라

나 자신을 지적(知的)인 생동감이 넘치는 사람으로 만들어준 그리고 보다 성장할 수 있도록 도와준 경험담에 보태서 다음에 할 이야기는 당시 유럽의 주요 언론인 가운데 한 분이었던 편집국장에게서 배운 것이다. 당시 신문사의 편집국은 대부분 아주 젊은 사람들로 구성되어 있었다. 나도 스물두 살에 세 명의 편집국장보(補) 가운데 한 사람으로 임명되어 일하게 되었다. 그 이유는 내가 특별히 능력이 뛰어나서가 아니었다. 사실 나는 일간지의 일류 기자감이 아니었다. 1930년경의 유럽에는 그런 직위에 어울리는 사람들―35세 전후의 유능한 기자 출신―이 별로 없었기 때문이었다. 그들 대부분은 제1차 세계대전 때 세상을 떠났다. 때문에 편집국장보 같은 높은 직위에 나 같은 젊은이가 대신 앉을 수밖에 없었던 것이다.

당시 50대였던 편집국장은 부하직원을 훈련시키고 또 제대로 가르치기 위해 무척 고생을 했다. 그는 매주 우리가 쓴 기사를 가지고 우리 각자와 함께 토론을 벌였다. 일 년에 두 번씩, 정월 초

하루 바로 다음날과 6월에 시작되는 휴가철 바로 직전에 우리는 토요일 오후와 일요일 하루 종일을 지난 6개월간 우리가 했던 일에 대해 토론하면서 보냈다. 편집장은 언제나 우리가 잘한 일에 대한 이야기부터 시작했다. 그 다음에는 우리가 잘하려고 노력한 일에 대한 이야기로 넘어갔다. 또 그 다음에는 우리가 잘하려고 충분히 노력하지 않은 분야를 검토했다. 그리고 마지막으로, 우리가 잘못했거나 또는 실패한 일에 대해 날카롭게 비판했다. 그 모임의 마지막 두 시간 동안에는 앞으로 6개월간 해야 할 일을 계획했다. 예를 들면, 우리가 집중해야 할 일은 무엇인가, 우리가 개선해야 할 것은 무엇인가, 우리들 각자가 배워야 할 것은 무엇인가 등을 논의했다. 그리고 일주일 뒤 우리 각자는 다음 6개월간의 새로운 업무 계획과 학습 계획을 편집국장에게 제출해야만 했다. 나에게는 일 년에 두 번 있는 그 회합이 무척 즐거웠지만 신문사를 떠난 뒤에는 곧 잊어버리고 지냈다.

그로부터 10년이 지나서 이미 미국으로 건너와 있었을 때, 나는 지나간 그때의 일을 다시 떠올리게 되었다. 1940년대 초였는데, 당시 나는 대학 교수로 재직하고 있으면서 동시에 기업에 경영 컨설팅을 제공하는 일을 시작했으며, 또 몇 권의 주요한 책들도 출간하기 시작했다. 그때 문득 프랑크푸르트의 편집국장에게서 배운 방법이 기억났다. 그 이후로 나는 줄곧 여름만 되면 2주일간 시간을 따로 할애해서 지난 1년 동안 내가 한 일을 검토하고 있는데, 처음에는 내가 비록 잘했지만 더 잘할 수 있었거나 또는 더 잘했어야만 하는 일을 검토하고, 그 다음에는 내가 잘 못한 일, 마지막으로 내가 했어야만 했는데도 하지 않은 일을 차례로 검토한다. 이를 바탕으로 나는 컨설팅 업무, 저술 활동 그리고 강의에 있어서 우선 순위를 결정하여 계획을 수립한다.

이처럼 매년 8월에 수립하는 계획에 맞추어 충실하게 생활한 적은 한번도 없지만, 나는 그 계획을 통해 베르디의 교훈, 즉 '완벽을 기하기 위한 노력'을 하면서 살고 있다. 비록 '그 완벽이란 것이 늘 나를 피해 갔고', 또 지금도 나를 피해 가고 있지만 말이다.

다섯번째 경험: 새로운 일이 요구하는 것을 배워라

그로부터 몇 년 뒤에 어떤 새로운 것을 배울 기회가 다시 찾아왔다. 1933년에 나는 프랑크푸르트를 떠나 런던으로 갔다. 그곳에서 처음에는 규모가 상당히 큰 보험 회사에서 증권분석사로 일했고, 1년 후에는 규모는 작지만 빠르게 성장하고 있던 개인 은행의 경제 분석가 겸 3명의 시니어 파트너(senior partner)의 수석 비서로 근무하게 되었다. 한 명은 그 은행의 창업자로서 70대의 노인이었고, 나머지 두 사람은 30대 중반이었다. 처음에는 젊은 두 사람 밑에서 일을 했는데, 3개월 가량 지났을 무렵 창업자가 나를 자신의 사무실로 불렀다. 그리고 나에게 다음과 같이 말했다. "자네가 이 회사에 입사할 때 난 자네를 눈여겨보지 않았네. 그 점은 지금도 마찬가지네. 그런데 자네는 내가 생각한 것보다 훨씬 더 어리석군. 그뿐만 아니라 자네는 보통 이상으로 어리석군." 나는 젊은 두 동업자로부터 날마다 어리둥절할 정도로 칭찬을 받았던 터라 그 창업자의 갑작스런 비난에 정신을 차릴 수가 없을 만큼 당혹스러워했다. 그는 이어서 다음과 같이 말했다. "나는 자네가 보험 회사의 증권분석사로서는 일을 썩 잘했다는 것을 알고 있네. 그러나 만약 자네가 증권 분석 업무를 계속하길 바랐다면 우리는 자네를 이리로 데려오지 않고 원래 있던 그 자리에 그냥 두었겠지. 그런데 지금 자네는 시니어 파트너들의 수석 비서인데도 여전히 증권분석사 시절에 하던 것처럼 일하고 있더군. '지금' 자네가 무엇을 해야 하는지 생각해 보게. 다시 말해, 자네의 '새로운' 직무에서 효과적인 사람이 되려면 무엇을 해야만 하는지를 생각해 보게." 나는 화가 머리끝까지 났지만 내심 그 노인의 말이 옳다는 것을 인정하지 않을 수 없었다. 나는 나의 행동 방식과 내가 하는 일을 완전히 바꾸었다. 그 후 나는 새로운 일을 할 때마다 스스로 다음과 같이 질문한다. "새로운 일을 맡은 지금 내가 효과적인 사람이 되기 위해서는 무엇을 할 필요가 있는가?" 물론 이 질문에 대한 대답은 매번 달랐다.

지금까지 나는 40년 넘게 기업에 컨설팅을 제공하는 일을 해오고 있다. 나는 여러 나라의 여러 조직과 함께 일을 했다. 내가 관찰했던 모든 조직에서 인적 자원의 최대 낭비는 단연코 승진 관리의 실패에서 비롯되었다. 승진을 하여 새로운 직무를 맡은 유능한 사람들 가운데 계속해서 성공을 거두는 사람은 그리 많지 않았다. 상당히 많은 사람이 완전히 실패했다. 그들보다 더 많은 사람들이 성공도 실패도 아닌 보통 수준에 머물렀다. 소수의 사람들만이 성공했다.

그러면 10년 내지 15년 동안 유능했던 사람들이 왜 갑자기 무능해져야만 했는가? 내 경험을 통해 보건대, 그 이유는 60여 년 전에 내가 런던의 은행에서 저질렀던 실수를 그들도 똑같이 했기 때문이었다. 그들은 새로운 직무를 맡은 뒤에도 과거에 이미 성공을 거두었던 일 그리고 그들을 승진시켜 준 그 일을 계속했다. 그렇게 되면 그들은 무능한 사람으로 전락하고 마는데, 그렇게 되는 것은 그들이 정말 '무능해졌기' 때문이 아니라 정말 해야 할 일을 놔두고 다른 부적절한 일을 했기 때문이다.

나는 지난 수년간 진정으로 효과적인 사람들인 나의 고객—특히 대기업에서 근무하는 진정으로 효과적인 지식 근로자들—에게 습관처럼 "당신이 목표를 달성하는 비결은 무엇인가?"라는 질문을 하고 있다. 그들은 보통 내가 그런 것처럼, 오래 전에 세상을 떠난 그들의 상사에게 그 공을 돌린다. 즉 나에게 질문을 던짐으로써 나로 하여금 새로운 직무가 요구하는 것이 무엇인가를 곰곰이 생각할 수 있도록 해준 그 은행의 창업주와 같은 사람들에게 성공의 원인을 돌리고 있다. 적어도 내 경험으로 볼 때는 그 누구도 이러한 것들을 스스로 터득하지 못한다. 당신은 당신을 가르쳐줄 사람을 필요로 한다. 우리는 한 번 그것을 배우고 나면 다시는 잊지 않게 되고 그리고 그 다음에는—거의 예외 없이—새로운 직무에서 성공하게 된다. 새로운 직위에서 성공하기 위해 반드시 뛰어난 지식이나 재능이 필요한 것은 아니다. 새로운 직위에서 성공하기 위해서는 그 직위에서 요구하는 일에 대한 집중이 필요하다. 그리고 새로운 도전과 직무 그리고 과업을 수행하는 데에 결정적으로 중요한 일에 대한 집중을 필요로 한다.

여섯번째 경험: 피드백 활동을 하라

1937년에 나는 다시 영국에서 미국으로 이주했다. 그로부터 꽤 많은 세월이 흐른 1945년경에 나는 근대 유럽의 초기 역사, 특히

15~16세기의 역사를 3년에 걸쳐 연구해 보기로 마음먹었다. 그 연구를 통해 나는 근대 유럽에 지배적인 세력을 지닌 두 개의 조직이 있었음을 알게 되었다. 하나는 가톨릭이 지배하는 남부 유럽의 예수회였고, 다른 하나는 프로테스탄트가 지배하는 북부 유럽의 칼뱅파 교회였다. 1536년에 독자적으로 창설된 두 교단은 공교롭게도 똑같은 방법으로 성공을 거두고 있었다. 둘 다 아주 초창기부터 똑같은 학습 원리를 채택하고 있었던 것이다.

예수회 신부나 칼뱅파 목사는 어떤 중요한 일을 할 때마다, 예를 들면 어떤 중요한 의사 결정을 할 때마다 자신이 예상하는 결과를 기록해 두었다. 그리고 9개월 후에는 실제 결과와 자신이 예상했던 결과를 비교해 보는 피드백 활동을 한다. 그것은 그들이 잘한 것이 무엇인지 그리고 그들의 장점은 무엇인지를 신속하게 알려준다. 그것은 또한 그가 무엇을 배워야만 하는지 그리고 어떤 습관을 바꿔야 하는지도 알려준다. 마지막으로 그것은 그가 소질이 전혀 없는 분야가 무엇인지 그리고 잘할 수 없는 일이 무엇인지도 가르쳐준다.

나는 이 방법을 50여 년 동안 꾸준히 실행해 오고 있다. 피드백 활동은 우리의 장점이 무엇인지 밝혀주는데, 이 장점은 한 개인이 자기 자신에 대해 알 수 있는 것 중에서 가장 중요한 것이다. 장점은 한 개인이 개선해야 될 것이 무엇인지를 그리고 어떻게 개선해야 하는지를 알려준다. 또한 그것은 한 개인이 할 수 없는 것, 심지어는 시도조차 하지 말아야 할 것을 명백히 밝혀준다. 자신의 장점을 안다는 것, 그 자신을 어떻게 개선해야 할지를 안다는 것 그리고 자신이 할 수 없는 것이 무엇인지 안다는 것 ― 이것들이 바로 지속적 학습의 관건이다.

일곱번째 경험: 어떤 사람으로 기억되기 바라는가

　마지막으로 한 가지 경험을 더 이야기하는 것으로 나의 개인적 체험에 관한 이야기를 마무리하도록 하겠다. 내가 뉴욕 대학에서 경영학을 가르치기 시작했을 무렵인 1949년 크리스마스에 73세의 부친이 캘리포니아에서 뉴욕으로 우리 가족을 방문하기 위해 오셨다. 연말을 가족과 함께 보낸 부친과 나는 1950년 1월 3일에 부친의 오랜 친구였던 유명한 경제학자 조지프 슘페터(Joseph Schumpeter, 1883~1950)를 방문했다. 그때 나의 부친은 이미 은퇴를 했지만, 슘페터는 66세의 나이로 여전히 세계적 명성을 누리면서 하버드 대학에서 강의를 하고 있었고, 또 미국경제학회(American Economic Association)의 회장으로도 활동하고 있었다.

　1902년에 나의 부친은 오스트리아 재무성에서 젊은 공무원으로 근무했고, 대학에서 틈틈이 경제학을 가르치기도 했다. 부친은 당시 매우 뛰어난 학생이었던 열아홉 살의 슘페터를 알게 되었다. 부친과 슘페터만큼 서로 다른 사람도 상상하기가 쉽지 않다. 슘페터는 활기차고, 당당하고, 외향적이고 그리고 우쭐대기 좋아했다. 반면에 나의 부친은 조용하고, 예의바르고, 절대로 자기를 내세우지 않는다고 해도 좋을 정도로 겸손했다. 그런데도 두 사람은 친구가 되어 오래도록 가깝게 지내고 있었다.

　슘페터는 전혀 다른 사람으로 변해 있었다. 66세의 나이로 하버드에서 강의하는 마지막 한 해를 보내고 있던 그는 최고의 명성을 누리고 있었다. 두 노인은 지난날을 함께 회상하면서 멋진 시간을 보냈다. 두 사람 다 오스트리아에서 자랐고 또 그곳에서 일했으며, 종국에는 미국으로 왔다. 슘페터는 1932년에, 부친은 그

보다 4년 늦게 왔다.

부친은 이야기 도중에 갑자기 껄껄 웃더니 다음과 같이 질문했다. "조지프, 자네는 아직도 자네가 죽은 후 어떤 사람으로 기억되길 바라는지에 대해 말하고 다니는가?" 슘페터는 큰소리로 웃음을 터트렸고, 옆에 있던 나까지도 웃지 않을 수 없었다. 왜냐하면 슘페터는 30세 무렵에 그의 위대한 경제학 저술들 가운데 최초의 두 권을 출판했는데, 그 당시 누군가가 "당신은 진정 어떤 사람으로 기억되기를 바랍니까?"라고 질문을 하자 "유럽 미녀들의 최고 연인, 유럽의 최고 승마인, 그 다음으로는 세계 최고 경제학자로 기억되기 바란다."라고 대답하여 악명이 높았기 때문이었다. 슘페터는 부친의 질문에 대해 다음과 같이 대답했다. "그렇네. 그 질문은 여전히 나에게 중요하네. 그러나 지금 나는 그 당시와는 전혀 다른 대답을 하고 있네. 나는 대여섯 명의 우수한 학생을 일류 경제학자로 키운 교사로서 기억되길 바란다네." 슘페터는 말을 계속 이어갔기 때문에 부친의 놀란 얼굴을 보지 못했다. "아돌프, 이제 나도 책이나 이론으로 기억되는 것만으로는 충분하지 않다는 것을 알 만한 나이가 되었어. 진정 사람의 삶을 변화시킬 수 없는 책이나 이론이라면 아무런 소용도 없다는 걸 알았단 말일세." 부친이 슘페터를 만나러 간 것은 그가 병중이었고 오래 살지 못할 것이라는 사실을 알고 있었기 때문이었다. 애석하게도 슘페터는 우리의 방문을 받은 닷새 후에 세상을 떠났다.

나는 그때의 대화를 잊을 수가 없다. 그 대화에서 내가 배운 것은 세 가지이다.

첫째, 우리는 자신이 어떤 사람으로 기억되기를 바라는지에 대해 스스로 질문해야 한다.

둘째, 우리는 늙어가면서 그 대답을 바꾸어야만 한다. 그것은 차츰 성숙해 가면서 그리고 세상의 변화에 맞추어 바뀌어야만 한다.

  마지막으로 꼭 기억될 만한 가치가 있는 것 한 가지는, 사는 동안 다른 사람의 삶에 변화를 일으킬 수 있어야 한다는 것이다.

어떻게 목표 달성 능력을 유지하는가

  지금까지 내 개인적인 일곱 가지 경험에 대해 이야기했다. 내가 굳이 이런 이야기를 한 이유는 아주 간단하다. 내가 아는 사람들 중에 긴 세월 동안 지속적으로 목적을 달성하며 자신을 관리해 온 사람들은 모두 하나같이 내가 배운 것과 똑같은 것들을 어딘가에서 배운 사람들이었다. 기업 경영자, 학자, 고위 장교, 일류 의사, 교사, 예술가 등, 어떤 분야에서 성공한 사람이든지 간에 그러한 사실은 마찬가지였다. 지금까지 나는 컨설턴트로서 여러 분야의 많은 사람들과 일을 해왔다. 기업, 정부 기관, 대학, 병원, 오페라 하우스, 교향악단, 박물관 그리고 그 외 여러 조직의 사람들과 함께 일했다. 나는 누군가를 새로이 만나 일을 할 때면 어김없이 그 사람의 개인적인 성공 비결이 무엇인지를 파악하려고 노력한다. 그때마다 나는 예외 없이 나의 경험과 너무나도 닮은 이야기를 그들로부터 듣곤 한다.

  따라서 "개인, 특히 지식 노동을 하는 개인은 어떻게 그들의 목표 달성 능력을 지속적으로 유지하는가?"라는 질문에 대해서는 "그것은 꽤나 간단한 몇 가지를 실행함으로써 달성할 수 있다."라는 대답으로 결론을 내릴 수 있을 것이다. 그 간단한 몇 가지는 다음과 같은 것들이다.

1. 베르디의 폴스타프가 내게 가르쳐준 그런 종류의 목표 또는 비전을 가져야만 한다. 사람이 계속 정진한다는 것은 단순히 나이를 먹는 것이 아니라 성숙해진다는 것을 의미한다.

2. 목표 달성 능력을 계속 유지하는 사람들은 페이디아스가 작업을 할 때 품고 있던 신념, 즉 신이 보고 있다는 생각을 하고 있다. 그들은 보통 수준밖에 되지 않는 일은 하고 싶어하지 않는다. 그들은 자신이 한 일의 결과에 대해 스스로 대견스럽게 생각한다. 정말이지, 그들은 높은 자아 존중심을 갖고 있다.

3. 목표를 달성하는 사람들이 갖고 있는 공통점 중의 하나는 지속적 학습을 삶의 한 부분으로 인식한다는 점이다. 그들은 내가 지금까지 60년 이상 동안 해왔던 것, 즉 3년 내지 4년마다 새로운 주제에 대해 배우려는 학생 노릇을 똑같이 하지는 않을 것이다. 그러나 그들은 언제나 새로운 것에 도전한다. 그들은 지금까지 해오던 일을 그대로 계속하는 것을 달갑게 생각하지 않는다. 그들이 뭔가 새로운 시도를 할 때 가장 하찮게 치부하는 것이 바로 하던 일을 더 잘해보려고 하는 생각이다. 그들은 무엇을 하든지 간에 과거와는 다르게 해보자고 다짐한다.

4. 늘 활기차게 지속적으로 성장하는 사람들은 또한 자신이 달성한 성과에 대해 검토한다.

5. 목표 달성 능력을 계속 유지하는 사람들은 예수회와 칼뱅파가 16세기에 처음 개발한 사전 기록 및 사후 검토를 습관화하고 있다. 그들은 자신의 행동 및 의사 결정의 예상 결과를 기록해 두었다가 나중에 그것을 실제 결과와 비교해 본다. 그렇게 함으로써 그들은 자신의 강점을 보다 빠르게 파악할 뿐만 아니라, 무엇을 개선해야 할지, 무엇을 바꾸어야 할지 그리고 무엇을 더 배워야 할지를 알게 된다. 또한 그렇게 함으로써 그들은 자신이 잘할 수 있는 일이 무엇인지 그리고 자신이 잘하지 못하기 때문에 다른 사람에게 맡겨야 할 일이 무엇인지를 안다.

6. 목표를 달성하는 사람들에게 성공 비결이 무엇이냐는 질문을 할 때마다 나는 언제나 같은 대답을 듣는다. 그들은 오래 전에 세상을 떠난 교사 또는 상사가 자신에게 큰 도전 과제를 안겨주었다고 말한다. 그리고 직업이 바뀔 때마다 혹은 직위나 과업이 바뀔 때마다 그들로 하여금 새로운 직업이 원하는 것이 무엇인지, 새로운 직위와 과업이 요구하는 것이 무엇인지에 대해 깊이 생각하도록 가르쳐주었다고 말한다. 새로운 직업, 새로운 직위 그리고 새로운 과업은 언제나 지금까지 요구되었던 것과는 다른 어떤 것을 요구한다.

자기 계발에 대한 책임

이러한 자기 계발 방식들을 실행에 옮기는 데에 있어 중요한 토대가 되는 것이 한 가지 있다. 그것은 바로 자신을 효과적인 사람으로서 지속적으로 관리하고, 또 계속적으로 성장하면서 시대 상황에 맞게 변혁을 꾀하는 개인, 특히 지식 근로자는 자기 자신의 계발에 대한 책임 그리고 자신이 한 일에 대한 책임을 진다는 것이다.

이것은 다른 어느 누구도 제기한 적이 없는 매우 새로운 결론이라고 해도 과언이 아니다. 그런데 오늘날 조직들은 여전히, 그것이 기업이든 또는 정부 기관이든 간에, 개인에게 일자리를 제공할 책임을 지고 있고 그리고 개인이 필요로 하는 경험과 도전을 제공할 책임을 지고 있다는 가정에 기초하고 있다.

내가 알고 있는 가장 대표적인 예는 일본의 전형적인 대기업의 인사 부서, 아니 어쩌면 그들이 모델로 삼았던 전통적 군대의 인사 참모 조직일지도 모르겠다. 전형적인 일본의 인사 부서보다 책임감이 더 강한 사람들의 조직을 나는 알지 못한다. 그렇지만 나는 그들이 변하지 않으면 안 된다고 생각한다. 그들은 의사 결정자에서 교사, 안내자, 상담자, 조언자로 그 역할을 바꾸어야 할 것이다.

앞으로 지식 근로자 개개인의 자기 계발에 대한 책임 그리고 일자리 결정에 대한 책임은 개인 각자가 져야 할 것이다. 개인은 반드시 다음과 같은 질문을 해야만 할 것이다. "나는 지금 어떤 종류의 과업을 떠맡기를 바라는가? 나는 어떤 종류의 과업을 떠맡을 자격이 있는가? 나는 어떤 종류의 경험, 지식 그리고 기술을 습득할 필요가 있는가?" 이에 대한 결정은 물론 개인이 혼자 내릴 수 있는 성질의 것은 아니다. 그것은 조직의 관점에서 신중하게 검토되어야 한다. 그것은 또한 개인의 강점, 역량 그리고 업적에 대한 객관적 평가를 기초로 결정되어야 한다.

개인의 자기 계발은 그 스스로가 책임을 져야 할 문제이다. 어디에서 일을 할지 결정하는 책임도 스스로 감당하지 않으면 안 된다. 앞으로 이러한 책임을 감당하지 못하는 지식 근로자는 긴 근로 수명 동안 계속적으로 목표를 달성하는 사람, 생산적인 사람 그리고 성장 능력을 갖춘 사람이 될 수 없을 것이다.

THE ESSENTIAL DRUCKER 7

자신의 강점을 파악하라

> 대부분의 사람이 자신이 '잘하는 것'이 무엇인지에 대해 알고 있다고 생각한다. 그러나 그들 대부분은 잘못 생각하고 있다. 사람들은 자신이 '잘하지 못하는 것'을 더 잘 알고 있다. 심지어는 그 점에 있어서도 제대로 아는 경우보다는 잘못 아는 경우가 더 많다.

앞으로는 일선에서 일하는 더욱더 많은 사람들—그리고 지식 근로자들 대부분—이 '자기 자신 스스로를 관리해야만' 할 것이다. 그들은 자신이 공헌할 수 있는 분야를 스스로 찾아가 자리를 잡아야 할 것이다. 그들은 자신을 계발하는 방법을 스스로 배워야 할 것이다. 그들은 50년간의 근로 생활(working life) 동안 어떻게 원기왕성한 노동력을 계속 유지할 것인지에 대해 알아야만 할 것이다. 그들은 스스로가 일을 어떤 방식으로 하는지 그리고 언제 하는지 알아야 하며, 그것을 언제 어떻게 바꿔야 하는지를 배워야 할 것이다.

지식 근로자들은 그들의 고용 기관보다 더 오래 살아남을 것이다. 즉 지식 근로자들의 근로 생활 수명이 고용 기관의 수명보다 더 길어질 것이다. 지식 근로자들이 노동 시장에 참여하는 것을 가능한 한 뒤로 미룬다 해도—예컨대, 박사 학위를 취득하기 위해 20대 후반까지도 여전히 학교에 머무른다 해도—선진국의 현재 기대 수명을 감안할 때 그들은 70세를 훨씬 넘겨 80대까지 살게 될 것이다. 그리고 75세 또는 그 이상이 될 때까지 파트타임으로라도 계속 일을 해야 할 것이다. 앞으로 평균 근로 수명은, 특히 지식 근로자의 평균 근로 수명은 50년쯤 될 것으로 예상된다. 그러나 성공적인 기업의 평균 기대 수명은 겨우 30년밖에 안 된다—특히 지금 우리가 살고 있는 대혼란의 시기에는 30년도 채 견디지 못하는 기업이 많을 것이다.

그러므로 근로자들, 특히 지식 근로자들은 어떤 고용 기관보다도 점점 더 오래 살 것이고, 따라서 한 가지 이상의 여러 직업을 가질 준비를 해야만 한다. 단 하나의 과업과 단 하나의 경력만으로는 안 되고 그 이상을 준비해야만 한다. 오늘날에는 가장 평범한 사람, 다시 말해 평균적인 보통 사람마저도 자기 자신을 관리하는 방법을 배워야만 할 것이다.

나의 강점은 무엇인가

대부분의 사람이 자신이 잘하는 것이 무엇인지 알고 있다고 생각한다. 그러나 그들 대부분은 잘못 생각하고 있다. 사람들은 자신이 '잘하지 못하는 것'이 무엇인지를 더 잘 알고 있다—심지어는 그 점에 있어서도 제대로 아는 경우보다는 잘못 아는 경우가 더 많다. 사람은 오직 자신의 강점으로만 성과를 올릴 수 있다. 자신이 전혀 할 수 없는 어떤 것은 물론이고, 약점을 바탕으로는 성과를 쌓아 올릴 수가 없다.

겨우 수십 년 전만 해도 거의 대다수 사람들에게 그들 자신의 강점을 안다는 것은 적절하지 않은 일이었다. 그들은 태어날 때부터 어떤 종류의 직무 내지는 작업에 적합하게 태어났다. 농부의 아들은 농부가 되었다. 만약 그가 농부로서 적합하게 태어나지 않았다면 그는 실패했다. 마찬가지로 예술가의 아들은 예술가가 되었고, 그 밖에도 비슷했다. 그러나 오늘날 사람들은 자신이 어떤 종류의 일을 할 것인지를 선택할 수 있고 또한 선택해야만 한다. 따라서 자신이 무슨 일에 적합한지를 알기 위해 자신의 강점을 알아두지 않으면 안 된다.

강점을 발견하는 유일한 방법이 있다. 그것은 (제6장에서 이미 설명했다시피) '피드백 분석(The Feedback Analysis)'이다. 어떤 중요한 의사 결정이나 행동을 할 때마다 스스로가 예상하는 결과를 기록해 두고, 9개월 또는 12개월이 지난 뒤 자신이 기대했던 바와 실제 결과를 비교해 보는 것이 피드백 분석이다. 나는 오래전부터 이 피드백 분석을 해오고 있는데, 매번 그 결과에 놀라곤 한다. 이는 나뿐만 아니라 피드백 분석을 해본 사람이라면 누구나 동감하는 사실일 것이다.

비교적 짧은 기간 안에, 아마도 2년 내지 3년 이내에 대부분의 사람이 이 간단한 방법을 통해 자신의 강점이 무엇인지를 알게 될 것이다―그리고 자신의 강점이 무엇인지를 아는 것은 아마도 자기 자신을 아는 데 있어 가장 중요한 방법일 것이다. 피드백 분석은 어떤 일을 함으로써 강점을 최대한 발휘하는 데 방해가 되는지, 혹은 어떤 일을 하지 않기 때문에 강점이 최대한 발휘되지 못하는지를 알려준다. 또한 그다지 유능하지 않은 분야와 강점을 가지고 있지 않은 분야 그리고 단순히 수행을 하는 것조차 불가능한 분야도 가르쳐준다.

피드백 분석과 행동 결론

다음은 피드백 분석을 한 뒤에 이끌어낼 수 있는 몇 가지 '행동 결론(action conclusion)'이다.

첫번째이면서 가장 중요한 결론은 '자신의 강점에 집중하라'는 것이다. 즉 자신의 강점이 성과와 결과를 산출할 수 있는 분야에 자리를 잡아야 한다는 것이다.

두번째 결론은 '자신의 강점을 개선하라'는 것이다. 피드백 분석은 기술 향상이 필요한 분야 또는 새로운 지식을 습득해야 하는 분야가 어떤 것인지를 보여준다. 또한 더 이상 적합하지 않으므로 최신의 것으로 바꾸어야만 하는 기술과 지식이 어떤 것인지도 보여준다. 동시에 자신의 기술과 지식에 어떤 결함이 있는지도 알려준다.

사람은 자신에게 소질이 없는 어떤 기술이나 지식이라도 웬만큼은 습득할 수가 있다.

세번째이면서 특히 중요한 결론으로서 피드백 분석은 자신을 '무능하게 만드는 무식(disabling ignorance)'을 불러일으키는 지적 오만(intellectual arrogance)을 바로잡아 준다. 너무나 많은 사람들—특히 특정 분야의 지식 수준이 매우 높은 사람들—이 다른 분야의 지식에 대해 경멸하거나 한 분야에서의 '뛰어남'이 다른 분야의 '지식'을 대신할 수 있을 것으로 믿고 있다. 이러한 사람들에게 피드백 분석은 빈약한 성과를 내는 주요 이유가 단순히 그 분야에 대해 충분히 알지 못한 데 따른 결과이거나, 혹은 자신의 전문 분야가 아닌 다른 분야의 지식에 대해 경멸한 결과라는 사실을 밝혀준다.

따라서 이러한 피드백 분석에서 도출되는 하나의 중요한 행동 결론은, 지적 오만을 극복하고, 자신의 강점을 충분히 발휘하는 데 필요한 기술과 지식을 얻도록 노력해야 한다는 것이다.

또 다른 중요한 행동 결론은 자신의 '나쁜 습관'을 고치는 것이다. 목표 달성과 성과 향상을 가로막는 일을 하거나, 해야 할 일을 하지 않는 습관을 고치는 것이다. 그러한 일은 피드백 분석을 통해 곧 드러난다. 또한 피드백 분석은 어떤 사람이 상황에 적합한 '예의'를 갖추지 못했기 때문에 결과를 얻는 데 실패했다는 사실을 밝혀준다. 우수한 사람들—특히 우수한 젊은 사람들—은 예의가 조직의 '윤활유' 역할을 한다는 사실을 이해하지 못한다.

피드백 분석을 통한 그 다음의 행동 결론은 아무리 해도 성과가 오르지 않는 일은 '하지 않는' 것이다.

애초에 기대했던 바와 실제 결과를 분석해 보면, 절대로 아무런 시도도 하지 말아야 할 분야가 어떤 것인지 즉각 밝혀진다. 즉 그 일을 하기 위해 필요한 최소한의 역량마저도 갖고 있지 않은 분야가 드러난다. 이런 분야는 누구나 많이 갖고 있다. 어떤 분야에 대한 일류의 기술 또는 지식을 단 한 가지라도 갖고 있는 사람은 많지 않다. 오히려 모든 사람이 타고난 재능도, 기술도, 심지어는 보통 수준이나마 될 정도의 기회마저도 가져본 적이 없는 분야를 무수히 갖고 있다. 그런 분야의 일은 하지 말아야 한다. 특히 지식 근로자는 그런 분야의 일에 대해 연구를 해서도, 작업을 수행해서도, 임무를 맡아서도 안 된다.

마지막 행동 결론은, 낮은 역량밖에 발휘하지 못하는 분야를 개선하는 데에는 가능한 한 노력을 기울이지 말아야 한다는 것이다. 집중적인 노력을 기울여야 할 곳은 높은 역량을 발휘할 수 있는 분야, 뛰어난 기술을 가진 분야이다. 최상의 성과를 내는 분야와 탁월한 역량을 가지고 있는 분야를 개선하는 것보다 역량이 부족한 분야 또는 평균 이하의 역량을 가진 분야를 개선하는 데에 훨씬 더 많은 에너지와 노력이 들게 마련이다. 그런데도 대부분의 사람은—대부분의 교사들과 조직들도 마찬가지로—역량이 부족한 사람을 평균 이하의 사람으로 만드는 데 집중하려고 노력한다. 하지만 에너지와 자원 그리고 시간은 역량 있는 사람을 더욱 뛰어난 성취자로 만드는 데 투입되어야 한다.

나는 어떻게 성과를 올리는가

"나는 어떻게 성과를 올리는가?"라는 물음은—특히 지식 근로자에게—"나의 강점은 무엇인가?"라는 물음만큼이나 중요하다.

사실 그것은 훨씬 더 중요한 질문일는지도 모른다. 놀랍게도 많은 사람이 자신이 '어떤 방식으로' 일하고 있는지 모르고 있다. 또한 다른 사람은 다른 방식으로 일하고, 다른 방식으로 성과를 올린다는 사실마저도 모르고 있다. 그 결과 사람들은 자신만의 독특한 방식이 아닌 방식으로 일을 한다. 그러나 그것은 비성과(non-performance)를 보증하는 첩경이다.

사람마다 각자의 강점이 다르듯이 성과를 올리는 방법도 '사람마다' 다르다. 그것은 '개성(personality)'이다. 개성이 '타고난 것'이든 또는 후천적으로 '훈련받은 것'이든 간에, 어쨌든 그것은 그 사람이 일터로 나가기 훨씬 이전에 형성되는 것이다. 그리고 어떤 사람의 '무엇'에 대한 소질 유무가 '주어진 것'이듯 어떤 사람의 '일하는 방식'도 '주어진 것'이다. 이 두 가지는 개선될 수 있을지언정 완전히 바뀔 가능성은 없다. 그리고 사람은 자신이 '잘하는 것'을 함으로써 결과를 얻는 것과 마찬가지로, 자신이 '잘하는 방식'으로 일할 때 결과를 얻을 수 있다.

피드백 분석은 일하는 방식에 뭔가 적절하지 않은 것이 있음을 지적해 주기도 하지만, 그 원인을 밝혀주는 경우는 거의 없다. 하지만 원인을 파악하는 일은 그다지 어려운 것이 아니며, 다만 몇 년간의 업무 수행 경험을 필요로 한다. 스스로의 경험을 통해 "나는 어떤 방식으로 성과를 올리는가?"라는 질문을 할 수 있으며, 또 그에 대한 대답도 즉각 할 수 있다. 왜냐하면 인간의 개성을 구성하는 몇몇 공통적인 특성이 개인이 어떤 식으로 일해야만 결과를 산출할 수 있는지를 결정하기 때문이다.

자신이 어떤 방식으로 성과를 올리는지 알기 위한 첫번째 방법은 자신이 읽는 자(reader)인지 듣는 자(listener)인지를 파악하는 것이다. 하지만 세상에는 읽는 자도 있고 듣는 자도 있으며, 양쪽을 모두 겸한 사람은 거의 없다는 사실을 아는 사람은 매우 드물다. 자신이 두 부류 중 어디에 속하는지를 아는 사람은 훨씬 더 드물다. 그러나 몇 가지 사례를 통해 봤을 때 그것은 매우 큰 손실을 불러올 수 있다.

자신이 어떤 방식으로 성과를 올리는지 파악하기 위한 두번째 방법은 자신이 '어떻게 배우는가'를 파악하는 것이다. 이는 자신이 읽는 자인지 듣는 자인지를 파악하는 것보다 훨씬 더 어려운 일인지도 모른다. 왜냐하면 세상 어디에서나 배우는 데에는 단 하나의 올바른 방법만이 있다는 가정 아래, 다시 말해 모든 사람의 배우는 방법이 똑같다는 가정 아래 학교가 조직되어 있기 때문이다.

다음은 배우는 방식에 관한 몇 가지 다양한 사례이다.

베토벤(Beethoven)은 엄청난 양의 작곡 스케치북을 남겼다. 그렇지만 베토벤 자신의 말에 따르면, 그는 실제로 작곡을 할 때에는 스케치북을 한번도 쳐다보지 않았다고 한다. 누군가 "그렇다면 도대체 당신은 왜 스케치북을 사용합니까?"라고 물으면, 그는 "악상이 생각날 때 즉시 기록해 두지 않으면 곧 잊어버리니까요. 악상을 스케치북에 기록해 두면 절대 잊어버리지 않지요. 그러니 스케치북을 다시 볼 필요가 없지 않겠어요."라고 대답했다고 한다.

제너럴 모터스를 세계 최대의 기업으로 그리고 60여 년 동안 세계에서 가장 성공한 제조 기업으로 만든 슬로언(Alfred Sloan)은 경영 활동 대부분을 소규모의 활기찬 회의에서 수행하였다. 회의가 끝나면 슬로언은 자기 사무실로 달려가 회의 참석자들에게 편지를 쓰느라 몇 시간을 소비했다. 그는 편지를 통해 회의 시간에 논의되었던 핵심 질문, 문제점, 결론 등을 상기시키고, 또한 회의에서 다루지 않았지만 해결해야 할 상태로 남아 있는 문제 등을 언급했다. 편지를 완성하고 나서는, 그는 다음과 같은 말을 했다고 한다. "회의가 끝난 후 즉각 사무실에 앉아서 회의 시간에 논의된 모든 것에 대해 곰곰이 생각해 보지 않으면, 그런 뒤 그것을 써놓지 않으면, 나는 그것을 24시간 이내에 잊고 말 것이다. 따라서 나는 이런 편지를 쓰는 것이다."

사람이 배우는 방법에는 여러 가지가 있다. 사람마다 각자 배우는 방법이 다르다. 떠오르는 악상을 그때그때 기록해 두는 방식으로 배우는 사람들이 있다―베토벤이 한 것처럼 말이다. 반면에 슬로언은 회의 도중에는 아무런 기록도 하지 않고 대신 회의가 끝난 후에 사람들에게 편지를 썼다. 자신이 스스로 말하는 것을 들으면서 배우는 사람도 있다. 쓰면서 배우는 사람도 있다. 실제로 행하면서 배우는 사람도 있다.

어떤 (비공식적인) 조사를 하던 중에 인기 있는 학술 서적을 성공적으로 출판한 미국 대학의 교수들을 만난 적이 있는데, 나는 그들로부터 다음과 같은 말을 들었다.

"내가 가르치는 이유는 나 자신이 하는 말을 들을 수 있기 때문이지요. 나 자신이 하는 말을 들은 다음에야 비로소 책을 쓸 수 있거든요."

실질적으로, 자기 자신에 관한 지식(self-knowledge)과 관련한 중요한 요소들 가운데 가장 쉽게 알 수 있는 것 하나가 바로 "나는 어떻게 배우는가?"를 아는 것이다. 내가 사람들에게 "당신은 어떻게 배우는가?"라고 물으면, 거의 대부분의 사람이 그에 대한 대답을 해주었다. 그러나 그 말을 들은 다음 "그 (배운) 지식에 기초해서 (실제로) 행동하는가?"라고 물으면, 그렇게 한다고 대답하는 사람은 거의 없었다. 그런 지식에 기초해서 행동하는 것은 성과를 향상시키는 데 있어 핵심적인 사항인데도 말이다. 그 지식에 기초해서 '행동하지 않는 것'은 자기 자신을 스스로 비성과(non-performance)로 몰아넣는 것이나 다름없다.

"나는 어떤 방법으로 성과를 올리는가?" 그리고 "나는 어떻게 배우는가?"라는 것은 가장 먼저 해야 할 질문이자 또한 가장 중요한 질문이다. 그러나 이 두 가지 물음만으로는 결코 충분하지가 않다. 자기 자신을 관리하기 위해서는 "나는 다른 사람들과 함께 어울려 일을 잘하는 스타일인가? 아니면 혼자 일하는 스타일인가?"라고 질문해 보아야만 한다. 그리고 자신이 혼자 일하기보다는 다른 사람들과 함께 일할 때 더욱 일을 잘한다는 사실을 파악했다면, "나는 다른 사람들과 어떤 관계(relationship)에 있을 때 일을 잘할 수 있는가?"라고 질문해야 한다.

어떤 사람은 팀의 구성원일 때 가장 일을 잘한다. 어떤 사람은 자문 역할을 할 때 가장 일을 잘한다. 어떤 사람은 코치 또는 스승으로 일할 때 뛰어난 능력을 발휘하지만, 또 어떤 사람은 스승 역할에는 전혀 소질이 없다.

자신이 어떤 방법으로 성과를 올리는지 알기 위한 또 다른 중요한 요소가 있다. 자신이 '긴장감' 속에서 일을 잘하는지, 아니면 고도로 구조화되고 예측 가능한 환경을 필요로 하는지를 파악하는 것이다. 자신이 어떤 특성을 가지고 있는지 알기 위한 또 다른 질문이 있다. "나는 거대한 조직의 작은 부품으로서 존재할 때 가장 일을 잘하는가, 아니면 작은 조직에서 최고로 대접받을 때 가장 일을 잘하는가?"이다. 두 가지 종류의 조직 어디에서도 일을 잘하는 사람은 거의 없다. 제너럴 일렉트릭이나 시티 은행 같은 대규모 조직에서는 계속해서 큰 성공을 거두었던 사람이 작은 규모의 조직으로 옮겨 간 뒤에는 비참하게 실패를 하는 예가 많이 있다. 반대로, 소규모 조직에서 계속해서 매우 뛰어난 성과를 올렸던 사람이 커다란 조직으로 일자리를 옮기자마자 비참한 실패를 맛보는 경우도 있다.

또 다른 중요한 질문은, "나는 의사 결정자(decision maker)로서 결과를 얻는가, 또는 조언가(advisor)로서 결과를 얻는가?"하는 것이다. 조언가로서 일할 때는 최상의 성과를 올리지만, 의사 결정에 따르는 부담이나 압력은 견디지 못하는 사람이 의외로 많다. 반면에 그들 스스로 생각할 수 있도록 압력을 넣어주는 조언가를 필요로 하는 사람도 아주 많다. 이런 사람은 조언가의 자문을 받아 의사 결정을 하고는 자신감과 용기를 갖고 그것을 신속하게 행동으로 옮긴다.

어떤 조직의 제2인자였던 사람이 최고 지위로 승진했을 때 간혹 실패하는 이유도 이러한 맥락에서 찾아볼 수 있다. 최고 지위에는 의사 결정자가 적합하다. 최고 지위에 앉은 강력한 의사 결정자들은 흔히 자신이 신뢰하는 어떤 사람을 제2인자의 자리에 조언가로서 임명한다. 조언가로서 임명된 사람은 그 지위에서 뛰어난 성과를 올린다. 그러나 그 조언자가 제1인자의 지위로 승진하게 되면 종종 실패하는 경우가 발생한다. 그 이유는 그가 의사 결정이 무엇인지는 알고 있었지만, 의사 결정에 대한 '책임'은 지지 못했기 때문이다.

여기에서의 '행동 결론'은, 앞에서도 이야기했듯이, 자신을 바꾸려고 노력하지 말라는 것이다. 이런 방법은 성공 가능성이 낮다. 대신에 자신이 최상의 성과를 올릴 수 있는 방식을 향상시키기 위한 노력을 해야 한다. 자신이 성과를 올리지 못하는 방식 또는 미미한 성과밖에 올리지 못하는 방식으로 일을 해서는 안 된다.

나의 가치관은 무엇인가

자기 자신을 관리하고자 한다면, 그 사람은 마지막으로 이런 질문을 던져야 한다. "나의 가치관은 무엇인가?"

조직은 가치를 갖지 않으면 안 된다. 사람도 마찬가지다. 어떤 조직이 효과적으로 운영되려면, 개인이 소유한 가치와 조직의 가치가 양립할 수 있어야 한다. 두 개가 똑같을 필요는 없다. 그러나 두 개는 공존할 수 있을 만큼 충분히 비슷하지 않으면 안 된다. 그렇지 않으면 개인은 좌절을 느낄 뿐만 아니라 결과를 산출할 수도 없을 것이다.

개인의 강점과 성과를 올리는 방법 사이에 갈등이 일어나는 경우는 드물다. 둘은 상호보완적이다. 그러나 개인의 가치관과 강점 사이에 있어서는 때로 갈등이 발생하기도 한다. 어떤 사람이 잘하는—또한 성공적인—그 무엇이 그 사람의 가치관과는 일치하지 않을 수도 있다. 그 사람이 잘하고 있는 어떤 일이 그 자신에게는 사회에 기여하는 것으로 느껴지지 않고, 또한 자신의 인생을 바칠 그 어떤 것으로 여겨지지 않을 수도 있다(심지어 인생의 상당 부분을 바칠 그 무엇으로 느껴지지 않을 수도 있다).

나 자신의 개인적인 일을 회고해 본다면, 나 또한 수십 년 전에 내가 잘하고 있는, 그것도 성공적으로 하고 있는 일과 나의 가치관 사이에 어느 것 하나를 선택해야 하는 순간에 놓인 적이 있었다. 1930년대 중반 런던에서 나는 젊은 은행가로서 자타가 공인할 정도로 훌륭한 성과를 올리고 있었고, 그것은 분명 나의 강점과 부합했다. 그렇지만 나는 내가 한 사람의 재산 관리자로서 사회에 공헌하고 있다고 여겨지지 않았다. 내가 가치를 두고 있는 것은 돈이 아닌 사람이었다. 나는 가장 부유한 사람으로서 땅에 묻히는 것에도 아무런 의미를 느끼지 못했다. 대공황 시절에 나는 돈도 없었고, 직업도 없었고 그리고 전망도 밝지 않았다. 그러나 나는 은행에서 물러났다. 그리고 그것은 옳은 결정이었다.

달리 말하자면, 한 사람의 가치관은 궁극적인 평가 기준이고 또한 궁극적인 평가 기준이어야 한다.

나는 어디에 속해야 하는가

다음 세 가지 질문에 대한 답은 개인, 특히 지식 근로자로 하여금 자신이 어디에 속할 것인지 결정할 수 있도록 해주어야만 한다. "나의 강점은 무엇인가? 나는 어떻게 성과를 올리는가? 나의 가치관은 무엇인가?"

자신이 어디에 속해야 하는지에 대한 결정은 대부분의 사람들에게 있어 그들의 경력 생활 초기에 할 수 있거나 또는 해야만 하는 것은 아니다.

그들은 우선 자신의 강점, 성과를 올리는 방법 그리고 가치관을 알아야 한다. 그런 뒤 그들은 자신이 어디에 속해야 하는지 결정할 수 있고 또한 결정해야만 한다. 그리고 '어디에 속하지 않아야 하는지'도 결정할 수 있어야만 한다. 대규모 조직에서는 실질적으로 성과를 올리지 못한다는 사실을 파악한 사람이 대규모 조직으로부터 어떤 직위를 제안받았다면, 당연히 거절해야 한다. 대규모 조직은 그 사람이 '속해야' 할 곳이 아니기 때문이다. 자신이 의사 결정자가 아니라는 사실을 파악한 사람은 의사 결정 능력을 요하는 과업을 제안받았을 때 분명하게 거절할 수 있어야 한다.

위에서 말한 세 가지 질문에 대한 스스로의 대답을 앎으로써, 우리는 어떤 기회나 직위 혹은 과업에 대한 제의를 받았을 때 다음과 같이 말할 수 있게 된다. "좋아요, 내가 그 일을 하겠습니다. 하지만 이것이 '내가' 그 일을 수행할 수 있는 방법입니다. 그것은 이렇게 조직되어야 합니다. 나와 다른 사람과의 관계는 이런 식이어야만 합니다. 당신이 내게 기대해야 하는 결과는 이런 종류입니다. 나는 시간을 이렇게 사용할 것입니다. 왜냐하면 '이것이 나 자신'이니까요."

성공적인 경력이란 '계획'한다고 해서 얻을 수 있는 것이 아니다. 자신의 강점, 자신의 일하는 방식 그리고 자신의 가치관을 앎으로써 기회를 맞을 준비가 되어 있는 사람만이 성공적인 경력을 쌓아나갈 수 있다. 이 세 가지를 알면 자신이 어디에 속해야 하는지를 알게 되고, 자신이 어디에 속해야 하는지를 알게 되면 보통 사람—매우 성실하고 유능하지만, 한편으로는 평범하기 짝이 없는 사람—도 뛰어난 성과를 달성할 수 있다.

THE ESSENTIAL DRUCKER 8

시간을 관리하는 방법

> 가장 희소한 자원인 시간을 관리하지 못하는 사람은 다른 아무 것도 관리하지 못한다. 자기 시간의 분석은 자신의 업무에서 정말 중요한 것이 무엇인지를 생각하게 하는 체계적인 하나의 방법이다.

시간을 어떻게 관리할 것인가

지식 근로자의 과업에 관한 논의는 대부분 작업 계획에 대한 조언으로부터 출발한다. 그것은 정말 그럴듯하게 들린다. 그 경우 단 한 가지 문제는 그것이 뜻대로 잘 되지 않는다는 점이다. 계획은 언제나 서류상으로만 끝나고, 언제나 훌륭한 의도로만 머무르고 만다. 작업 계획에 대한 조언이 성취로 이어지는 경우는 그리 많지 않다.

지금까지 내가 관찰해 온 바로는, 효과적인 지식 근로자는 자기가 맡은 일부터 먼저 검토하지 않는다. 그들은 사용할 수 있는 시간을 먼저 고려한다. 그리고 계획을 수립하는 것에서 출발하지도 않는다. 그는 자기가 사용할 수 있는 시간이 실제로 어느 정도인가를 파악하는 것에서 출발한다. 그 다음에 그들은 시간을 관리하기 시작하는데, 우선 그들의 시간을 빼앗는 비생산적인 요구들을 잘라낸다. 마지막으로 그렇게 해서 얻어진 '활용 가능한' 시간을 가능한 한 가장 큰 연속적 단위로 통합한다.

그것은 다음 3단계의 프로세스로 요약할 수 있는데, 이는 지식 근로자의 목표 달성 능력에 기초적인 역할을 한다.

- 시간을 기록한다
- 시간을 관리한다
- 시간을 통합한다

효과적인 사람들은 시간이 한정된 요소라는 것을 잘 알고 있다. 모든 프로세스에 있어서 산출물의 한계를 결정하는 것은 가장 희소한 자원이다. 우리가 무언가를 '성취'하는 과정에서 한계를 결정하는 것은 바로 시간이다.

시간은 다른 자원과는 달리 한정된 자원이다. 시간은 빌릴 수도, 고용할 수도, 구매할 수도, 혹은 다른 사람보다 더 많이 소유할 수도 없다.

시간의 공급은 완전히 비탄력적이다. 아무리 수요가 많아져도 시간의 공급은 늘릴 수 없다. 시간에는 가격도 없고, 한계 효용 곡선이라는 것도 없다. 게다가 시간은 철저하게 소멸되는 것으로서 저장될 수도 없다. 어제의 시간은 영원히 지나가버리고 결코 되돌아오지 않는다. 그러므로 시간은 언제나 심각한 공급 부족 상태에 있다.

시간은 철저히 대체 불가능하다. 다른 자원도 한계가 있긴 하지만 대체할 수는 있다. 예를 들면, 알루미늄 대신에 구리를 대체용으로 사용할 수 있다. 인간의 노동을 자본으로 대체할 수도 있다. 육체 노동을 지식 노동으로 대체할 수 있고, 그 반대도 가능하다. 그러나 시간만은 다른 무엇과도 대체할 수가 없다.

모든 일에는 시간이 필요하다. 시간이야말로 단 하나의 참다운 보편적인 조건이다. 모든 일은 시간 속에서 일어나고 그리고 시간을 소모한다. 그런데도 대부분의 사람들이 이 한정된, 대체 불가능한, 필수적인 자원을 당연한 것으로 취급하고 있다. 아마도 효과적인 지식 근로자와 그렇지 않은 지식 근로자를 구분하는 특성으로서 시간에 대한 충실한 관리만큼 중요한 것도 없을 것이다.

그런데도 일반적인 사람들은 자기 시간을 관리할 자세가 되어 있지 않다.

대부분의 사람들은 아무것도 보이지 않는 상태에서도 공간 감각을 유지한다. 그러나 전등이 켜져 있는 상태에서라도 몇 시간 동안 밀폐된 방안에 있게 되면 대부분의 사람들이 시간 감각을 잃어버린다. 그들은 경과한 시간을 과대 평가할 뿐만 아니라 과소 평가하기도 한다.

그러므로 단지 기억만으로는 시간이 얼마나 경과했는지 정확하게 알 수가 없다.

나는 기억력이 좋다고 자랑하는 경영자들에게 가끔 자신이 시간을 어떻게 사용하는지 생각해 보고 그것을 종이에 쓰라고 요청한다. 그 다음 나는 그것을 몇 주일 또는 몇 달간 보관해 둔다. 그 동안 경영자는 일을 하면서 실제로 시간을 어떻게 사용하는지 기록한다. 결과를 비교해 보면, 자신의 시간을 어떻게 사용하는지에 대한 그들의 생각과 실제로 시간을 사용하면서 기록한 내용이 일치하는 경우가 거의 없었다.

어느 기업의 회장은 자신이 시간을 크게 세 가지 부분에 나누어 사용한다고 확신하고 있었다. 그는 자신의 시간 중 3분의 1은 회사 간부들과 보낸다고 생각했다. 또 3분의 1은 중요한 고객을 만나는 데 사용한다고 말했다. 나머지 3분의 1은 지역 사회 활동을 위해 바친다고 여겼다. 그런데 6주일 동안 실제로 시간을 어떻게 사용했는지를 기록한 결과, 이 세 가지 부분에 시간을 거의 사용하지 않았음이 분명히 나타났다. 이 세 가지는 그가 시간을 '할애해야만' 한다고 마음먹은 과업들에 지나지 않았다. 그러므로 그는 늘 무의식적으로 그런 일들이 자기가 실제로 시간을 보내고 있는 과업들인 양 느끼고 있었을 뿐이다. 그러나 실제 기록에 따르면, 그는 대부분의 시간을 독촉자 노릇을 하는 데에 사용하고 있었다. 예를 들면, 개인적으로 잘 아는 고객의 주문이 어떻게 처리되고 있는지 알아보고, 공장에 독촉 전화를 걸어 귀찮게 굴면서 시간을 다 보내고 있었던 것이다. 어쨌든 주문의 대부분은 잘 처리되고 있었으며, 오히려 그의 간섭으로 지연되기도 했다. 그러나 비서로부터 시간 기록을 받아들었을 때, 처음에 그는 비서를 믿지 않았다. 그는 두 번 내지 세 번 정도 시간 기록을 더 해보고 나서야 겨우 시간의 사용에 대해서는 기억보다는 기록을 신뢰해야 한다는 사실을 확신했다.

효과적인 사람들은 시간을 관리하기 위해서는 먼저 시간이 실제로 어디에 사용되고 있는지를 파악해야만 한다는 사실을 알고 있다.

시간을 낭비하게 만드는 일들

대부분의 지식 근로자가 시간을 비생산적인 데에 쓰도록 만드는 그리고 시간을 낭비하도록 만드는 압력에 끊임없이 시달리고 있다. 어떤 지식 근로자라도, 그가 경영자이든 아니든 간에, 전혀 성과를 올리지 못하는 일에 꽤 많은 시간을 빼앗기고 있다. 많은 시간이 어쩔 수 없이 낭비되고 있다는 말이다. 그가 조직 내에서 높은 지위를 차지하면 할수록 조직은 그에게 더 많은 시간을 요구하게 될 것이다.

어떤 대기업의 사장이 내게 들려준 이야기이다. 그는 사장이 된 이후 2년 동안 크리스마스와 정월 초하루를 제외하고는 매일 저녁 '외식'을 했다. 모든 저녁 식사는 회사 일과 관계된 '공식' 행사로서 몇 시간씩 계속되는 만찬이었다. 그렇다고 참석 안 할 도리도 없었다. 그것이 50년 근속 사원의 퇴직 기념 모임이든, 혹은 회사 사업과 관련된 주(州)의 주지사들을 위한 만찬이든 간에, 사장으로서 빠질 수가 없었던 것이다. 의전 행사는 분명 그가 해야 할 일 가운데 하나이다. 그는 그런 만찬들이 회사에, 자기 자신의 즐거움에 또는 자기 계발에 어떤 도움이 된다는 환상을 갖고 있지는 않았다. 그런데도 그는 매일매일 되풀이되는 저녁 모임에 참석해 우아하게 식사를 하지 않으면 안 되었다.

모든 지식 근로자들의 생활에 이와 비슷한 시간 낭비 요소들이 많이 존재하고 있다. 회사의 주요 고객으로부터 전화가 왔을 때, 판매 부장은 "저 지금 바쁜데요."라고 말할 수 없다. 그는 당연히 고객의 전화에 진지하게 응대해야 한다. 비록 고객이 지난 토요일에 브리지 게임을 해서 얼마를 잃었다든가, 혹은 딸이 좋은 대학에 입학할 수 있을지 걱정이라든가 하는 식의 사소한 이야기를 늘어놓고 싶어한다 해도 말이다. 병원장은 병원 내의 모든 분과 회의에 참석해야 한다. 그렇지 않으면 의사 및 간호사를 비롯한 병원 내 많은 사람들이 무시당한 듯한 기분을 느낄 것이다. 정부 기관에서 일하는 공무원은 어떤 국회의원이 전화를 걸어와 자신이 전화번호부나 세계 연감을 찾아보면 그리 많은 시간을 들이지 않고도 쉽게 알아낼 수 있는 어떤 정보를 알려주기를 원한다 해도 최대한 정중히 대해주는 게 좋다. 이런 일들이 하루 종일 계속되는 것이다.

경영자 계층이 아니라고 해도 사정은 크게 달라지지 않는다. 일반 관리자나 평사원들 또한 생산성에는 아무런 도움도 되지 않지만, 그렇다고 간단히 무시해 버릴 수도 없는 일들에 시간을 할애하도록 강요당하고 있다.

요컨대, 경영자이든 말단 직원이든 간에 직무를 수행하도록 주어진 시간 중 상당 부분을 목표 달성에 아무런 도움도 되지 않는 하찮은 일들, 그렇지만 어쨌든 하지 않을 수 없는 일들에 허비하고 있는 것이다.

사정이 그렇다 해도 지식 근로자가 수행하는 대부분의 과업들은 최소한의 성과를 달성하는 데만도 상당히 많은 양의 시간을 필요로 하는 것들이다. 최소 요구 수준 이하의 시간을 투입하는 것은 아예 시간을 하나도 투입하지 않은 것보다 더 나쁘다. 결국 아무것도 달성하지 못하고 다시 시작하지 않으면 안 되기 때문이다. 이것은 순전한 낭비일 뿐이다.

예를 들면, 보고서를 작성할 때 초안을 잡는 데에만 최소 6시간 내지 8시간이 소요된다. 그 일에 한 번에 15분씩 하루에 두 번 할애하여 14일간 총 7시간을 들이는 것은 아무런 의미가 없다. 매번 얻는 것은 낙서로 가득한 메모지뿐이다. 그러나 만약 문을 걸어 잠그고 전화 코드를 빼놓은 채 방해받지 않고 연속으로 5시간 내지 6시간 동안 보고서 작성에 전력 투구한다면, 내가 이름 지은 소위 '제로 드라프트(zero draft: 새로운 계획을 수립할 때 과거의 실적에 구애받지 않고 독립적으로 수립한 계획으로서 후속 계획의 기초가 되는 기본 계획을 의미함—역주)'를 완성할 수 있을 것이다. 그 다음부터는 비교적 시간을 잘게 쪼개고 원고를 장별로 나누어 다시 쓰고, 교정하고 그리고 편집 작업을 할 수 있다.

실험에 있어서도 마찬가지다. 실험 장비를 갖추고 적어도 한 가지 실험을 마무리하려면 한 번에 5시간 내지 12시간을 연속적으로 할애해야 한다. 그렇지 않고 도중에 다른 일 때문에 시간을 빼앗기면 모든 걸 처음부터 다시 시작해야만 하는 상황이 발생하곤 한다.

그러므로 목표를 달성하려면 모든 지식 근로자, 특히 모든 경영자는 상당한 양의 연속적인 시간을 사용할 수 있어야 한다. 사용

가능 시간이 짧은 단위로 나뉘어 있으면 전체 시간의 양이 아무리 많을지라도 소기의 목적을 달성하는 데에는 불충분하다.

이러한 경향은 사람과 관련된 일을 할 때 특히 두드러지는데, 물론 그런 일도 지식 근로자가 해야 할 일 가운데 중요한 일에 속한다. 사람은 시간의 소비자들이다. 게다가 대부분 사람들은 시간의 낭비자들이다.

다른 사람과 겨우 몇 분이라는 시간을 함께 보내는 것은, 한마디로 말해 비생산적이다. 다른 사람에게 자신의 뜻을 전달하기 위해서는 꽤 많은 시간을 할애해야 한다. 부하직원과 함께 일의 계획과 방향 그리고 성과에 대한 논의를 15분 만에 끝낼 수 있다고 생각하는 경영자들은―많은 경영자들이 이렇게 믿고 있지만―자신을 속이고 있는 셈이다.

부하직원에게 최소한의 어떤 영향이라도 줄 수 있기 위해 필요한 논의 시간은 한 시간 또는 그 이상이 될 수도 있다. 그리고 만약 어떤 인간 관계를 맺으려 한다면 그 사람은 더욱더 많은 시간을 필요로 한다.

특히 다른 지식 근로자와 관계된 일에서는 더욱 많은 시간을 필요로 한다. 이유가 무엇이든 간에―그것이 지식 노동이기 때문에 상사와 부하직원 사이에 직급이나 권위의 장벽이 없기 때문이든, 혹은 반대로 그 장벽이 장해가 되기 때문이든, 아니면 단순히 그가 너무 심각하게 생각하기 때문이든 간에―지식 근로자는 동료와 상사에게 육체 노동자보다 훨씬 더 많은 시간을 할애한다. 게다가 지식 노동은 육체 노동과 같은 방식으로는 측정을 할 수가 없다. 그가 올바른 일을 하고 있는지, 얼마나 잘하고 있는지를 몇 마디 말로 간단히 평가할 수가 없다. 육체 노동자에게는 "우리의 작업량 기준은 한 시간에 50개인데 당신은 겨우 42개밖에 못 했군요."라고 말할 수 있다. 하지만 지식 근로자의 경우에는 무릎을 맞대고 앉아서 그가 무엇을 해야 하는지, 그것을 왜 해야만 하는지에 대해 곰곰이 생각해 볼 시간이 필요하다. 그가 만족스러운 직무를 수행하고 있는지 혹은 그렇지 않은지 감이라도 잡으려면 말이다. 그런 일은 정말이지 엄청난 시간을 필요로 한다.

지식 근로자는 스스로 성과의 방향을 설정해야 하기 때문에, 자신에게 어떤 성과가 기대되고 있는지 그리고 자신에게 그러한 성과가 기대되고 있는 이유가 무엇인지를 이해하지 않으면 안 된다. 그는 또한 자신의 지식 산출물을 활용하는 다른 사람들의 작업도 이해하지 않으면 안 된다. 이를 위해 지식 근로자는 정보를 주고받아야 하고, 토론을 해야 하고, 또 지도를 받아야 한다. 이 모두가 엄청나게 시간을 잡아먹는 일이다. 그리고 일반적인 상식과는 달리, 상사뿐만 아니라 동료들에게도 이런 식으로 시간을 할애하지 않으면 안 된다.

지식 근로자가 조금이라도 더 많은 결과를 산출하고, 조금이라도 더 많은 업적을 올리기 위해서는 조직 전체의 결과와 업적에 초점을 맞추지 않으면 안 된다. 이는 한편으로, 지식 근로자는 자신의 비전을 작업 그 자체로부터 결과로 그리고 자신의 전문 분야로부터 성과가 드러나는 유일한 장소인 외부 세계로 방향을 전환하기 위한 시간을 필요로 한다는 것을 의미한다.

성과를 올리는 조직들에서는 고위 경영자들이 일부러 시간을 할애해 정기적으로 지식 근로자들과 마주 앉아 대화를 나누는 시간을 갖는다. 때로는 젊고 풋풋한 지식 근로자들과도 만나는데,

그때마다 반드시 다음과 같은 질문을 던진다.

"조직을 운영하는 사람으로서 우리는 당신이 하는 일들에 대해 어떤 것을 알아두어야 하는가? 이 조직에 대해 당신이 하고 싶은 말은 무엇인가? 우리가 현재는 관심을 기울이고 있지 않지만 앞으로 가능성이 있어 보이는 분야가 있는가? 우리가 미처 모르고 있는 위험은 없는가? 우리 조직에 대해 알고 싶은 것은 무엇인가?"

이런 여유 있는 의견 교환은 정부 기관, 일반 기업, 연구소, 군대의 참모 조직 등 모든 조직에서 똑같이 필요하다. 이러한 의견 교환이 이루어지지 않으면 지식 근로자들은 일할 의욕을 잃고 무사안일주의자가 되든가, 아니면 에너지를 자신의 전문 분야에만 집중시켜 결과적으로는 조직의 필요 혹은 조직이 제공하는 기회로부터 멀어지게 된다. 지식 근로자와 의견을 교환하기 위한 회합은 많은 시간을 필요로 하는데, 특히 조심할 것은 서둘러서는 안 되고 여유를 가져야 한다는 것이다. 회합에 참가한 사람들로 하여금 '지금 나는 세상의 모든 시간을 쓰고 있어.'라는 느낌을 갖도록 해야 한다. 그것이 결국에는 많은 일을 재빨리 해치우는 지름길이다. 그러나 그것은 또한 상당히 긴 시간을 연속적으로 방해받지 않고 사용할 수 있어야 한다는 것을 의미한다.

개인적 인간 관계와 업무상의 관계가 혼합되면 시간이 많이 소비된다. 시간이 부족하다고 해서 서두르게 되면 마찰이 발생한다. 하지만 모든 조직에서 이러한 혼합은 불가피하다. 함께 일하는 사람의 숫자가 많으면 많을수록 상호 작용에 필요한 시간은 그만큼 더 많아진다. 그 결과 실제 업무를 수행하고 성과를 올리고 목표를 달성하는 데에 투입되는 시간은 그만큼 줄어들 것이다.

  조직의 규모가 커지면 커질수록 지식 근로자가 실제로 사용할 수 있는 시간은 줄어들 것이다. 따라서 자신의 시간이 어떻게 쓰여지는지 정확히 알고, 그리고 자기가 마음대로 사용할 수 있는 그 적은 시간을 잘 관리해야 할 필요성도 더욱 늘어날 것이다.

  조직의 구성원이 많으면 많을수록 인사 문제에 대한 의사 결정이 더욱 빈번해진다. 그러나 인사 문제에 관한 빠른 의사 결정은 대체로 잘못된 의사 결정이 될 확률이 높다. 올바른 인사 결정을 하기 위해서는 놀라울 정도로 많은 양의 시간이 소요된다. 인사 결정에 관련된 사항들은 오직 같은 일을 여러 차례 경험한 뒤에만 분명해진다.

  오늘날 선진 산업 국가에서 일하는 지식 근로자들에게는 여가 시간이 많지 않으며, 따라서 여가 시간을 보내는 데에 곤란을 느끼지 않는다. 그들은 어느 곳에서 일하고 있든지 간에 점점 더 많은 시간 동안 일하고 있고, 또 그들이 응해야 할 시간적 요구는 더욱더 커지고 있다. 따라서 지식 근로자들에게 있어 시간 부족 현상은 계속해서 악화되고 있다.

  이러한 사태의 중요한 원인 중 한 가지는 그들이 누리는 높은 생활 수준이 경제의 혁신과 변화를 전제로 함으로써만 가능한 것이기 때문이다. 이 혁신과 변화는 언제나 지식 근로자로 하여금 엄청난 시간을 투입할 것을 요구한다. 사실 단시간 내에 생각하고 또 행동할 수 있으려면, 모두가 이미 다 알고 있는 것을 생각하거나 누군가가 이미 하고 있는 것을 행하는 수밖에 없다.

  제2차 세계대전 후에 영국 경제가 왜 그렇게 침체되었는지에 대한 논란이 많이 있었다. 그 이유 가운데 한 가지가 구세대에 속하는 영국의 기업인들이 노동자들과 마찬가지로 혁신과 변화에 대해 안이하게 생각했고, 또 노동자들처럼 짧은 시간밖에 일하지 않았기 때문이라는 사실이 분명하게 드러났다. 그러나 영국 기업인들의 그러한 태도는 오직 기업이나 산업계 전체가 오래된 기존의 관습을 고수하면서 혁신과 변화를 멀리 하고 있는 경우에만 가능했던 것이다.

실제 사용 시간을 기록한다

시간을 어떻게 사용하고 있는지를 파악하고, 또 시간을 관리하려는 시도를 하기에 앞서 먼저 시간 운용표를 작성해 두어야 한다는 사실은 거의 1세기 전부터 알려져 왔던 것이다. 즉 1900년경 육체 노동에 있어서 각각의 구체적인 활동이 수행되는 시간을 기록하는 과학적 관리법이 실행된 이래로, 우리는 주로 육체 노동에 종사하는 숙련 및 비숙련 근로자와 관련하여 이 시간 운용표의 필요성에 대해 알고 있었다. 오늘날 육체 노동자의 활동 시간을 체계적으로 기록하지 않을 정도로 생산 방법에 있어 후진성을 면치 못하고 있는 국가는 거의 없다.

그러고 보면 우리는 지금까지 시간를 관리하는 것이 매우 중요하다는 지식을 시간이 큰 문제가 되지 않는 일에 적용해 왔던 셈이다. 즉 시간을 효율적으로 사용하느냐 아니냐의 차이가 주로 능률 내지는 비용의 문제로 나타나는 육체 노동에 시간에 관한 우리의 지식을 적용했던 것이다. 그러나 정작 시간 관리가 보다 중요한 의미를 갖는 일에 대해서는 시간 관리를 해오지 않았다. 특히 시간이 문제 해결에 중요한 관건이 되는 일, 즉 지식 근로자와 경영자의 직무에는 이 지식을 적용하지 않고 있다. 지식 근로자와 경영자에게 있어 시간을 잘 활용하느냐 낭비하느냐의 차이는 목표 달성과 결과의 산출에 직접적인 영향을 주는 큰 차이를 초래한다.

그러므로 지식 근로자가 목표를 달성하기 위한 첫번째 단계는 실제로 사용한 시간을 기록해 두는 일이다.

시간을 기록하는 구체적인 방법을 나열하는 것은 우리의 관심사가 아니다. 자기 스스로 시간을 기록하는 경영자도 있다. 앞에서 말한 사장처럼 비서에게 시키는 사람도 있다. 중요한 것은 시간을 기록하고, 그것도 '실제' 시간을 기록하며, 나중에 기억에 의존해서 기록하는 것이 아니라 실제로 일을 한 시점에 기록하는 것이다.

많은 효과적인 사람들은 지속적으로 시간 관리를 해오고 있으며, 그 결과를 매달 정기적으로 살펴보고 있다. 그들은 최소한 1년에 연속적으로 2회에 걸쳐 1회에 3, 4주씩 정해진 스케줄에 따라 시간 운용표를 스스로 기록한다. 시간 운용표를 기록한 뒤에는 스케줄을 다시 점검하고 수정하기도 한다. 그리고 6개월 후에는 그들이 많은 시간을 쓸데없는 일에 낭비하면서 '흘려 보내고' 있다는 사실을 틀림없이 알게 된다.

시간을 지속적으로 관리한다

자신의 시간 활용 방법은 꾸준한 연습을 통해 개선될 수 있다. 오직 시간을 관리하기 위한 지속적인 노력만이 시간의 낭비를 막을 수 있다.

시간을 기록하고 난 다음의 단계는 시간을 체계적으로 관리하는 것이다. 우리는 시간을 낭비하는 비생산적인 활동들을 찾아내어 가능한 한 그것들을 제거해야 한다. 그러기 위해서는 몇 가지 자기 진단 질문(diagnostic questions)을 해야 할 필요가 있다.

1. 전혀 할 필요가 없는 일, 즉 어떤 결과도 거둘 수 없는 완전한 시간낭비형 일을 찾아내 제거해야 한다. 이러한 시간낭비형의 일을 찾아내기 위해서는 시간 운용표 기록에 나타난 '모든' 활동에 대해 다음과 같이 질문한다. "이 일을 시작하지도 않았더라면 어떤 일이 일어났을까?" 만약 그 대답이 '아무 문제 없다'는 것이라면, 그 다음 결론은 그 일을 당장 그만두는 것이다.

그 바쁜 사람들이 굳이 하지 않아도 아무런 문제가 없을 일들을 얼마나 많이 하고 있는지를 보면 그저 놀라울 따름이다. 안 그래도 바쁜 사람들이 연설회, 만찬, 위원회, 이사회 등등에 참석하느라 터무니없을 만큼 많은 시간들을 빼앗기고 있다. 그 일들은 그다지 즐거운 일들이 아니며, 또 그리 잘할 수 있는 일들도 아니다. 하지만 고대 이집트인들에게 하늘이 내렸던 형벌처럼 끊임없이 견디어내지 않으면 안 되는 일이다. 정말로 모든 사람들이 배워야 할 것은, 자기 자신과 자신의 조직 그리고 그의 산출물을 이용하는 다른 사람과 조직에게 아무런 공헌도 하지 않을 활동에 대해 '노(no)'라고 말하는 법이다.

앞에서 언급한, 매일 저녁 만찬에 참석해야 했던 그 사장이 분석한 결과, 자신이 참석했던 모든 만찬 가운데 적어도 3분의 1은 회사 간부가 한 사람도 참석하지 않아도 지장이 없는 것들이었다. 그는 또한 (유감스럽게도) 그를 만찬에 초대했던 몇몇 주최측들은 그의 참석을 그다지 달가워하지 않았다는 사실도 발견했다. 주최측에서는 단지 의례적으로 초대장을 보낸 것뿐이었다. 게다가 주최측은 그가 당연히 불참할 것으로 여겼으며, 그의 참석을 오히려 난감하게 생각했다.

나는 지식 근로자 가운데 직위나 담당 직무에 관계없이 자신의 업무 시간의 4분의 1이나 낭비할 수도 있는 잡다한 비핵심적 업무들을 쓰레기통에 내다버려서는 안 되었던 사람을 한 명도 본 적이 없다. 게다가 그것들을 처리하지 않은 사실을 누구에게도 들키지 않고서 말이다.

2. 그 다음 해야 할 질문은 이런 것이다. "내 시간 운용표에 기록된 활동들 가운데, 다른 사람이 나보다 더 잘하지는 못하더라도 최소한 나만큼 잘할 수 있었던 일은 어떤 것인가?"

매일 저녁 만찬에 참석해야 했던 그 사장은 공식 만찬 행사의 3분의 1은 회사의 고위급 임원 중에 아무나 대신 참석해도 되는 것들이었음을 알았다. 단지 행사 참석자 명부에 회사명을 기재하는 것으로 충분했던 것이다.

나는 자신의 시간 운용표를 검토한 지식 근로자 가운데 자신이 직접 해야 할 필요가 없는 일들을 다른 사람에게 맡기는 습관을 재빨리 몸에 익히지 못하는 사람을 한번도 본 적이 없다. 일단 시간 운용표를 한 번 검토해 보면, 스스로 중요하다고 생각한 일, 하고 싶은 일 그리고 자기 책임 아래 꼭 해야 할 일 모두를 할 시간이 충분하지 않다는 사실이 너무나도 명백해진다. 따라서 중요한 일에 집중할 시간을 확보하기 위해서는 어쨌든 다른 사람이 할 수 있는 일은 다른 사람에게 맡기는 방법밖에 없는 것이다.

일상적으로 사용되고 있는 '권한 위임(delegation)'이라는 용어는 잘못 이해되고 있다—그것은 진정 사람들을 그릇된 방향으로 안내하고 있다. 권한 위임의 진정한 목적은 자신이 할 수 없는 일을 떼어내 다른 사람에게 주는 것이 아니라, 진정으로 자기 자신에게 중요한 과업에 집중하기 위한 시간을 확보하는 것이다. 그리고 이것이야말로 목표 달성을 위한 중요한 진전이다.

3. 시간 낭비의 일반적인 원인들은 대체로 지식 근로자가 스스로 통제할 수 있고, 또 스스로 제거할 수도 있는 것들이다. 자신이 하지 않아도 될 일을 함으로써 다른 사람의 시간을 낭비하는 경우도 마찬가지다.

자신이 다른 사람의 시간을 낭비하고 있는지의 여부를 알려주는 징후 같은 것은 없다. 하지만 그것을 발견할 수 있는 간단한 방법이 있다. 그것은 다른 사람에게 물어보는 것이다. 효과적인 사람들은 누구나 체계적으로 그리고 거리낌없이 다음과 같이 질문하는 법을 알고 있다. "내가 하는 일 가운데 당신의 목표를 달성하는 데 아무런 도움도 되지 않으면서 당신의 시간만 낭비하게 하는 일은 없는가?" 이렇게 질문할 수 있다는 것, 그것도 어떤 솔직한 대답이 나온대도 두려울 것 없다는 마음으로 질문할 수 있다는 것은 효과적인 사람들이 지닌 한 가지 특성이다.

지식 근로자가 자신의 업무를 생산적으로 수행하는 방법 그 자체가 다른 사람의 시간을 낭비하는 주요 요인이 될 수도 있다.

어느 대기업의 재무 담당 고위 중역은 자신의 사무실에서 열리는 각종 회의가 시간을 너무 많이 낭비하고 있다는 사실을 잘 알고 있었다. 그는 의제에 상관없이 직속 부하직원들을 모든 회의에 참석시켰다. 그 결과 회의 규모가 너무 커져버렸다. 그리고 참석자들은 저마다 회의에 열심히 참여하고 있다는 것을 표시하기 위해 어떤 질문이라도 해야 했다. 당연히 회의와 아무런 관련도 없는 질문들이 많이 나왔다. 결과적으로 회의는 끊임없이 이어졌다. 그러나 그 고위 중역은 앞의 질문을 하기 전까지는 부하직원들 역시 회의 시간을 낭비로 생각하고 있다는 사실을 몰랐다. 그는 조직 내의 모든 사람이 지위에 걸맞은 대우를 받고 싶어하며, 또한 모든 정보를 공유하고 싶어한다는 것을 알고 있었다. 때문에 회의에 참석하지 못한 사람들이 혹시라도 소외감이나 무시당한 듯한 느낌을 받을까봐 걱정했던 것이다.

그러나 지금 그는 다른 방법으로 시간을 낭비하지 않으면서도 부하직원들의 소속감을 충족시켜 주고 있다. 그는 회의 전에 다음과 같은 내용의 메모를 복사하여 배포한다.

"나는 〈스미스, 존스, 로빈슨〉에게 〈수요일 3시, 4층 회의실〉에서 〈내년도 자본 지출 예산〉을 토의하기 위한 회의에 참석할 것을 요청했습니다. 물론 참석 예정자 명단과 관계없이 회의의 내용을 알고 싶거나 또는 회의에 참석하기 바라는 사람은 누구나 환영합니다. 그러나 회의에 참석하지 않은 사람에게도 회의가 끝나는 대로 전체 토의 내용과 결과를 알려줄 계획이며, 그에 대한 귀하의 의견도 요청하는 바입니다."

예전에는 12명이 참석하여 오후 시간 내내 계속되었던 회의가, 지금은 지명된 세 사람과 기록을 담당하는 비서 한 사람만으로도 한 시간 전후면 결론을 얻을 수 있을 정도로 간소화되었다. 그러면서도 한 사람도 소외감을 느끼지 않도록 하고 있다.

많은 지식 근로자들이 이러한 모든 비생산적이고도 불필요한 시간 요구들에 대해 잘 알고 있다. 그렇지만 그들은 그런 낭비적 시간 요구들을 제거하는 것을 두려워한다. 그들은 자칫 잘못해서 중요한 것을 놓쳐버리지나 않을까 두려워한다. 그러나 이런 잘못은 이미 저질러진 잘못이라 해도 재빨리 고칠 수 있는 것들이다. 만일 어떤 지식 근로자가 너무 성급하게 시간을 제거했더라도 대체로 그런 사실은 다시 원래대로 돌아가기에 늦지 않을 만큼 충분히 빨리 드러나게 마련이다.

불필요하다고 생각되는 시간 요구들을 지나치게 제거함으로써 오히려 문제를 야기할 위험이 있다는 생각이 망상에 불과하다는 것은, 중병을 앓고 있는 환자 또는 중증 장애자가 놀라울 정도의 높은 성과를 올리는 것을 보면 잘 알 수 있다.

한 가지 좋은 예가 제2차 세계대전 당시 프랭클린 루스벨트 대통령의 측근 참모였던 해리 홉킨스(Harry Hopkins)에 관한 이야기이다. 그는 걸어 다니는 것조차 고통스러울 정도로 심각한 상태에 이르러 죽음을 눈앞에 두고 있었다. 그는 격일로 몇 시간 정도 겨우 일할 수 있을 뿐이었다. 따라서 그는 진실로 중요한 일 이외에는 모두 제거할 수밖에 없었다. 그럼에도 그의 업무 수행 능력은 조금도 저하되지 않았다. 반대로 윈스턴 처칠이 '중요한 일만 처리하는 도사'라고 극찬했듯이, 그는 당시 전시중이었던 워싱턴 내에서 어느 누구보다도 많은 일을 했다.

시간 낭비 요인을 제거한다

이런 세 가지 자기 진단 질문(내가 하는 일 중에 꼭 하지 않아도 아무 문제 없는 일은 어떤 것인가?, 내가 하는 일 중에 다른 사람에게 넘기는 것이 더 좋은 일은 어떤 것인가?, 내가 하는 일 가운데 오히려 다른 사람의 시간을 빼앗는 일은 없는가?)은 모든 지식 근로자들이 어느 정도는 통제할 수 있는, 시간만 낭비하는 비생산적인 업무 활동에 관해 다룬 것이다. 모든 지식 근로자는 이 세 가지 질문을 하지 않으면 안 된다.

그런 한편으로, 경영자들이 똑같이 중요하게 관심을 기울일 사항은 부실한 경영 관리 및 조직상의 결함에서 오는 시간 낭비이다. 부실한 경영 관리는 모든 사람들의 시간을 낭비하게 만든다ㅡ무엇보다도 그것은 경영자 자신의 시간을 낭비하게 만든다.

1. 여기에서 경영자들이 첫번째로 할 일은 시스템의 결함 또는 앞을 내다보는 안목의 부족에서 오는 시간 낭비 요인을 파악하는 것이다. 이러한 시간 낭비 요인을 파악하는 데 있어 추적해 봐야

하는 징후는 주기적으로 발생하는 '위기'들로서, 특히 해마다 되풀이되는 위기이다. 만일 같은 위기가 두번째 일어났다면, 그 위기는 결코 다시 반복되어서는 안 된다.

매년 발생하는 재고 관리상의 위기가 여기에 속한다. 지금 우리는 그 문제를 컴퓨터를 이용하여 과거보다 훨씬 더 '복잡하게' 해결하고 있고, 또 과거보다 훨씬 더 많은 비용을 들여 처리하고 있다. 이것은 도저히 큰 진전이라고 할 수가 없다.

반복하여 일어나는 위기에 대해서는 언제나 예측이 가능하다. 예측할 수 있는 위기에 대해서는 예방 조치를 취해야 하며, 또는 그것을 사무적으로 처리할 수 있도록 일상 업무로 '절차화'해야 한다. 어떤 일을 '절차(routine)'로 만든다는 것은 그 일에 대해서 아주 잘 아는 굉장히 유능한 사람만이 할 수 있었던 일을 미숙련 근로자가 별다른 판단 능력 없이도 처리할 수 있도록 만드는 것을 의미한다. 왜냐하면 절차라는 것은 대단히 유능한 사람이 과거의 위기를 극복하는 과정에서 배운 것을 체계적이고 단계적인 형태로 집행하는 것을 의미하기 때문이다.
반복되는 위기가 조직의 하부 계층에서만 일어나는 것은 아니다. 그것은 조직의 모든 계층에서 일어난다.

어느 대기업이 몇 년 동안에 걸쳐 매년 12월 초만 되면 그런 위기에 빠져들었다. 그 기업의 업종이 워낙 계절 변동에 민감한 것이어서 연말이면 대개 영업 실적이 저조했다. 때문에 4/4분기의 매출액과 수익률은 쉽게 예측할 수가 없었다. 그러나 경영자는 매년 수익 계획서를 작성하여 매년 2/4분기 말에 제출하는 중간 보고서에 발표했다.

매년 4/4분기에 들어서면, 이 회사는 경영자가 중간 보고서에 발표한 수익 계획에 실적을 꿰어 맞추기 위해 매우 바빴고, 전사적으로 긴급 대책을 마련하느라 동분서주했다. 이로 인하여 3주 내지 5주 동안 고위 간부들은 다른 일은 아무것도 하지 못했다. 그러나 이런 류의 위기는 볼펜 한 자루만으로 충분히 해결할 수 있는 것이었다. 경영자가 보고서에 발표하는 4/4분기 수익 계획을 단정적인 숫자로 나타내는 대신, 지금은 예상 결과치에 대해 일정 범위를 정해 발표하고 있다. 그것은 이사회와 주주 그리고 거래 은행까지 충분히 만족시킬 수 있었다. 이리하여 몇 해 전만 해도 위기였던 것이 이제는 회사 내의 누구도 관심을 두지 않는 문제가 되었다. 게다가 4/4분기 예상 수익률에 실적을 맞추느라 고위 간부들의 시간을 낭비하지 않게 된 결과 실적도 과거보다 훨씬 향상되었다.

맥나마라(McNamara)가 미 국방부 장관으로 취임하기 전, 매년 봄만 되면 이와 비슷한 위기가 회계년도 말인 6월 30일을 앞두고 국방성을 뒤흔들었다. 국방성의 모든 관료들은 의회로부터 그 해 회계년도에 지출 승인을 받은 예산을 모두 써버리기 위한 용도를 찾느라 5월과 6월을 엄청나게 바쁘게 보냈다. 예산 불용액을 반납해야 할 상황이 올까봐 두려웠던 것이다. (이런 식의 막판 돈잔치는 또한 소련 계획 경제의 만성병이기도 했다.) 맥나마라 장관이 즉각 인식한 것처럼, 그런 류의 위기는 전적으로 불필요한 것이었다. 예산 관련법에 미사용 예산은 필요한 경우 보류해 둘 수 있도록 하는 조항이 있었던 것이다.

반복해서 일어나는 위기는, 결국 우둔함과 나태의 징후에 지나지 않는다.

내가 처음으로 컨설턴트 일을 시작했을 무렵의 오래 전 이야기를 해보겠다. 당시 나는 잘 관리되고 있는 공장과 그렇지 않은 공장을 구별하는 법을 배워야만 했다―물론 생산에 관한 지식도 없이 말이다. 나는 곧 잘 관리되고 있는 공장은 아주 조용하다는 사실을 알게 되었다. 매우 '극적'이고 인상적인 분위기의 공장은 방문객들의 눈에 확 띄기는 하겠지만, 사실은 관리가 잘 안 되고 있는 공장이다. 잘 관리되고 있는 공장은 오히려 언뜻 보기에 무척 따분해 보인다. 모든 위기가 예측 가능한 것으로 되어 있고, 대처 방안은 이미 절차로 전환되어 있기 때문에 소란 피울 만한 일은 하나도 일어나지 않기 때문이다.

그와 마찬가지로 잘 관리되고 있는 조직은 '단조로운' 조직이다. 잘 관리되고 있는 조직에서 발생하는 '극적'인 것들은 과거에 누적된 위기를 해결하기 위한 소란이 아니라, 미래를 만드는 기초적인 의사 결정 활동으로 인한 것들이다.

2. 종종 인력 과잉의 결과로 시간 낭비가 발생하기도 한다.

어떤 일을 추진하면서 인력이 부족하여 실로 애를 먹을 때가 있다. 어찌어찌 일을 처리한다 해도 진행 과정에서 계속해서 차질이 발생한다. 그러나 그것은 일반적인 상황은 아니다. 보다 더 일반적인 상황은 오히려 인원이 너무 많아 목표를 달성하지 못하는 경우이다. 인원이 너무 많은 경우, 그들은 일 자체보다는 서로간에 '상호 작용'하는 데 더욱더 많은 시간을 소비하게 된다.

인력 과잉으로 인한 시간 낭비에 대해서는 매우 뚜렷하고 신뢰할 만한 징후가 있다. 만약 조직 내의 상급자들—특히 경영자들—이 자신의 시간 가운데 10분의 1 이상을 '인간 관계 문제'에 사용하고 있다면, 예컨대 불화와 마찰, 관할권 다툼, 부문간 협조에 관한 문제 그리고 기타 여러 가지 문제에 쓰고 있다면, 그 조직은 인력이 너무 많은 것이 거의 확실하다. 그런 조직에서 사람들은 성과를 올리기 위한 수단이 되는 것이 아니라 방해가 되고 있는 것이다. 군살이 없는 조직에서는 사람들이 서로 충돌하지 않으면서 일을 수행할 수 있고, 또 자신이 하는 일에 대해 굳이 길게 설명하지 않고도 일을 해나갈 수 있다.

3. 시간 낭비의 또 한 가지 주요 요인은 조직 구조상의 결함이다. 그 결함을 알려주는 징후는 바로 회의가 지나치게 빈번하다는 것이다.

회의는 원칙적으로, 사람은 회의에 참석하거나 또는 일을 하거나 한 번에 한 가지밖에 할 수 없다는 조직 구조상의 결함을 보완하기 위한 것이다. 어떤 사람이든 두 가지를 동시에 할 수는 없다. 이상적으로 설계된 조직(항상 변화하는 세계에서 이것은 물론 꿈에 지나지 않는다)에서는 회의 같은 것을 필요로 하지 않는다. 모든 사람이 자신의 업무를 수행하는 데 필요한 모든 것을 알고 있다. 모든 사람이 자신의 업무를 수행하는 데 필요한 자원을 갖고 있다. 우리가 회의를 하는 것은 각자 다른 일을 하고 있는 여러 사람이 어떤 특정의 공동 과업을 달성하기 위해 서로 협력을 필요로 하기 때문이다.

그러나 어쨌든 회의는 당연히 하는 것이 아니라 예외적으로 하는 것이어야 한다. 모든 사람들이 끊임없이 회의만 하는 조직은 제대로 일을 하는 사람이 한 명도 없는 조직이다. 시간 운용표가 회의로 점철된 조직―예를 들면, 조직의 구성원들이 그들 시간의 4분의 1 또는 그 이상을 회의로 보내는 조직―은 시간을 낭비하는 결함이 많은 조직이다.

너무나 당연한 사실이지만, 회의가 지식 근로자의 많은 시간을 요구하는 주요 요소가 되도록 허용해서는 안 된다. 회의가 지나치게 많다는 것은 직무의 구조가 잘못 되어 있음을 그리고 조직 구성 요소에 결함이 있음을 나타낸다. 회의가 너무 빈번하다는 것은 단일 직무 또는 하나의 요소에 포함되어야 할 과업이 여러 가지 직무 또는 조직의 여러 부서에 분산되어 있음을 암시한다. 회의가 많다는 것은 책임이 분산되어 있고 또한 정보가 필요한 사람에게 제때 제공되고 있지 않음을 나타낸다.

4. 마지막으로 정보와 관련된 기능 장애 역시 시간 낭비의 커다란 요인이다.

어떤 큰 병원의 원장은 꼭 입원시켜야 할 자기 환자를 위해 빈 병상을 찾아내라고 요구하는 의사들의 전화에 수년간 시달려 왔다. 입원 업무를 맡고 있는 입원계 직원은 빈 병상이 '없다'고 보고를 했지만, 병원장은 거의 언제나 빈 병상 몇 개를 찾아내곤 했다. 그것은 입원계 직원이 어이없게도 이미 환자가 퇴원한 뒤에도 그 사실을 즉각 통보받지 못했기 때문이다. 물론 병동의 간호사는 환자의 퇴원 사실을 알고 있었다. 그리고 퇴원 환자에게 청구서를 발급하는 원무과의 창구 직원도 마찬가지로 그 사실을 알고 있었다. 입원계 직원들은 매일 오전 다섯시에 '빈 병상'에 대한 조사를 했다—반면에 거의 대부분의 환자는 의사의 오전 회진이 끝난 이후 정오가 되기 전에 퇴원했다. 따라서 늘 실제 빈 병상의 수와 입원계에서 파악하고 있는 빈 병상의 수가 일치하지 않았다. 이런 상황을 개선하기 위해 천재가 필요하지는 않았다. 필요한 것은 담당 간호사가 원무과에 보내는 퇴원 증명서의 사본을 한 장 더 만들어 입원계에 보내는 것뿐이었다.

인력 과잉, 구조적 결함, 정보 관련 기능 장애 등 시간 낭비를 초래하는 경영 관리상의 문제는 때로는 간단히 개선될 수 있기도 하지만, 또 어떤 때는 상당히 길고 꾸준한 노력이 필요한 경우도 있다. 그러나 그런 개선 작업의 결과는 엄청나다—특히 시간의 절약 측면에서 그러하다.

자유 재량 시간을 통합한다

시간을 기록하고 분석하여 관리하는 지식 근로자는 자신의 중요한 일에 투입할 수 있는 시간이 얼마나 되는지 파악할 수 있게 된다. '자유 재량 시간(discretionary time)'이 얼마나 되는가, 즉 진정으로 공헌할 수 있는 중요한 과업에 투입할 수 있는 시간이 얼마나 되는가?

자유 재량 시간은 시간 낭비 요인을 무자비할 정도로 엄청나게 제거한다 해도 결코 많이 남아도는 것이 아니다.

지식 근로자의 지위가 높아질수록 자신이 통제할 수 없는 시간 그리고 아무런 공헌도 하지 못하는 시간의 비율도 더욱 커진다. 조직이 크면 클수록 조직의 목적을 달성하고 결과를 생산하는 데 보다는, 단지 조직 내의 구성원들이 상호 작용하고 조직을 운영하는 데에 더욱더 많은 시간을 필요로 하게 될 것이다.

그러므로 효과적인 사람들은 자신의 자유 재량 시간을 통합해야 한다는 것을 알고 있다. 그들은 방해받지 않는 상당히 연속적인 시간을 필요로 하며 자투리 시간은 아예 쓸모가 없다는 것을 알고 있다. 근무 시간의 4분의 1만이라도 길게 연속적으로 사용할 수 있다면 대체로 중요한 일을 하기에 충분한 시간이 된다. 그러나 근무 시간의 4분의 3이라도 여기 15분, 저기 30분 하는 식으로 나누어 써야 한다면 아무런 쓸모가 없는 것이다.

따라서 시간 관리의 마지막 단계는 기록과 분석에 의해 밝혀진, 정상적으로 사용할 수 있고 또 자신의 통제 아래에 있는 시간을 연속적으로 묶는 일이다.

시간을 연속적으로 사용하는 방법에는 여러 가지가 있다. 어떤 사람들, 대개 나이 든 사람들은 일주일에 하루는 집에서 일을 한다. 이는 특히 편집자들이나 연구자들이 사용하는 시간 통합의 일반적인 방법이다. 또 다른 사람들은 모든 일상적인 업무―회의, 검토, 문제점 토론 등―는 일주일에 두 번, 예를 들면 월요일과 금요일에 하고, 그 나머지 날들의 오전에는 중요한 일에 연속적으로 몰두한다.

그러나 자유 재량 시간을 연속적으로 통합하는 구체적인 방법은 시간 관리에 대한 전체적인 전략에 비하면 별로 중요한 것이 아니다. 대부분의 사람들은 부차적이고 생산성이 낮은 일을 한꺼번에 연기함으로써, 다시 말하면 한동안의 시간을 말끔히 비움으로써 시간 관리를 하려고 한다. 그러나 이러한 접근 방법으로는 그다지 좋은 결과를 산출하지 못한다. 그 사람은 여전히 마음속으로는 그리고 실제 스케줄상으로는 다음으로 미루어둔 중요성이 낮은 일, 즉 공헌도는 낮지만 하지 않을 수 없는 일에 우선권을 주고 있다. 그 결과 갑작스럽게 해결해야 할 일이 나타나서 자유 재량 시간을 소모하게 되는 경우가 많다. 그리하여 며칠 또는 몇 주일 후에는 자유 재량 시간이 모두 없어지고 만다. 새로운 위기, 새로운 긴급 사항, 새로운 사소한 일들이 그것을 모두 갉아먹어 버리고 만 것이다.

목표를 달성하는 사람들은 모두 시간 관리를 하고 있다. 그들은 계속해서 시간을 기록하며 또한 그것을 정기적으로 분석한다. 그들은 자신의 자유 재량 시간에 대한 스스로의 판단을 기초로 중요한 업무 활동에 대한 마감일을 설정해 두고 있다.

내가 아는 매우 효과적인 어떤 사람은 두 가지 '리스트'를 갖고 있는데―하나는 긴급한 일 그리고 다른 하나는 내키지는 않으나 해야만 할 일―둘 다 마감일을 정해두고 있다. 만약 마감일을 지키지 못하게 되면, 그는 자기 시간이 자신도 모르게 또다시 낭비된 것을 알고는 주의하게 된다.

시간은 가장 희소한 자원이다. 따라서 시간을 관리하지 못하는 사람은 다른 아무것도 관리하지 못한다. 게다가 자신의 시간을 스스로 분석하는 것은 자신의 업무에서 정말 중요한 것이 무엇인지를 생각하게 하는 가장 쉬우면서도 체계적인 하나의 방법이다.

'너 자신을 알라'라는, 지혜에 대한 오래된 처방은 유한한 인간에게는 거의 불가능할 정도로 어려운 것이다. 그러나 '너 자신의 시간을 알라'라는 명제는 모든 사람이, 만일 원하기만 한다면, 얼마든지 따를 수 있고, 그 결과 공헌과 목표 달성으로 이어지는 길로 나아갈 수 있다.

THE ESSENTIAL DRUCKER 9

중요한 일에 집중하라

> 시간과 노력 그리고 자원을 집중하면 할수록 실제로 처리할 수 있는 과업의 양과 다양성은 더욱 커진다. 이것이 바로 여러 가지 일들을 그리고 언뜻 보기에 그토록 어려운 일들을 능숙하게 처리하는 사람들의 '비결'이다.

목표를 달성하는 방법에 대해 '비결'이라고 할 만한 것 한 가지를 이야기한다면, 그것은 '집중'하는 것이다. 효과적인 사람들은 중요한 것부터 먼저 하고 그리고 한 번에 한 가지 일만 수행한다.

집중의 필요성은 지식 근로자가 수행하는 직무의 성격과 인간의 본성 두 가지 모두에 근거하고 있다. 이에 대한 몇 가지 이유는 이미 드러나 있다. 공헌을 하는 데에 사용할 수 있는 시간보다는 이룩해야 할 공헌들이 언제나 더 많다는 것이 그 한 가지 이유이다. 지식 근로자가 해야 할 공헌을 분석하면, 중요한 과업들이 언제나 당혹스러울 정도로 많다는 사실을 알게 된다. 반면에 지식 근로자의 시간을 분석하면, 진실로 공헌해야 할 일에 할애할 수 있는 시간이 당혹스러울 정도로 적다는 사실을 알 수 있다. 아무리 시간을 잘 관리한다 하더라도, 지식 근로자는 여전히 그 자신을 위해 많은 시간을 할애하지 못한다. 요컨대, 시간은 언제나 필요한 양에 비해 적은 양밖에 공급되지 못하는 적자 상태에 있게 마련이다.

높은 수준의 공헌에 초점을 맞추면 맞출수록 방해를 받지 않는 상당히 긴 연속적인 시간이 더욱 많이 필요해질 것이다. 단순히 바쁘기만 한 업무 대신에 결과를 산출하는 업무에 힘을 기울이면 기울일수록 계속적인 노력을 더 기울여야만 할 것이다—열매를 맺는 데 충분한 시간을 얻기 위한 지속적인 노력 말이다. 그러나 생산적인 반나절 혹은 2주일의 시간을 손에 넣기 위해서는 엄격한 자기 관리가 필요하고 그리고 '노'라고 말할 수 있는 강철같은 결심이 필요하다.

마찬가지로 강점을 활용하려고 노력하면 할수록 자신이 가진 강점을 중요한 기회에 집중시킬 필요성을 인식하게 될 것이다. 이것이 결과를 산출하기 위한 유일한 방법이다.

집중이 필요한 또 다른 이유는 대부분의 사람이 두 가지 일은 고사하고 단 한 가지 일도 잘하기가 어렵기 때문이다. 진정 인간은 놀라울 정도로 다양한 능력을 갖고 있다. 인간은 하나의 '다목적 도구'이다. 그러나 이러한 인간의 다양성을 생산적으로 활용하기 위해서는 여러 가지 능력을 하나의 중요한 과업에 집중시켜야만 한다. 갖가지 능력들을 하나의 성과로 연결시키는 것이 바로 집중이다.

물론 사람마다 다르기는 하다. 어떤 사람은 한꺼번에 두 가지 일을 동시에 처리할 때 가장 일을 잘하는데, 그렇게 하기 위해 두

가지 일의 속도를 잘 조절한다. 그러나 이때에도 두 가지 일 가운데 하나라도 이루기 위해서는 두 가지 일에 각각 필요한 최소한의 시간을 투입한다는 것을 전제로 한다. 그러나 아마도 세 가지의 중요한 일을 동시에 탁월하게 수행할 수 있는 사람은 거의 없을 것이다.

물론 모차르트 같은 사람도 있다. 그는 몇 개의 작품을 동시에 작곡했던 것으로 보이는데, 그것들은 하나같이 모두 걸작이다. 그러나 그는 세상에 알려진 유일한 예외이다. 다른 일류의 작곡가로서 다작을 했던 작곡가들―예를 들면, 바하, 헨델, 하이든, 베르디―은 한 번에 한 작품씩 작곡했다. 그들은 작곡하고 있는 작품이 완성되기 전에는 다른 작품의 작곡을 시작하지 않았다. 혹은 작곡중인 작품을 잠시 중단하고 그것을 서랍 속에 넣어두고서야 비로소 새 작품을 시작했다. 지식 근로자들은 자신이 '모차르트'처럼 되기를 바랄 수는 없을 것이다.

집중이 필요한 것은, 정확하게 말해, 처리해야 할 일들이 너무나 많기 때문이다. 한 번에 한 가지 일만 하면 많은 일들을 보다 **빠른** 시간 안에 처리할 수 있다. 시간과 노력 그리고 자원을 집중하면 할수록 실제로 처리할 수 있는 과업의 양과 다양성은 더욱 커진다.

이것이 바로 '여러 가지 일'을 그리고 언뜻 보기에 그토록 어려운 일들을 능숙하게 처리하는 사람들의 '비결'이다. 그들은 한 번에 오직 한 가지 일만 한다. 그 결과 그들은 다른 사람들보다 훨씬 적은 시간으로도 많은 일을 처리한다.

별다른 성과를 올리지 못하는 사람들이 때로는 더 열심히 일한다. 그 이유는 첫째, 그들은 어떤 일을 하더라도 그것에 필요한 시간을 과소 평가하기 때문이다. 그들은 늘 모든 일이 제대로 진행될 것으로 기대한다. 그러나 많은 사람이 알고 있는 바와 같이, 아무런 문제도 없는 완벽한 일이란 하나도 없다. 언제나 예상치 못했던 문제가 발생한다—정말이지, 예상하지 못했던 일이 일어난다는 사실 그것만이 우리가 확실하게 기대할 수 있는 유일한 것이다. 그리고 그것이 기뻐 날뛸 일이 되는 경우는 거의 없다. 그러므로 효과적인 지식 근로자는 실제로 필요한 시간 이상으로 여유 있게 시간을 잡는다.

둘째, 전형적인(즉 다소간 성과가 떨어지는) 지식 근로자들은 급히 서두르는 경향이 있다—결과적으로는 오히려 더 늦어지고 만다. 반면에 효과적인 지식 근로자는 시간과 경쟁하지 않는다. 그들은 편안한 속도를 유지하면서 쉬지 않고 나아간다.

마지막으로, 전형적인 지식 근로자는 여러 가지 일을 동시에 추진하려고 한다. 그 결과 계획한 여러 가지 일 가운데 그 어느 것에도 최소한의 필요한 시간을 할애하지 못한다. 추진하던 여러 가지 일들 가운데 하나가 문제에 부딪치면 거의 모든 계획들이 함께 무너지고 만다.

효과적인 사람들은 자신이 많은 일을 하지 않으면 안 된다는 것을 안다—그리고 그것들을 효과적으로 하지 않으면 안 된다는 것도 알고 있다. 그러므로 그들은 한 번에 한 가지 일만을 하는 데에 그리고 중요한 것을 먼저 하는 데에 모든 시간과 에너지를 집중시킨다.

비생산적인 과거와의 단절

지식 근로자의 노력을 집중시키기 위한 제1의 법칙은 더 이상 생산적이지 않은 과거로부터 탈피하는 것이다. 효과적인 지식 근로자들은 자신의 일―그리고 부하직원의 일―을 정기적으로 점검한다. 그리고 다음과 같이 질문한다. "우리가 이 일을 아직도 시행하지 않고 있다면, '지금'이라도 이 일에 착수해야 하는가?" 이에 대한 대답이 무조건 '예스'가 아니라면, 그들은 당장 그 일을 중단하든가 아니면 대폭 축소해야 한다. 적어도 더 이상 생산적이지 않은 과거의 일에는 자원을 투입하지 않는다는 것만은 확실히 해야 한다. 그리고 과거의 일들을 해결하기 위해 충당되었던 인간의 강점이라는 희소한 자원을 즉각 회수하여 내일의 기회에 투입해야 한다.

지식 근로자들은 자신이 그것을 좋아하든 좋아하지 않든 간에 늘 과거의 일에 발목이 잡혀 있다. 그것은 피할 수 없는 것이다. 오늘이란 언제나 어제 취해진 행동과 결정의 결과이기 때문이다. 그러나 사람은, 그의 직함이나 직위를 불문하고, 내일을 정확하게 예측하지 못한다. 어제의 행동과 결정은 아무리 용기 있게 혹은 현명하게 내려진 것일지라도 오늘에 와서는 불가피하게 문제나 위기 혹은 어리석은 것이 되기 마련이다.

그렇다 하더라도, 오늘의 자원을 내일에 투입하는 것은 지식 근로자의 특수한 직무이다―그가 정부 기관, 기업, 그 밖에 다른 어떤 조직에서 근무하든지 간에 말이다. 이는 한편으로, 자신이 한 것이든 혹은 전임자가 한 것이든 간에, 어제의 행동과 결정이 초래한 일들을 해결하는 데에 시간과 에너지 그리고 재능을 끊임없이 투입하지 않으면 안 된다는 것을 의미한다. 사실 이러한 일은 다른 어떤 일보다도 지식 근로자의 시간을 많이 필요로 한다.

그러나 적어도 우리는 과거로부터 물려받은, 더 이상 성과를 기대할 수 없게 된 활동이나 일을 잘라냄으로써 과거의 속박을 제한하기 위한 노력을 할 수는 있다.

완전한 실패에서 다소나마 벗어나는 것은 오히려 크게 어렵지 않다. 더구나 실패라는 것들은 자연히 소멸되는 경우가 많다. 그러나 어제 성공을 거두었던 활동들은 이미 비생산적인 것으로 판명된 뒤에도 늘 살아 있다. 더욱 위험한 것은 본래 잘 진행될 것이었는데도 어떤 이유에선지 성과를 거두지 못했던 활동이다.

목표를 달성하고자 하는 지식 근로자 그리고 자신의 조직이 목표를 달성하기를 바라는 지식 근로자는 모든 계획과 활동 그리고 모든 과업을 정기적으로 점검한다. 그는 늘 "이 일은 아직도 계속할 만한 가치가 있는 일인가?"라고 자문한다. 만약에 그렇지 않다는 결론이 나오면 더 이상 그 일을 하지 않는다. 그리고 자신의 과업 가운데, 만일 성공적으로 수행한다면 자신과 조직의 성과를 크게 향상시킬 수 있는 소수의 다른 과업에 집중한다.

무엇보다도 효과적인 지식 근로자는 새로운 활동을 시작하기 전에 반드시 낡은 것을 먼저 정리해 버린다. 그것은 조직의 '체중 관리'를 위해서도 반드시 필요하다. 그렇게 하지 않으면 조직은 이내 정상적인 형태, 응집력 그리고 통제 능력을 잃고 만다. 사회의 기관은 생물체의 기관과 마찬가지로 군살이 없는 근육을 유지해야 한다.

모든 지식 근로자가 알고 있듯이, 새로 시작하는 일치고 쉬운 일은 없는 법이다. 새로운 일을 시작할 때는 늘 문제에 부딪치기 마련이다. 그러므로 악천후가 불어닥쳤을 때 빠져나갈 수 있는 수단을 미리 마련해 두지 않으면, 그 일은 시작부터 실패할 운명을 타고나는 셈이다. 새로운 일을 잘 수행하기 위한 유일하고도 효과적인 수단은 업무 실행 능력을 인정받은 인재들이다. 그러나 그런 사람들은 언제나 너무 바쁘다. 현재 그들이 지고 있는 부담을 경감해 주지 않는 한 그들이 새로운 과업을 맡으리라는 기대는 할 수 없다.

새로운 과업에 기존의 유능한 인재를 투입하는 대신 생각할 수 있는 대안은 새 사람을 '고용'하는 것인데, 이는 위험 부담이 너무 크다. 우리는 이미 자리를 잡고 순조롭게 운영되고 있는 사업을 확장할 때 새 사람을 고용한다. 그러나 새로운 일을 시작할 때는 강점이 검증된 사람들, 즉 베테랑들과 더불어 시작한다. 모든 새로운 사업은 도박과 같다—다른 사람은 이미 여러 번 해본 일이라 해도 말이다. 따라서 경험이 많고 또 효과적인 사람들은 비록 새로 채용하는 사람이 훌륭한 인물이라 하더라도 그에게 새로운 과업을 맡기는 추가적인 도박은 하지 않을 것이다. 그들은 다른 회사에서는 천재처럼 보였던 사람이 새로운 일을 맡기 위해 회사를 옮긴 뒤에는 겨우 6개월 만에 참담하게 실패하는 것을 많이 보아왔기 때문이다.

새로운 것을 강력히 추진하는 유일한 방법은 낡은 것을 체계적으로 폐기하는 것이다. 내가 알고 있는 어떤 조직도 아이디어가 부족하지는 않다. '창조력'은 문제가 되지 않는다. 그러나 그들의 좋은 아이디어를 지속적으로 활용하는 조직은 드물다.

모두가 어제의 과업을 수행하느라 너무 바쁘다. 모든 계획과 활동을 정기적으로 심사하여 비생산적인 작업들을 폐기해 버리게 되면, 심지어 가장 완고한 관료 조직에서조차 놀라울 정도로 창조력이 넘쳐나게 된다.

먼저 우선 순위를 정하라

언제나 추진해야 할 생산적인 일들에 비해 그것을 할 수 있는 시간이 더 적고, 내일을 위한 기회들에 비해 그것을 이용할 수 있을 만한 사람들의 숫자가 더 적다—그리고 말할 것도 없이 우리 주위에는 언제나 수많은 문제와 위기들이 존재한다. 그러므로 의사 결정은 어떤 일을 최우선으로 할 것인지 그리고 어떤 일을 가장 덜 중요하게 다룰 것인지 하는 관점에서 내려져야만 한다. 한 가지 문제는, '누가 그 결정을 하는가' 하는 점이다—지식 근로자 자신인가, 아니면 주변 상황의 압력인가 하는 것 말이다. 누가 결정을 하든 어쨌든 과업은 이용할 수 있는 시간의 양에 맞추어질 것이고, 그리고 기회는 그것을 감당할 수 있는 유능한 사람의 존재 유무에 맞추어질 것이다.

지식 근로자 자신이 아닌 주변의 압력에 의해서 그러한 것이 결정된다면, 아마도 중요한 과업들이 뒤로 밀려나게 될 수도 있을 것이다. 또한 그렇게 되면 모든 과업에 있어서 가장 많은 시간을 투입해야 할 부분, 즉 의사 결정을 행동으로 전환하기 위한 방법과 수단을 강구하는 과정에 필요한 시간이 없어질 것이다. 어떤 과업도 그것이 조직의 행동과 태도의 일부가 되기 전에는 완결되지 않는다. 이것은 그 어떤 과업도 누군가가 그것을 자신의 과업으로 받아들이고, 낡은 것을 수행하는 새로운 방법 혹은 새로운 일을 수행해야 하는 필요성을 수용하지 않는 한 완결되지 않는다는 것을 의미한다. 또한 이미 '완결된' 프로젝트를 누군가가 자신의 일상적인 과업으로 만들지 않으면 안 된다는 것을 의미한다. 만약에 시간이 없다는 이유로 이런 일이 무시된다면, 지금까지 지식 근로자가 한 일과 노력은 수포로 돌아가고 만다. 어쨌거나 이렇게 되고 말았다면, 그것은 지식 근로자가 어느 한 가지에 집중하지 못한 데 따른 그리고 과업의 우선 순위를 결정하지 못한 데 따른 당연한 결과이다.

그렇지만 정녕 해야 할 일은 우선 순위(priorities)를 결정하는 일이 아니다. 사실 우선 순위를 결정하는 것은 그리 어려운 일이 아니다. 그것은 누구나 할 수 있다. 과업을 집중적으로 추진하는 지식 근로자가 그렇게도 적은 이유는 '2차 순위(posteriorities)'―즉 지금 당장 하지 않아도 될 과업―를 결정하고 또 그것을 지키는 것이 어렵기 때문이다.

대부분의 지식 근로자는 자신이 무슨 일인가를 다음으로 연기하게 되면, 실질적으로는 그것을 포기하는 것이나 다름없다는 사실을 알고 있다. 많은 사람들이 처음 난관에 부딪쳤을 때 뒤로 연기해 놓은 프로젝트를 다시 추진하는 것처럼 바람직하지 않은 것은 없다고 생각하고 있다. 시간이 흐른 뒤에 다시 시작하려고 하면 그때는 이미 타이밍이 맞지 않는다. 사실 타이밍이란 모든 일의 성공에서 가장 중요한 요인이다. 5년 전에 시작했다면 좋았을 일을 지금에 와서 착수하는 것은 좌절과 실패를 맛볼 수 있는 확실한 처방이나 마찬가지다.

그러나 연기하는 것은 실질적으로 포기하는 것이라는 사실이 지식 근로자들로 하여금 어떤 과업이든 2차 순위로 정해 연기하는 것을 주저하도록 만든다. 지식 근로자들은 어떤 일이 최우선 순위의 일이 아니라는 것을 알면서도, 그것을 2차 순위로 미루는 것은 위험하다고 생각한다. 그들이 포기한 바로 그것이 경쟁 상대에게 승리를 안겨줄지도 모르기 때문이다.

우선 순위를 결정하는 용기

우선 순위의 분석에 여러 가지 이야기가 있을 수 있다. 하지만 우선 순위와 2차 순위를 결정하는 데 있어 가장 중요한 것은 이성적인 분석이 아니라 용기이다.

우선 순위 결정에 있어 몇 가지 중요한 법칙들을 결정하는 것은 분석이 아니라 용기이다.
- 과거가 아니라 미래를 판단 기준으로 선택하라.
- 문제가 아니라 기회에 초점을 맞추어라.
- 자신의 독자적인 방향을 선택하라—인기를 누리고 있는 것에 편승하지 말라.
- 무난하고 쉬운 목표보다는 확연한 차이를 낼 수 있는 높은 목표를 세워라.

과학자를 대상으로 한 많은 연구 결과들(적어도 아인슈타인, 닐스 보어, 막스 프랑크와 같은 천재들은 별도로 하고)은 과학적인 성취는 연구에 관한 능력보다도 내일의 기회를 포착하려는 용기와 더 큰 상관 관계가 있다는 사실을 보여주고 있다.

자신의 연구 과제를 새로운 도전에서 찾으려고 하는 대신 쉽고 빠르게 성공을 거둘 수 있는 과제를 우선으로 선택하는 과학자들은 뛰어난 결과를 산출하지 못할 가능성이 크다. 그들은 기존의 연구 결과에 대한 주석은 많이 달 수 있겠지만, 자신의 이름이 붙은 물리 법칙이나 새로운 개념을 창출하지는 못할 것이다. 위대한 과학적 성취는 기회를 중심으로 연구의 우선 순위를 정하는 사람에게 돌아간다. 그들은 다른 기준들은 결정적인 요소가 아닌 한정적인 요소로 간주한다.

마찬가지로, 성공적인 기업은 기존의 사업 분야에서 다소 새로운 제품을 개발하는 기업이 아니라 새로운 기술 혹은 새로운 사업을 창조하는 것을 목표로 하는 기업이다. 새롭고 큰 것을 시작하든 아니면 새롭고 작은 것을 시작하든, 그것은 위험하고 힘들고 그리고 불확실하다는 점에서는 마찬가지다. 기회를 결과로 전환시키는 것은 문제를 해결하는 것보다 훨씬 더 생산적이다—문제의 해결이란 과거의 균형을 회복하는 것에 지나지 않는다.

우선 순위나 2차 순위의 결정은 항상 현실의 불빛 속에서 검토되고 또다시 수정되지 않으면 안 된다. 예를 들면, 역대 미국 대통령 가운데 취임시의 우선 순위 과제를 재임 기간 동안 그대로 고수한 사람은 하나도 없었다. 사실 우선 순위가 높은 과업을 실행하는 동안 다음에 추진할 우선 순위와 2차 순위의 과업은 계속 바뀌기 마련이다.

효과적인 지식 근로자는 지금 당장 집중하고 있는 '하나의' 과업 이외에 다른 일에는 전적으로 집중하지 않는다. 상황을 검토한 뒤, 그 시점에서 가장 중요한 일을 다음에 할 일로 선택한다.

집중—즉 '진정 의미 있는 것은 무엇인가' 그리고 '먼저 해야 할 것은 무엇인가'라는 관점에서 때와 사건에 따라 스스로 의사 결정을 하는 용기—은 지식 근로자가 시간과 사건들의 종 노릇을 하는 대신 그것들의 주인이 될 수 있는 유일한 방법이다.

제4부

프로페셔널을 위한 몇 가지 기초 지식

THE ESSENTIAL DRUCKER 10

효과적인 의사 결정 방법

> 오늘날 지식 기반의 대규모 조직에서는 의사 결정이 통상적인 과업으로 자리잡아 가고 있다. 효과적인 의사 결정을 내리는 능력은 오늘날 모든 지식 근로자에게 있어 목표 달성 능력을 결정하는 중요한 요소가 되고 있다.

　효과적인 사람들은 한 번에 지나치게 많은 의사 결정을 하려고 하지 않는다. 그들은 중요한 문제를 결정하는 데에 집중한다. 그들은 단순한 '문제 해결' 차원이 아닌, 전략적이고 근본적인 차원을 생각하려고 노력한다. 또한 최고 수준의 개념적인 이해를 필요로 하는 소수의 중요한 의사 결정을 하려고 노력한다. 그들은 주어진 상황에서 변하지 않는 것이 무엇인지를 파악하려 한다. 그러므로 의사 결정 과정에서 속도를 특별히 중요하게 생각하지는 않는다. 그들은 많은 문제를 한꺼번에 능숙하게 처리하는 재주를 오히려 허점이 많은 사고 방식의 증후로 간주한다. 그들은 그 의사 결정이 도대체 무엇에 관한 것인지 그리고 그것이 해결해야 할 현실적인 문제가 무엇인지를 알려고 노력한다. 그들은 기교를 발휘하기보다는 영향을 미치기를 원하며, 단순한 영리함보다는 건전한 분별력을 원한다.

의사 결정 과정의 구성 요소

효과적인 사람들은 원칙에 따라 의사 결정을 해야 할 때가 언제인지, 또 상황에 따라 실용적인 의사 결정을 해야 할 때가 언제인지를 안다. 가장 까다로운 의사 결정은 올바른 타협과 잘못된 타협 사이에 하나를 선택하는 것임을 알고 있고, 따라서 둘 사이의 차이를 구분하는 방법을 알고 있다.

그들은 또한 의사 결정 과정에서 가장 많은 시간을 필요로 하는 단계는 의사 결정 그 자체가 아니라, 그것을 실행하여 목적을 달성하는 과정이라는 것을 알고 있다. 어떤 결정이 '작업 단계로 내려와' 실행되지 않는 한, 그것은 의사 결정이 아니다. 그것은 기껏해야 좋은 의도에 지나지 않는다. 다시 말해, 효과적인 의사 결정 그 자체는 최고 수준의 개념적인 이해에 바탕을 두고 있더라도, 그것을 실행에 옮기는 행동은 가능한 한 실무 계층과 가까워야 하고, 또한 가능한 한 단순해야 한다.

미국의 위대한 기업가들 가운데 가장 잘 알려지지 않은 사람인 시어도어 베일(Theodore Vail)은 미국의 기업 역사상 아마도 가장 효과적인 의사 결정자라고 할 수 있을 것이다. 1910년 직전에서부터 1920년대 중반까지 벨 텔레폰 시스템(Bell Telephone

System)의 사장이었던 베일은 이 회사를 세계 최대의 민간 기업이자 또한 가장 성공한 기업 가운데 하나로 성장시켰다.

베일이 기업인으로서의 일생을 마감하려 할 무렵인 1922년, 알프레드 슬로언은 제너럴 모터스의 사장으로 취임하여 제너럴 모터스의 조직을 재설계하여 세계 최대의 자동차 제조 회사로 성장시켰다. 슬로언은 매우 독특한 인물이었고, 그가 활동했던 시기 또한 과거와는 매우 다른 시대였다. 어쨌거나 슬로언이 내린 의사 결정 중에서 가장 탁월했던 것은 제너럴 모터스의 분권제 사업부 조직에 관한 의사 결정이었는데, 그것은 베일이 일찍이 벨 시스템에서 단행했던 몇 가지 중요한 의사 결정들과 같은 종류의 것이었다.

슬로언이 그의 자서전『제너럴 모터스와 함께 한 내 인생 *My Years with General Motors*』에서 술회한 것처럼, 그가 1922년 사장으로 취임했을 당시 제너럴 모터스는 거의 독립적인 몇몇 족장들이 할거하고 있는 느슨한 연방 정부 같았다. 그들 각자는 몇 해 전까지만 해도 자기 회사였던 각 사업 부문을 운영하고 있었다—그리고 그들은 여전히 각 사업부를 마치 자기 개인 회사인 것처럼 운영하고 있었다.

슬로언은 이런 상황을 합병 직후의 회사들이 주로 직면하는 단기적이고 특수한 문제가 아니라 대기업의 일반적인 문제로 인식했다.

베일과 슬로언이 내린 의사 결정에 있어서 가장 중요한 특징은 그것이 색다르다거나 논쟁적인 성격의 것이라든가 하는 데에 있지 않다. 그들의 의사 결정의 특징은 다음과 같은 것이었다.

1. 다루어야 할 문제가 일반적인 것으로서 오직 원칙에 근거하는 의사 결정을 통해서만 해결될 수 있다는 사실을 명확히 인식했다.

  2. 그 의사 결정이 만족해야 할 명세서(specfications), 즉 필요 조건을 명확히 했다.

  3. 무엇이 '올바른지' 깊이 생각했다. 다시 말해, 의사 결정을 수용 가능한 것으로 만들기 위해 필요한 타협을 고려하기 전에 필요 조건을 충분히 만족시켜 줄 해결책에 대해 철저히 검토했다.

  4. 의사 결정을 구체적으로 실행하기 위한 행동들을 의사 결정의 틀 안에 짜 넣었다.

  5. 의사 결정의 타당성과 유효성을 실제 결과와 비교 및 검증하기 위하여 피드백을 분석했다.

  이상과 같은 것들이 효과적인 의사 결정의 프로세스를 구성하는 다섯 개의 '요소'들이다.

문제의 종류를 파악하라

  효과적인 의사 결정자가 해야 할 첫번째 질문은 다음과 같다.
  "이것은 일반적인 문제인가, 예외적인 문제인가?"
  "이것은 자주 발생하는 기본적인 문제인가? 아니면 개별적으로 대처해야 할 특수한 문제인가?"
  일반적인 문제는 언제나 원칙에 따라 해결하지 않으면 안 된다. 예외적인 문제는 오직 개별적인 문제로서 취급할 수 있고, 또 발생한 상황에 따라 처리할 수 있다. 좀더 구체적으로 말하면, 우리는 의사 결정이 필요한 모든 문제를 두 가지가 아니라 네 가지 종류로 분류할 수 있다.

첫째, 개별적인 사건들은 단순히 하나의 증후에 지나지 않을 뿐이고 사실은 일반적인 문제인 경우가 있다.

경영자들이 업무를 수행하는 과정에서 부딪히는 문제의 대부분이 이러한 종류의 문제이다. 예를 들어, 재고 관리에 관한 의사 결정은 '결정'이 아니다. 그것은 규칙의 적용에 지나지 않는다. 그런 것이 일반적인 문제이다. 생산에 관련된 문제는 대개 이런 것들이다.

전형적인 예로서, 생산관리부와 엔지니어링부는 매달 수백 개의 문제들을 처리한다. 그런데 문제들을 분석해 보면 그 대부분이 단지 증후에 지나지 않는 것들이었음이 밝혀진다. 다시 말해, 근본적인 상황을 예고하는 사전 암시와 같은 것이라는 사실을 발견하게 되는 것이다. 공장의 어떤 한 부서에서 일하는 공정 관리 기술자 또는 생산 관리 기술자는 이러한 사실을 알지 못한다. 그는 아마도 생산 라인의 파이프 연결 부분에 생기는 몇 가지 문제를 매달 해결해야 할지도 모른다. 그러나 수개월간에 걸쳐 생산 관리부 전체의 작업량을 분석해 보면, 대체로 파이프에 있어 근본적인 문제점이 무엇인가가 드러난다. 예컨대, 현재의 장비가 감당하기에는 온도나 압력이 너무 높아 모든 파이프의 연결 부분을 다시 설계하여 강화할 필요가 있다는 것을 알게 되는 것이다. 이 근본적인 문제를 해결하지 않는 한, 공정 관리 문제의 실상을 모른 채 물이 새는 부분을 땜질하느라 엄청난 시간을 낭비해야 하는 것이다.

둘째, 어떤 특정 조직에 있어서는 특수한 문제이지만, 실제로는 일반적인 문제인 경우이다.

규모가 큰 다른 회사로부터 합병(M&A) 제의를 받은 회사가 그 제의를 받아들이고 나면, 다시 그런 제의를 받을 일은 일어나지 않는다. 하나의 개별적인 회사라는 측면에서 보면, 합병은 되풀이되지 않는 특수한 상황이다. 그러나 기업 합병이 다른 회사에서도 언제나 되풀이되는 일반적인 상황이라는 것은 두말 할 나위가 없다. 합병 제의에 대한 수락 여부를 판단하기 위해서는 어느 정도 일반화된 원칙들을 따라야 한다. 그리고 다른 한편으로는, 다른 회사의 특수한 개별적인 경험도 참고해야 한다.

셋째, 진정 예외적이며 참으로 특수한 문제가 있다.

1965년 11월, 세인트 로렌스(St. Lawrence)에서 워싱턴에 이르는 북미의 동북 지역 전체를 암흑으로 몰아넣은 거대한 발전소 사고는 진정한 예외적 상황이었다. 1960년대 많은 기형아를 출산케 한 탈리도마이드(thalidomide: 1957년에 독일에서 개발되어 판매되던 임산부용 진정제이다. 이 약으로 인해 5년간 유럽에서만 8,000명의 기형아가 태어났다 — 역주) 사건도 마찬가지였다. 이와 같은 두 가지 사건이 발생할 확률은 1,000만분의 1 또는 1억분의 1이고, 이 두 가지 사건이 동시에 다시 일어날 확률은 전혀 없다.

예컨대, 내가 앉아 있는 의자가 의자를 구성하는 원자들로 다시 분해될 일이 없는 것처럼 말이다.

그러나 전적으로 개별적이고 특수한 문제는 지극히 드물다. 어쨌거나 그 비슷한 문제가 발생하면 우리는 다음과 같이 질문해야 한다. "이것은 정말 예외적인 문제인가, 아니면 진정 새로운 종류의 일반적인 문제가 등장한다는 예고인가?"

넷째, 새로운 일반적인 문제가 나타날 것을 알려주는 초기의 예외적인 징후들이다. 이것이 의사 결정 과정에서 다루어야 할 마지막 범주에 속하는 문제이다.

지금 우리는 북미 동북 지역의 발전소 사고와 탈리도마이드의 비극이 그것이 발생할 당시에는 무척 예외적인 것이었지만, 현대의 동력 기술 또는 약리학이라는 조건 아래에서는 근본적인 해결책을 찾아내지 않는 한 꽤 자주 발생할 수 있는 사건이 될 수 있음을 알고 있다.

세번째에 해당되는, 진실로 예외적인 문제를 제외한 모든 문제는 근본적이고 일반적인 문제 해결 방법을 필요로 한다. 이런 문제들은 일반적인 규칙과 정책 그리고 원칙을 필요로 한다. 일단 올바른 원칙을 세우고 나면, 같은 종류의 일반적인 상황의 징후가 나타났을 때 실무적으로 처리될 수 있다. 즉 문제의 구체적인 상황에 맞춰 일반적인 원칙을 적용하여 처리하는 것이다. 그러나 진정으로 특수한 문제는 개별적으로 처리하지 않으면 안 된다.

효과적인 의사 결정자는 문제가 발생했을 때 그 문제가 앞의 네 가지 종류 중 어느 것에 해당되는지를 먼저 판단한다. 만일 이 판단이 잘못된다면 그 판단을 기초로 한 의사 결정도 잘못된 의사 결정이 될 것이다.

의사 결정자가 저지르기 쉬운 가장 흔한 실수는 일반적인 상황을 마치 특수한 사건들의 연속으로 취급하는 것이다. 일반적인 이해와 원칙이 부족할 때 그렇게 하는 것은 실용적이긴 하다. 하지만 그 결과 좌절과 헛수고를 피할 수는 없을 것이다.

의사 결정의 경계 조건을 명확히 하라

의사 결정 과정에서 두번째로 중요한 요소는 그 의사 결정을 통해 성취하고자 하는 것에 대한 확실한 명세서를 만드는 일이다. 의사 결정이 도달하고자 하는 목표가 무엇인가? 그것이 얻고자 하는 최소한의 목표는 무엇인가? 그것이 만족시키고자 하는 조건은 무엇인가? 과학에서는 이런 것을 '경계 조건(boundary conditions: 어떤 공간에서 일어나는 현상을 논할 때 그 공간의 불연속적 경계면에 주어져 있는 조건을 말함―역주)'이라고 한다. 어떤 의사 결정이 효과를 보려면 이러한 경계 조건을 만족시킬 필요가 있다. 즉 의사 결정은 그 목적에 적합한 것이어야 한다.

경계 조건을 간결하고도 명확하게 할수록 의사 결정이 진정 효과적인 것이 될 확률이 높아지며, 또한 그것이 달성하려고 하는 목표를 달성할 가능성도 더욱 높아진다. 반대로 경계 조건을 명확히 설정하지 못하면 아무리 뛰어나 보이는 의사 결정이라 하더라도 목표를 달성하지 못하는 결정이 될 것이 분명하다.

어떤 의사 결정의 경계 조건은 "이 문제를 해결하기 위해서 최소한 필요한 것은 무엇인가?"라는 식의 질문을 통해 대체로 파악할 수 있다.

슬로언은 1922년 제너럴 모터스의 경영권을 인수했을 때 아마도 자기 자신에게 이렇게 질문했을 것이다. "각 사업부 책임자들로부터 자율권을 회수함으로써 우리의 요구가 충족될 수 있는가?" 그의 대답은 분명히 부정적이었다. 그가 처한 문제의 상황은 각 사업부의 책임자들에게 지위에 따른 권한과 책임을 부여할 것을 필요로 했다. 또한 그만큼 중앙에 각 사업부를 통일시키고 통제할 수 있는 충분한 권한을 부여할 것을 필요로 했다. 필요한 것은 사업부 책임자들간의 단순한 조화가 아니라 조직의 구조적인 문제 해결이었다. 그 결과 슬로언이 제시한 해결책은 오랫동안 효과를 보았다.

효과적인 사람들은 올바른 경계 조건을 만족시키지 못하는 의사 결정은 목표를 달성할 수 없는 부적절한 결정이라는 것을 안다. 정말이지, 그런 의사 결정은 사실상 잘못된 경계 조건을 만족시키는 의사 결정보다 더 나쁠 수도 있다. 물론 둘 다 잘못된 것이다. 그러나 잘못된 경계 조건을 만족시키는 적절한 의사 결정이라면 적어도 그것을 활용할 수는 있다. 그것은 여전히 효과적인 의사 결정이니까 말이다. 그러나 만족시켜야 할 조건들의 명세서에 적합하지 않은 의사 결정은 새로운 문젯거리만 낳을 뿐이다.

경계 조건에 대한 심사숙고는 이미 행한 의사 결정을 언제 폐기해야 할 것인가를 알기 위해서도 필요하다. 경계 조건에 관한 명확한 이해는 가능한 모든 의사 결정들 가운데 가장 위험한 의사 결정을 파악하기 위해서도 또한 필요하다. 즉 특별한 문제가 없는 한 잘 되어갈 것 같은 의사 결정을 식별하기 위해서도 필요하다. 이런 종류의 의사 결정은 언제나 그럴듯하게 보인다. 그러나 의사 결정이 만족시켜야 할 경계 조건 명세서를 자세히 검토해 보면, 여러 의사 결정들이 경계 조건들과 본질적으로 양립할 수 없다는 것을 파악할 수 있다. 그런 의사 결정이 성공할 가능성이 전혀 없는 것은 아니다—다만 그 확률이 극히 낮을 뿐이다. 딱한 일이긴 하지만, 기적이란 좀처럼 일어나지 않는다. 따라서 기적이란 우리가 의존할 바가 아니라는 것을 알아야 한다.

이에 대한 완벽한 예가 1961년 쿠바 피그스만 침공(미국으로부터 지원을 받은 쿠바 망명인들이 쿠바의 피그스만에 상륙했다가 쿠바군에 의해 전멸된 사건—역주)에 대한 케네디 대통령의 의사 결정이다. 이 의사 결정의 분명한 하나의 목적 명세서는 카스트로의 공산 정권을 전복시키는 것이었다. 그러나 동시에 또 하나의 명세서가 있었다. 그것은 미국 군대가 다른 나라의 내정에 간섭하는 것으로 보여서는 안 된다는 것이었다. 여기에서 두번째 명세서는 전적으로 터무니없는 것으로서, 그 침공이 쿠바인들의 자발적인 봉기라고 믿을 사람은 이 세상에 아무도 없을 것이라는 점은 여기서 더 이상 언급할 필요가 없다. 그 당시 미국의 입장에서는 자신들이 개입하지 않은 것으로 보이도록 하는 것이 당연해 보였고, 또 사실상 꼭 필요한 조건으로 보였다. 그러나 이 두 가지 경계 조건은 쿠바인 게릴라가 피그스만 상륙 직후, 쿠바 전국에서 반카스트로 타도 무장 봉기가 즉각 일어나 쿠바군을 완전히 마비 상태로 몰아넣는 경우에만 양립할 수 있는 것이었다. 이러한 일은 불가능하지는 않다 하더라도 쿠바와 같은 경찰 국가에서는 분명 실현 가능성이 높은 일이 아니었다. 침공 계획 자체를 아예 포기하든가, 아니면 침공의 성공을 확실히 하기 위해 미국군의 전면적 지원이 있어야만 했다.

케네디 대통령이, 그 실수는 '전문가들의 말을 믿었기 때문에' 저질러진 게 아니었다고 말한 것은 자신을 비하한 것이 아니다. 실수의 원인은 의사 결정이 만족시켜야 할 경계 조건을 충분히 검토하지 않았다는 점에 있었고, 그리고 기본적으로 양립할 수 없는 두 가지 경계 조건을 만족시켜야만 하는 결정은 의사 결정이 아니라 기적을 바라는 것이라는 불유쾌한 사실을 받아들이길 거부한 데 있었다.

그러나 명세서를 규정하고 경계 조건을 결정하는 일은 그것이 아무리 중요하다 해도 '사실들'에 기초하여 이루어질 수는 없다. 언제나 그것은 사실의 해석을 기초로 이루어져야 한다. 그것은 위험을 동반하는 판단이다.

누구나 잘못된 의사 결정을 내릴 수 있다—사실 누구나 때때로 잘못된 의사 결정을 한다. 그러나 경계 조건을 만족시키지 못할 것이 표면적으로 분명히 드러난 의사 결정은 결코 해서는 안 된다.

'무엇이 올바른 것인가'에서 출발한다

궁극적으로는 언제나 타협을 해야 한다는 바로 그 이유 때문에, 우리는 무엇이 수락 가능한가가 아니라(누가 옳은가는 것은 더더욱 아니고), 무엇이 올바른가 하는 것에서 출발해야 한다. 만일 명세서와 경계 조건을 만족시키기 위해서 무엇이 올바른 것인지 모를 때에는 올바른 타협과 잘못된 타협도 분별할 수가 없을 것이다─그 결과 잘못된 타협을 하고 말 것이다.

나는 그 점을 1944년 처음으로 대규모 컨설팅 업무를 시작할 때 배웠다. 그것은 제너럴 모터스의 경영 구조와 정책에 관한 연구 업무였다. 그 당시 제너럴 모터스의 회장 겸 최고경영자였던 슬로언은 연구를 시작할 무렵, 나를 자기 사무실로 부르더니 다음과 같이 말했다. "나는 당신에게 무엇을 연구하라, 무엇을 보고하라, 어떤 결론을 내려라 등등에 관한 것은 말하지 않겠소. 그것은 당신이 할 일이오. 다만 한 가지 꼭 당부하고 싶은 것은, 당신이 옳다고 생각하는 것만을 보고해 주었으면 하는 것이오. 우리 회사의 반응이 어떨지에 대해서는 전혀 염려하지 마시오. 우리가 이것을 좋아할지, 아니면 저것을 좋아할지에 대해서 당신은 전혀 개의치 마시오. 그리고 무엇보다도, 당신이 내린 결론이 수락 가능한 것이 되도록 하기 위해 당신 자신과 타협할 생각일랑 아예 하지 마시오. 이 회사에는 당신의 도움이 없다고 '그럴듯한 타협'을 하지 못하는 중역은 한 명도 없소. 그러나 당신 없이 '올바른 타협'을 하지 못하는 중역이 있다면, 그에게 먼저 무엇이 '올바른' 것인지 말해주시오."

의사 결정을 하려고 하는 사람은 슬로언이 내게 했던 이 말을 명확하게 인식하고 있어야 할 것이다.

세상에는 두 가지 다른 종류의 타협이 있다. 하나는 '빵 반쪽이라도 없는 것보다는 낫다'라는 옛날 속담이 뜻하는 종류의 타협이다. 다른 하나는 솔로몬의 재판(Judgement of Solomon)에서 나오는 이야기처럼, '반쪽 아이는 아예 없는 것보다 더 나쁘다'는 사실을 분명히 인식하는 데서 출발하는 타협이다. 전자의 경우, 경계 조건은 여전히 충족된다. 빵의 목적은 음식을 제공하는 것인데, 반쪽 빵이라도 음식은 음식이니까 말이다. 그러나 반쪽 아이는 반쪽 인생이 아니고 앞으로 어른으로 자랄 아이도 아니다.

무엇이 수락 가능한 것인지에 대한 걱정 그리고 반대에 부딪치지 않기 위해 무엇을 말하지 않는 것이 더 좋은지에 대한 걱정은 아무런 결과를 얻지 못하며 또한 시간을 낭비할 뿐이다. 걱정하고 있는 어떤 일이 일어나는 경우는 거의 없는 반면에, 아무도 염려하지 않았던 저항과 어려움이 갑자기 나타나 사람들을 꼼짝 못하게 만드는 장애물이 되곤 한다. 다른 말로 표현하면, 의사 결정자가 처음부터 "무엇이 수락 가능한가?"라는 질문부터 하는 것은 아무런 소용이 없다. 그 질문에 대한 답변을 찾는 과정에서 대개의 경우 중요한 것은 어딘가에 내팽개쳐지고 그리고 올바른 답은 고사하고 효과적인 답을 찾아낼 기회조차 날아가 버리고 만다.

의사 결정을 행동으로 전환하라

의사 결정을 행동으로 전환하는 것은 의사 결정 과정에서 네번째로 중요한 요소이다. 의사 결정 과정에서 경계 조건을 설정하는 것이 가장 어려운 작업이라면, 결정된 사항을 효과적인 행동으로 전환하는 것은 대체로 가장 많은 시간을 소비하는 과정이다. 의사 결정의 초기 과정에서부터 행동 계획을 짜 넣지 않으면 효과적인 의사 결정을 내릴 수가 없다.

어떤 사람에게 과업을 할당하고 책임을 맡기는 구체적인 실행 단계를 밟지 않으면, 실질적으로는 그 어떤 것도 결정된 것이라고 볼 수 없다. 그때까지 그것은 단지 하나의 좋은 의도에 지나지 않는다.

이것은 수많은 정책 선언문이 안고 있는 약점으로서, 특히 기업의 경영 정책 방침이 그러하다. 대개의 경우에 있어 경영 방침은 행동 강령을 포함하고 있지 않다. 그것을 실천하는 과업이 구체적으로 누구의 책임이고, 책임의 범위는 어디까지인가에 관한 내용이 없다. 조직 내의 구성원들이 그런 성명서를 시큰둥하게 취급하는 것은 그리 놀랄 일이 못 된다.

의사 결정을 행동으로 전환하기 위해서는 몇 가지 다른 질문에 대한 답을 해야만 한다. 이 결정을 알아야 하는 사람이 누구인가? 어떤 행동을 해야 하는가? 누가 그것을 해야 하는가? 그 행동을 해야 할 사람이 그것을 '할 수' 있도록 하기 위해 행동은 어떤 것이 되어야 하는가? 처음과 마지막 질문은 너무나 자주 무시되는데, 그 결과 참담한 실패를 야기하고 만다.

OR(operation research) 전문가들 사이에 널리 알려져 있는 다음의 사례는 "이 결정을 알아야 할 사람이 누구인가?"라는 질문의 중요성을 설명해 주고 있다.

산업 설비를 생산하는 어느 주요 제조업자는 몇 년 전에 어떤 모델의 생산을 중단하기로 결정했다. 그 모델은 오랫동안 기계 공구 생산 라인에서 표준 설비로 사용되어 오던 것으로서, 그 기계 공구들 가운데에는 아직도 판매되고 있는 것이 많았다. 따라서 회사는 그 모델을 구설비 소유자에게 대체용으로 3년간만 팔고, 그 뒤 생산과 판매를 중단하기로 결정했다. 몇 년간 그 모델에 대한 주문은 꾸준히 감소했다. 그러나 그 모델을 더 이상 생산하지 않기로 한 날이 가까워지자 고객들이 한꺼번에 추가 주문을 하는 바람에 전체 주문량이 즉각 엄청나게 증가했다.

그러나 아무도 모델 생산 중단 결정을 놓고 "이 의사 결정을 알아야 할 사람이 누구인가?"라고 묻지 않았다. 결국 그 모델을 조립하는 데 필요한 부품을 구입하는 구매 책임자에게 아무도 그 사실을 알려주지 않았다. 구매 책임자의 직무는 어떤 제품이 판매되면 판매 수량만큼 일정 비율에 달하는 부품을 구입하는 것이었는데, 그의 업무에는 아무런 변동도 없었다. 즉 그는 생산을 중단하기로 한 모델의 주문량이 갑작스럽게 증가하자 예전과 마찬가지로 그 부품을 구매했던 것이다.

그리하여 해당 모델의 생산이 중단된 뒤에도, 그 회사는 해당 모델을 8년 내지 10년간 충분히 생산할 수 있는 부품을 창고에 보관하게 되었고, 이들 부품은 많은 손해를 보고 처분하지 않을 수 없었다.

피드백을 의사 결정 과정에 포함시켜라

마지막으로, 피드백 활동을 의사 결정 과정에 포함시켜 의사 결정이 달성하고자 하는 기대 수준과 실제 활동 결과를 지속적으로 비교해야 한다.

의사 결정은 사람이 하는 것이다. 사람은 오류를 범하게 마련이고, 그들의 과업은 그리 오래 지속되지 않는다. 심지어 최상의 의사 결정마저도 잘못될 확률이 높다. 뿐만 아니라 가장 효과적인 의사 결정이라도 결국에는 진부해지고 만다.

아이젠하워(Eisenhower) 장군이 대통령에 당선되었을 때 전임자 해리 트루먼(Harry S. Truman)은 다음과 같이 말했다. "아이크, 참 불쌍하게 되었군. 장군이었을 때는 명령을 내리기만 하면 모든 부하들이 무조건 따랐을 테지. 이제 저 커다란 대통령 집무실에 앉아서 명령을 내릴 텐데, 그렇지만 되는 것이라곤 아무것도 없겠지."

그러나 대통령이 명령을 해도 '되는 것이라곤 아무것도 없는' 이유는 대통령이 장군보다 적은 권한을 갖고 있기 때문이 아니다.

그 이유는 옛날부터 군대는 명령 가운데 상당히 많은 부분이 거의 실행되지 않는다는 것을 알았고, 따라서 명령의 실행을 확인하는 '피드백' 과정을 조직화해 왔기 때문이다. 군대에서는 아주 오래 전부터 명령을 내린 상관이 직접 가서 눈으로 확인하는 것이 단 하나의 신뢰할 수 있는 피드백이란 것을 알고 있었다.

보고서—대통령이 공식적으로 입수할 수 있는 유일한 정보—는 명령이 제대로 수행되었는지를 확인하는 데에 별로 도움이 되지 않는다. 반면에 모든 군대에서는 명령을 내린 장교가 직접 현장으로 가서 그것이 실행되고 있는지를 눈으로 보고 확인하고 있다. 적어도 부관을 보내서라도 알아본다—장교는 자신의 명령을 수행한 부하들의 보고는 절대 액면 그대로 믿지 않는다. 그것은 부하들을 믿지 못해서가 아니라 커뮤니케이션 그 자체가 믿을 수 없는 것이라는 사실을 경험을 통해 배웠기 때문이다.

군대에서 대대장이 사병 식당에 가서 직접 시식을 하는 것도 그런 이유이다. 물론 그는 자신의 막사에 앉아서 메뉴를 살펴본 뒤에 이것저것 가져오도록 해서 식사를 해볼 수도 있다. 그러나 군대에서는 그렇게 하지 않는다. 그는 직접 사병 식당에 가서 사병들이 먹는 음식을 만드는 똑같은 솥에서 급식되는 식사를 먹어 본다.

컴퓨터의 등장과 더불어 이런 방식은 더욱 중요해지고 있는데, 왜냐하면 컴퓨터로 인해 의사 결정자가 행동 현장으로부터 한층 더 멀어지게 되었기 때문이다. 직접 나서서 자기 눈으로 행동 현장을 확인하는 것을 일상적인 업무 과정에 포함시켜 당연한 일로 여기지 않는 한, 그 의사 결정자는 점점 더 현실로부터 멀어지게 된다. 컴퓨터가 다루는 것은 추상적인 것뿐이다. 추상적인 것은 구체적인 사실과 끊임없이 비교하고 확인할 때에만 신뢰할 수 있다. 이 확인 과정을 밟지 않은 추상적인 것들은 사람으로 하여금 잘못된 판단을 하게 한다.

직접 현장에 가서 자기 눈으로 확인하는 것은 의사 결정의 기초가 되었던 전제들이 여전히 유효한가 또는 그것들이 진부한 것으로 되어 재검토할 필요성이 있는가를 판단하기 위한 최선의 방법이다. 의사 결정을 내릴 때 전제가 되었던 상황들은 조만간 진부해진다는 것을 항상 예상하고 있어야 한다. 현실은 오랫동안 그대로 유지되는 법이 결코 없다.

의사 결정자는 피드백을 하기 위한 조직적인 정보(organized information), 즉 보고서와 숫자 역시 필요로 한다. 그러나 현실에 직접 노출된 피드백 방법을 수립하지 않으면—그들 스스로 현장에서 관찰하는 원칙을 수립하지 않으면—그들은 곧 자신들이 쓸모없는 독단주의자로 전락했음을 알고 한탄하게 된다.

견해가 의사 결정의 출발점이다

의사 결정은 판단이다. 가능한 몇 가지 대안들 가운데 한 가지를 선택하는 것이다. 의사 결정이 올바른 것과 틀린 것 사이의 선택인 경우는 드물다. 그것은 기껏 '거의 올바른 것'과 '거의 잘못된 것' 사이에서의 선택이다—그러나 대개는 한쪽이 다른 한쪽보다 조금이라도 더 낫다고 말할 수조차 없을 듯한 두 가지 행동 사이에서의 선택이다.

의사 결정에 관한 대부분의 책에서는 사실들을 먼저 확인하라고 주문하고 있다. 그러나 효과적인 의사 결정을 하는 지식 근로자들은 의사 결정이 사실로부터 출발하지 않는다는 것을 알고 있다. 그들은 자신의 견해로부터 출발한다. 그러나 그런 견해들은 검증되지 않는 가설에 지나지 않기 때문에 현실과 비교하여 검증받지 않는 한 가치가 없다.

무엇이 사실인가를 결정하기 위해서는 우선 판단 기준, 특히 적절한 평가 기준이 필요하다. 그것이 효과적인 의사 결정의 요점이면서, 또한 가장 핵심적인 논쟁거리이기도 하다.

　마지막으로, 효과적인 의사 결정은 그에 관한 수많은 문헌에 설명되어 있는 것과는 달리, 사실에 관한 합의로부터 나오는 것이 아니다. 올바른 의사 결정은 공통의 이해와 대립적인 의견들 그리고 엇비슷한 대안들에 대한 진지한 검토를 통해 도달하게 된다.

　사실을 먼저 파악한다는 것은 불가능하다. 판단 기준이 없다면 사실도 없다. 사건 그 자체는 사실이 아니다.

　사람들은 어쩔 수 없이 자신의 의견으로부터 출발한다. 사실을 먼저 파악하도록 요구하는 것은 바람직하지 않다. 그런 요구를 받으면 사람들은 다른 모든 사람이 어떻게든 할 수 있는 그런 식으로 사실을 파악할 것이다. 다시 말해, 자신이 이미 도달한 결론에 알맞은 사실을 찾을 것이다. 그리고 자신이 찾고자 하는 사실들을 찾는 데 실패하는 사람은 단 한 사람도 없다.

　　훌륭한 통계학자들은 이미 이런 사실을 알고 있으며, 따라서 그들은 숫자를 믿지 않는다―그는 그 숫자를 발견한 사람을 알고 있을 수도 있고 또는 모르고 있을 수도 있다. 그러나 어느 경우든 그는 통계상의 숫자에 의심을 갖는다.

　이는 자신의 의견을 현실과 비교하여 검증할 수 있도록 해주는 단 하나의 믿을 만한 방법은 사실보다 견해가 먼저라는―그리고 반드시 그렇게 해야 한다는―명확한 인식에 기초하고 있다. 이 인식이 있어야 비로소 우리가 검증되지 않은 가설로부터 시작하고 있음을 상기하게 된다. 과학과 마찬가지로 의사 결정도 가설이 유일한 출발점이라는 말이다.

우리는 가설을 이용하여 무엇을 해야 하는지를 알고 있다—그것에 대해 논쟁을 벌이지 않는다. 우리는 그것을 검증해야 한다. 우리는 어떤 가설이 유효하고 따라서 진지하게 검토할 가치가 있는지 그리고 어떤 가설이 배제되어야 하는지를 찾아낸다.

효과적인 사람들은 의견 제시를 장려한다. 그러나 그들은 의견을 내놓는 사람들도 역시 '실험'—사실에 기초한 의견의 검증—이 무엇인지를 진지하게 생각하도록 요구하여야 한다. 그러므로 효과적인 사람들은 다음과 같이 질문한다. "이 가설의 타당성을 검증하기 위해서 우리는 무엇을 알아야 하는가?" 그리고 "이 견해가 타당성을 유지하기 위해서 사실은 어떤 것으로 드러나야만 하는가?" 또한 효과적인 사람들은 파악해야 할 것, 연구해야 할 것 그리고 검증해야 할 것이 무엇인가에 대해 철저하게 생각하여 밝히는 습관—스스로도 그리고 함께 일하는 다른 사람들도—을 익혀야 한다. 그는 또한 의견을 내놓는 사람에게 어떤 사실이 예상될 수 있고, 또 어떤 사실을 찾아야 할 것인가를 규정하는 책임을 지도록 요구한다.

이와 관련하여 아마도 가장 중요한 질문은 "판단 기준은 무엇인가?"일 것이다. 이것은 종종 검토하고 있는 문제 그리고 도달해야 할 의사 결정을 판단하는 측정 기준이 되기도 한다. 진정 효과적이면서 올바른 의사 결정을 할 수 있는 방법에 대한 분석을 할 때마다 우리는 자신이 적절한 측정 기준을 찾기 위한 과정에서 많은 노력과 생각을 했음을 알게 된다.

효과적인 의사 결정자는 과거의 전통적인 측정 기준은 올바른 기준이 아니라고 간주한다. 그렇지 않다면 의사 결정은 필요 없는 것이 되고, 간단한 조정 과정을 거치는 것만으로도 충분한 것이 된다. 전통적인 측정 기준은 과거의 의사 결정을 반영하고 있다. 새로운 측정 기준이 필요하게 되었다는 것은 지금까지의 측정 기준이 더 이상 적절하지 않은 것이 되었음을 나타낸다.

적절한 측정 기준을 찾는 최선의 방법은 자신이 직접 나서서 '피드백'을 해보는 것이다—이것은 의사 결정 전에 하는 '피드백'이다.

예를 들면, 인사 관리의 문제는 대부분의 경우 '평균 수치'를 측정 기준으로 삼고 있다. 종업원 100명당 평균 사고율, 100명당 평균 결근율 같은 것이 그것이다. 그러나 이렇게 직접 나서서 확인을 한 경우에도 곧 다른 측정 기준이 필요하다는 것을 발견하게 될 것이다. 이러한 평균 수치는 보험 회사에서는 쓰임새가 있겠지만, 인사 관리의 의사 결정에 있어서는 의미가 없을 뿐만 아니라 커다란 잘못을 초래하기도 한다.

사고의 대부분은 공장 한두 군데에서 주로 일어난다. 결근의 대부분은 어떤 특정 부서 한 곳에서 주로 일어난다. 심지어 병으로 인한 결근의 경우에도 평균적으로 분포되지 않으며, 전체 노동력 가운데 일부분만을 차지하는 어떤 분야에 집중적으로 나타난다. 예를 들면, 젊은 미혼 여성에 집중되어 있다. 평균치에 근거하여 수립된 인사 정책—예를 들면, 전사적으로 벌이는 전형적인 안전 캠페인—은 기대하는 결과를 거두기는커녕 오히려 사태를 악화시킬 수도 있다.

따라서 적절한 측정 기준을 찾는 것은 통계적으로 접근할 문제가 아니다. 통계에 근거하는 판단은 언제나 위험을 동반하게 마련이다.

어떠한 판단을 할 때는 선택할 수 있는 몇 가지 대안이 마련되어 있어야만 한다. 한 가지 안을 놓고 오직 '예스' 또는 '노'라고밖에 대답할 수 없는 판단은 전혀 판단이라고 할 수 없다. 몇 가지 대안이 있을 때에야 비로소 진정 무엇이 문제가 되는지를 올바르게 판단할 수가 있다.

그러므로 효과적인 사람들은 측정 기준에서도 대안이 필요하다고 생각한다─가장 적절한 기준을 선택할 수 있으려면 말이다.

의견의 불일치를 조장하라

어떤 사람이 가능한 모든 대안을 검토하지 않았다면, 그 사람은 편협한 마음을 갖게 된다.

이것이 바로 효과적인 의사 결정자가 교과서에 나오는 의사 결정에 관한 두번째 주요한 원칙을 의도적으로 무시하고 합의가 아니라 불일치와 의견 차이를 조장하는 이유를 설명해 준다.

효과적인 의사 결정자가 하지 않으면 안 되는 종류의 의사 결정은 만장일치의 선포와 같은 종류의 그런 것이 아니다. 의사 결정은 상반되는 견해의 충돌, 견해가 다른 사람들 사이의 대화, 여러 다른 판단들 가운데에서의 선택일 경우에만 오직 올바르게 될 수 있다. 의사 결정에 있어서 첫번째 규칙은 의견의 불일치가 없는 상황에서는 결정을 하지 않는다는 것이다.

슬로언은 제너럴 모터스의 최고 간부 회의에서 다음과 같이 말한 것으로 전해지고 있다. "여러분, 이 결정에 대해 우리는 의견이 완전히 일치되었다고 봐도 좋겠습니까?" 참석자 전원이 동의했다. "그러면……"하고 슬로언은 말을 이었다. "이 문제에 대한 논의를 다음 회의까지 연기할 것을 제안합니다. 다른 생각도 좀 해보고, 그리고 우리가 내린 이 결정이 도대체 어떤 의미를 가지는지 이해할 시간이 좀더 필요하다고 생각합니다."

슬로언은 '직관적'으로 의사 결정을 하는 사람이 아니었다. 그는 언제나 사실에 기초하여 의견들을 검증해야 할 필요성을 강조했다. 그리고 결론으로부터 출발하여 그 결론을 뒷받침할 사실들을 찾는 일은 절대로 해서는 안 된다는 점을 강조했다. 어쨌든 그는 올바른 의사 결정에는 적절한 반대 의견이 필요하다는 것을 알고 있었다.

의견의 불일치를 강조하는 데에는 다음과 같은 세 가지 중요한 이유가 있다.

첫째, 그것은 의사 결정자가 조직의 포로가 되는 것을 막아주는 유일한 안전 장치이다. 모든 사람들은 의사 결정자로부터 항상 무엇인가를 얻으려고 한다. 모든 사람은 각자 자신이 원하는 결정을 얻기 위해―때로는 확실한 신념을 갖고―노력한다. 그것은 의사 결정자가 미국의 대통령이든 혹은 설계 변경에 관한 일을 하는 젊은 기술자이든 조금도 다를 바가 없다.

사람들의 각자 다른 바람과 의지들은 의사 결정자 입장에서 거절하기 힘든 감옥과도 같은 것들이다. 이러한 감옥에서 탈출하는 유일한 방법은 토론과 서류화와 철저하게 검토된 반대 의견의 제안을 분명하게 하는 것이다.

둘째, 의견 차이 그 자체만으로 의사 결정을 위한 대안을 제공할 수 있다. 아무리 신중하게 생각했다 하더라도 대안이 없는 의사 결정은 절망에 빠진 도박꾼이 자포자기하는 심정으로 카드 패를 내보이는 것이나 다름없다. 의사 결정이 잘못될 가능성은 언제나 높다―처음부터 잘못되었거나 아니면 상황의 변화에 따라 잘못되는 수도 있다. 만약 의사 결정 과정에서 다른 대안들을 검토했다면, 설사 의사 결정이 잘못되었더라도 되돌아가 의지할 만한 것이 있는 셈이다. 또한 이미 충분히 생각한 것, 이미 검토가 끝난 것, 이미 충분히 이해하고 있는 것도 가지고 있는 셈이다. 만약 그런 대안이 없다면, 막상 현실에 부딪쳐 의사 결정이 아무런 효력도 발휘하지 못한다는 것이 밝혀지는 경우, 참담한 심정으로 허둥댈 수밖에 없을 것이다.

셋째, 반대 의견은 무엇보다도 상상력을 자극하기 위해서 필요하다. 문제에 대한 올바른 해결책을 찾는 데에 상상력은 필요하지 않다는 말이 있다. 하지만 이는 수학의 세계에서만 그 가치를 인정받는 말이다. 의사 결정자가―그의 관심사가 정치, 경제, 사회, 군사 어느 분야이든 간에―다루는 참으로 불확실한 문제에 있어서는 새로운 상황을 만드는 '창조적인' 해결책이 필요하다. 그리고 그것은 우리에게 상상력이 필요하다는 것을 의미한다―즉 새로운 지각과 이해가 필요하다는 말이다.

뛰어난 상상력이라는 것은, 나도 인정하는 바이지만, 흔한 것은 아니다. 그러나 일반적으로 믿고 있는 것처럼 그렇게 희소한 것도 아니다. 상상력은 도전과 자극을 받아야 한다. 그렇지 않으면 상상력은 다만 하나의 잠재력으로서 사용되지 않은 채 남아 있을 수밖에 없다. 논리적으로 철저하게 연구되어 서류화된 반대 의견이 있다면, 이것이야말로 상상력을 이끌어낼 수 있는 가장 효과적인 자극제 역할을 할 수 있을 것이다.

그러므로 효과적인 의사 결정자는 의도적으로 반대 의견을 유도해 낸다. 이는 그로 하여금 그럴듯해 보이지만 실은 잘못된 의견 혹은 불완전한 견해에 속는 일이 없도록 해준다. 반대 의견은 의사 결정자에게 대안을 제공함으로써 그가 선택을 할 수 있게 한다. 또한 그가 내린 의사 결정이 행동으로 옮기기에 부적절하거나 틀린 것으로 드러났을 경우, 오리무중을 헤매지 않아도 되게끔 해준다. 그리고 반대 의견은 상상력을 자극한다―그와 그의 동료들의 잠재되어 있던 상상력을 이끌어낸다. 반대 의견은 그럴듯한 의견을 올바른 견해로 바꾸며, 올바른 견해를 훌륭한 의사 결정으로 전환해 준다.

효과적인 의사 결정자는 제안된 하나의 행동만이 정당하고 다른 행동들은 모두 틀렸다는 가정 아래에서 출발해서는 안 된다. '나는 옳고 그는 틀렸다'는 가정에서 시작해서도 안 된다. 그는 사람들이 왜 반대 의견을 갖고 있는지 그 이유를 반드시 찾아내겠다는 의지로부터 시작해야 한다.

물론 효과적인 사람들은 세상에 어리석은 사람도 있고 때로는 이간질을 하는 사람도 있다는 사실을 안다. 그렇지만 그들은 자신이 명백하고도 분명하다고 생각하는 것에 대해 반대 의견을 내놓는다고 해서 그 사람을 무조건 어리석은 사람 또는 무뢰한이라고 가정하지 않는다. 효과적인 의사 결정자는 확실한 반증이 없는 한, 반대자 역시 상당히 지적이며 꽤나 공정한 사람이라고 가정해야 한다는 것을 알고 있다. 또한 효과적인 의사 결정자는 반대자들이 너무나도 분명하게 다른 결론에 도달한 것은 그들이 다른 현실을 보고 그리고 다른 문제에 관심을 갖고 있기 때문이라고 가정하지 않으면 안 된다. 따라서 효과적인 사람들은 언제나 다음과 같이 질문한다. "만약 이 사람의 주장이 타당하고 합리적인 것이라면 그는 도대체 어떤 현실을 보고 있는 것인가?" 효과적인 사람들은 먼저 이 문제를 '이해'하려고 노력한다. 그런 후에야 비로소 누가 옳고, 누가 그른지에 대해서도 생각한다.

수준 있는 법률 사무소에서는 법대를 갓 졸업한 신참 변호사에게 첫번째 업무로 상대방 변호사의 고객을 변론할 수 있는 가장 가능성 높은 법적 논리를 세워보도록 지시한다. 이 방법은 자신의 의뢰인을 위한 변론을 하는 변호사로서 제자리를 잡기 전에 연습해야 할 현명한 방법으로서만 그치는 것이 아니다(변호사는 당연히 상대방 변호사도 일을 제대로 할 줄 아는 사람이라고 가정해야 한다는 말이다). 그것은 또한 신참 변호사를 위한 올바른 훈련 방법이다.

이러한 훈련을 통해 신참 변호사는 '나는 내 의뢰인이 왜 옳은지 그 이유를 알고 있다'라는 생각으로부터 변론에 착수하는 것이 아니라, 상대측 변호사가 무엇을 알아야 하고 그리고 무엇을 확인해야 하는가를 생각하는 일로부터 변론을 시작해야 한다는 사실을 배운다. 또한 양측의 주장을 두 개의 대안으로 보는 법을 배운다. 그 다음에 비로소 자신이 맡은 소송 사건의 본질이 도대체 무엇인지에 대해 충분히 이해하게 된다. 그 결과 그는 법정에서 자신의 주장이 왜 상대방의 주장보다 타당한지에 대해 논리적으로 설명할 수 있게 된다.

진정 필요한 의사 결정인가

효과적인 의사 결정자가 마지막으로 해야 할 질문은 다음과 같다. "이 의사 결정은 진정 필요한가?" 언제나 선택할 수 있는 '한 가지' 대안은 아무런 결정도 하지 않는 것이다(무결정도 결정이다).

모든 의사 결정은 외과 수술과 같다. 외과 수술은 육체를 다루는 것이므로 언제나 쇼크라는 위험을 동반한다. 훌륭한 외과 의사가 불필요한 수술을 하지 않는 것처럼, 효과적인 의사 결정자는 불필요한 의사 결정을 하지 않는다. 우수한 외과 의사들이 그런 것처럼, 효과적인 의사 결정자 개개인의 스타일은 각자 다르다. 어떤 사람은 대담하고, 또 어떤 사람은 보수적이다. 그러나 불필요한 의사 결정은 하지 않는다는 것을 원칙으로 한다는 점에서는 그들 대부분이 일치한다.

만일 아무 일도 하지 않으면 상황이 악화될 것 같은 경우, 이런 경우에는 무언가 결정을 하지 않으면 안 된다. 이는 기회에 대해서도 마찬가지로 적용할 수 있다. 무언가 서둘러 조치를 취하지 않으면 아주 중요한 기회를 잃어버릴 수도 있을 때, 그런 경우에 우리는 행동을 해야 한다—그리고 급진적인 개혁을 해야 한다.

앞에서 설명한 것과는 완전히 반대되는 상황으로서, 잘못된 낙관론이라는 비난을 듣지 않아도 될, 즉 아무런 결정을 하지 않더라도 문제가 저절로 해결될 수 있으리란 예상을 할 수 있는 그런 조건들도 있다. 만약 "우리가 아무것도 하지 않으면 무슨 일이 일어날 것인가?"라는 질문에 대한 대답이 "아무 일도 일어나지 않고 저절로 잘 되어갈 것이다."라면, 그 문제에 대해서는 관여하지 말아야 한다. 다소 성가시기는 하지만 중요하지 않고 또 별다른 차이도 없을 것 같은 문제에 대해서도 관여하지 말아야 한다.

　이러한 것을 잘 이해하고 있는 지식 근로자는 드물다. 심각한 재정적 위기에 몰려 원가 절감을 외치고 있는 재무 관리자는 사소한 문제 하나라도, 비록 그것을 제거한다 해도 아무런 성과도 올리지 못할 그런 문제조차도 내버려두는 일이 없다. 예를 들어, 그는 중요한 원가 절감 부문인 판매 부문과 물적 유통 부문은 자신이 통제할 수 없는 부문이라는 점을 잘 알고 있다. 그런데도 그는 이 부문에 열심히 그리고 현명하게 대처함으로써 통제 가능한 것으로 만들려고 한다. 그 결과 그는 별다른 조치를 하지 않아도 효율적으로 잘 운영될 공장에 대해 2명 내지 3명의 나이 많은 종업원이 '불필요'하다고 주장하면서 큰 소란을 피움으로써 스스로 체면을 잃고 또 그때까지의 노력을 수포로 돌아가게 한다. 그리고 그는 나이 많은 공장 종업원 몇 명을 해고한다고 해서 원가 절감에 큰 도움이 되지는 않는다는 주장을 도덕적 해이라고 무시해 버릴 것이다. 그는 다음과 같이 주장할 것이다. "다른 모든 사람이 희생을 감수하고 있는데, 왜 공장 종업원들만이 비능률적으로 일해도 된다는 말인가?"

　결국 모든 일이 끝나고 나면 종업원들은 그 재무 관리자가 회사를 위기에서 구했다는 사실을 재빨리 잊어버린다. 대신에 그가 공장에서 불쌍한 두세 명의 종업원을 해고했다는 사실을 기억할 것이다—그것은 당연한 일이기도 하다. 이미 2,000년 전에 로마법은 '위정자는 사소한 일에 집착하지 않는다(De minimis non curat praetor)'라고 규정하고 있었다—그러나 많은 의사 결정자들은 여전히 이 점을 모르고 있다.

거의 대다수의 의사 결정은 이러한 극단 사이에 있다. 어떤 문제는 그대로 내버려둔다고 해서 스스로 해결되지 않는다. 그러나 가만히 내버려두어도 그 이상 악화되지도 않는다. 기회에 있어서도 진정한 변화와 혁신을 위한 기회보다는 개선을 위한 기회가 더 많다. 개선을 위한 기회는 여전히 매우 중요하다. 달리 말해, 행동을 하지 않아도 우리 모두 살아갈 수 있다. 그러나 만약 행동을 한다면, 우리는 훨씬 더 잘살게 될 것이다.

이러한 상황에서, 효과적인 의사 결정자는 행동을 했을 경우와 그렇지 않은 경우의 노력과 위험을 비교한다. 이 경우 올바른 의사 결정을 내리기 위한 원칙은 없지만 행동 지침은 매우 명확해진다. 따라서 구체적인 상황에서 의사 결정을 내리는 데에는 어려움이 없다. 행동 지침은 다음과 같다.

- 비교 결과 원가와 위험보다 이익이 훨씬 더 크면 결정하라.
- 비교가 불분명한 경우, 결정을 하든가 혹은 결정을 하지 않든가 둘 중에 하나를 택한다. 그러나 '양다리'를 걸치거나 타협해서는 안 된다.

편도선이나 맹장을 반쯤만 떼어내는 외과 의사는 그것들을 다 떼어내는 경우와 똑같은 감염이나 쇼크의 위험 부담을 진다. 그렇지만 그는 편도선염이나 맹장염을 완치시키지 못했을 뿐만 아니라 오히려 악화시켰다. 그는 수술을 행한 것이기도 하고 또는 하지 않은 것이기도 하다. 마찬가지로 효과적인 의사 결정자는 결정하거나 아니면 결정하지 않는다. 어중간한 결정은 하지 않는다. 어중간한 결정은 언제나 잘못되게 마련이다. 그것은 최소한의 명서 즉 최소한의 경계 조건을 만족시키지 못하는 단 하나의 확실한 결정이다.

이제 의사 결정을 할 준비는 모두 끝났다. 명세서들을 신중히 생각하였고, 여러 대안도 검토하였고, 위험과 이익도 측정하였다. 관련된 모든 것을 알게 되었다. 실제로 이 정도면 어떤 방향으로 행동을 취해야 할지 명백해진다. 이쯤 되면 의사 결정은 거의 '스스로 결정된다.'

그러나 대부분의 의사 결정이 실종되어 버리는 것도 바로 이 시점이다. 갑자기 의사 결정이 유쾌한 것이 못 될 것 같고, 사람들에게 호응도 얻지 못할 것 같고, 쉽지도 않을 것 같다는 생각이 드는 것이다. 따라서 의사 결정은 판단력을 요구하는 만큼이나 용기도 필요로 한다는 것이 분명해진다. 왜 약은 반드시 써야 하는지에 대한 필연적인 이유 같은 것은 없다—어쨌든 양약은 대체로 쓰다. 마찬가지로 왜 의사 결정은 반드시 불쾌감을 주는 것인지에 대한 필연적인 이유는 없다—그러나 어쨌든 효과적인 의사 결정은 대부분 불쾌감을 준다.

이 시점에서 효과적인 지식 근로자가 해서는 안 될 것이 한 가지 있다. '한 번 더 검토해 보자'는 유혹에 빠져서는 안 된다는 것이다. 그것은 비겁한 방법이다—용감한 사람은 한 번 죽는 데 비해 겁쟁이는 백 번도 더 죽는다. '한 번 더' 검토해 보자는 요구에 대해서 효과적인 지식 근로자는 다음과 같이 질문한다. "한 번 더 검토하면 뭔가 새로운 것이 나오리라고 믿을 만한 이유가 있는가? 또 그 새로운 결정이 적절한 것이 되리라고 믿을 만한 이유가 있는가?" 만일 그 대답이 '노'라면—대개 그렇게 대답한다—효과적인 의사 결정자는 다시 한 번 검토하려고 해서는 안 된다. 그는 자신의 결단력 부족을 은폐하기 위해 다른 우수한 사람들의 시간을 낭비해서는 안 된다.

동시에 효과적인 지식 근로자는 자신이 상황을 이해했다는 충분한 확신 없이는 서둘러 의사 결정을 하지 않는다. 그는 세상 경험을 많이 한 어른들이 그런 것처럼 소크라테스가 '디먼(daemon: 그리스 신화에서 신을 뜻하기도 하는, 신과 인간의 중간에 있는 2차적인 신—역주)'이라고 불렀던 것에 주의를 기울이는 법을 알고 있다. 즉 '조심하라'고 속삭이는 깊은 내면의 소리에 귀기울여야 한다는 것을 알고 있다는 말이다. 어떤 것이 올바른 의사 결정인지 알면서도 그것이 어렵고, 합의 도출이 안 되고, 두렵다는 이유로 결정을 중단해서는 안 된다. 그러나 만일 그것이 특별한 이유도 없이—단 한순간이라도—걱정 내지는 불안한 마음이 들고 뭔가 모르게 성가신 느낌이 든다면 그 의사 결정은 중단해야 한다. 내가 아는 최고의 의사 결정자 가운데 한 사람은 "의사 결정의 대상이 초점에서 벗어난 것처럼 보이면 나는 언제나 결정 내리는 것을 중단한다."라고 말하고 있다.

불안을 느끼는 경우라도 열 번 중 아홉 번은 대체로 사소한 일로 밝혀진다. 그러나 반대로 열 번 중 한 번쯤은 어떤 중요한 사실을 간과했거나, 기본적인 실수를 저질렀거나, 또는 전적으로 오판을 했다는 것을 갑자기 알게 되는 경우이다. 열 번 중 한 번쯤 그는 한밤중에 갑자기 깨어나—유명한 탐정 소설의 주인공인 셜록 홈스가 '배스커빌가의 개가 짖지 않았다'는 사실을 갑자기 떠올린 것처럼—가장 중요한 사실을 깨닫게 된다.

그렇다 해도 효과적인 의사 결정자는 오래 기다리지는 않는다—며칠 또는 길어야 몇 주일이다. 만약 그때까지 '디몬'이 아무

말도 걸어오지 않으면, 그는 좋든 싫든 신속하고 과감하게 의사 결정을 한다.

지식 근로자들은 그들이 좋아하는 일을 하기 때문에 보수를 받는 것이 아니다. 그들은 올바른 일을 수행함으로써 보수를 받는다—대부분은 전문적인 과업, 즉 효과적인 의사 결정을 하기 때문에 보수를 받고 있다.

결론적으로 말해, 더 이상 의사 결정을 조직의 고위 계층에 속하는 매우 소수의 집단만이 하는 것으로 국한해서는 안 된다. 조직에 속해 있는 거의 모든 지식 근로자는 이런저런 방법으로 스스로 의사 결정자가 되어야 하며, 그렇지 않은 경우 적어도 의사 결정 과정에서 지적이고 효과적인 그리고 자율적인 역할을 할 수 있어야만 한다.

과거에는 의사 결정이 일반적으로 그 책임이 분명한 소수의 기관만이 수행했던 고도로 전문화된 기능—다른 기관에서는 그들이 결정한 관행과 용법의 틀에 맞추기만 했다—이었다. 하지만 오늘날 새로운 사회 기관, 즉 지식 기반의 대규모 조직에서는 의사 결정이 빠른 속도로, 모든 단위 조직의 일상적인 과업까지는 아니더라도, 통상적인 과업으로 자리잡아 가고 있다. 효과적인 의사 결정을 하는 능력은 오늘날 모든 지식 근로자, 최소한 책임을 지는 위치에 있는 모든 지식 근로자에게 있어 목표 달성 능력을 결정하는 요소가 되고 있다.

11

조직 내에서의 커뮤니케이션 방법

> '나'로부터 '당신'에게로 향하는 커뮤니케이션은 성립되지 않는다. 커뮤니케이션은 오직 '우리' 중의 한 사람으로부터 다른 사람에게 전달됨으로써 성립되는 것이다. 조직 내부의 커뮤니케이션은 조직의 '수단'이 아니다. 커뮤니케이션은 조직의 '존재 양식'이다.

오늘날 우리는 더욱 효과적인 커뮤니케이션을 위해 많은 노력을 기울이고 있다. 오늘날에는 제1차 세계대전 무렵 조직 내부의 커뮤니케이션 문제에 관한 연구를 했던 사람들은 상상도 하지 못할 정도로 엄청나게 많은 커뮤니케이션 매체가 범람하고 있다. 경영 관리를 위한 커뮤니케이션은 모든 조직의 연구자 및 실무자의 주된 관심사가 되어왔다—기업, 군대, 정부 기관, 병원, 대학 또는 연구 기관 등에서 말이다. 심리학자, 인간관계학자, 경영 관리자들은 다른 어떤 분야의 사람들보다도 커뮤니케이션에 대해 열심히 연구하고 또 많은 공헌을 했다. 또한 경영학자들은 주요 사회 기관 내에서의 커뮤니케이션의 개선을 위해 노력했다.

그런데 차츰 커뮤니케이션이란 것이 마치 전설상의 동물인 유니콘(unicorn)처럼 쉽사리 손에 잡히지 않는 난해한 것이라는 사실이 증명되고 있다. 커뮤니케이션과 관련하여 많은 주장들이 제기되고 있지만, 한편으로는 아무도 커뮤니케이션에 관한 이야기에 진정으로 귀를 기울이고 있지 않다. 어찌됐든 오늘날 조직 내에서 커뮤니케이션이 제대로 이루어지지 않고 있는 것만은 분명한 사실이다.

커뮤니케이션의 4가지 원리

우리는 지금까지 여러 시행 착오를 거치면서 커뮤니케이션에 관한 다음의 네 가지 기본 원칙을 배웠다.

1. 커뮤니케이션은 지각(perception)이다.
2. 커뮤니케이션은 기대(expectation)이다.
3. 커뮤니케이션은 요구(demand)를 한다.
4. 커뮤니케이션과 정보는 서로 상이한 것이며, 사실상 대립 관계에 있다—그러나 한편으로는 상호의존적이다.

1. 커뮤니케이션은 지각이다. 여러 종교의 신비주의자들—불교의 선승이나 이슬람교의 수피, 유태교의 랍비 등—은 곧잘 사람들에게 이런 수수께끼를 내곤 했다. "아무도 듣는 사람이 없는 숲 속에서 나무가 쓰러질 때 소리가 나는가?" 지금 우리는 이 문제의 정답이 '아니다'라는 것을 알고 있다. 물론 음파는 발생한다. 하지

만 누군가가 그 음파를 지각하지 않는다면 단연코 아무 소리도 나지 않는 것이나 마찬가지다. 소리는 지각이 되어야만 소리가 된다. 소리는 커뮤니케이션이다. 너무 진부한 이야기 같지만, 어쨌든 고대의 신비주의자들도 소리가 커뮤니케이션이라는 사실, 즉 누군가가 듣지 않는다면 소리가 없는 것이라는 사실을 알고 있었다. 이 이야기에는 실로 많은 의미가 내포되어 있다.

우선, 커뮤니케이션 행위를 하는 사람은 바로 그것을 받아들이는 사람이라는 의미가 담겨 있다. 소위 커뮤니케이터(communicator), 즉 무언가를 전달하는 사람이 커뮤니케이션 행위를 하는 것이 아니다. 그가 무언가를 외친다고 하자. 하지만 누군가 그것을 듣는 사람이 없다면 커뮤니케이션은 없는 것이다. 단지 의미 없는 소리만이 있을 뿐이다. 지각하는 행위가 바로 커뮤니케이션이라는 것, 이것이 바로 커뮤니케이션의 제1원리이다.

수사학에 관한 문헌 가운데 현존하는 가장 오래된 문헌 중 하나인 플라톤의 『파에톤 Phaethon』편에 따르면, 소크라테스는 다음과 같이 지적했다고 한다. "사람은 다른 사람과 말을 할 때 듣는 사람의 경험에 맞추어 말해야만 한다. 예를 들어, 목수와 이야기 할 때는 목수가 사용하는 말을 써야 한다."

커뮤니케이션은 발신자가 수신자의 언어 혹은 수신자가 사용하는 용어로 말할 때에만 이루어질 수 있다. 여기에서 그 용어들은 수신자의 경험에 기초한 것이어야만 한다. 따라서 다른 사람에게 새로운 용어를 설명하려는 노력은 별 효용이 없다. 사람은 자신의 경험에 근거하지 않은 용어에 대해서는 수용할 능력을 갖고 있지 않다. 경험에 없는 새로운 용어는 그들의 지각 능력을 초월하는 것이다.

그 매체가 무엇이든 간에 커뮤니케이션에 있어서 제일 먼저 질문해야 할 것은 다음과 같다. "이 커뮤니케이션이 수신자의 지각 능력 범위 내에 있는가? 그가 이것을 수용할 수 있는가?"

사물에 보이지 않는 또 다른 차원이 존재한다는 것을 인식하는 것은 매우 어려운 일이다. 즉 우리에게 이미 명백하게 지각된 어떤 것이, 또한 우리의 정서적 경험에 비추어 선명하게 인식된 어떤 것이 '표면'과 '이면'이라는 전적으로 다른 차원을 갖고 있어서 결과적으로 전혀 상이한 지각을 하게 한다는 사실을 깨닫는 것은 너무나 어려운 일이다. 달리 말해, 수신자가 무엇을 인식할 수 있고, 왜 그것을 인식할 수 있는지에 대해 알기 전에는 효과적인 커뮤니케이션이 이루어질 가능성은 없는 것이다.

2. 커뮤니케이션은 기대이다. 우리는 원칙적으로 지각하기를 기대하는 것만을 지각한다. 대체로 보고자 하는 것을 보며, 듣고자 하는 것을 듣는다. 기대하지 않았던 것이 일어나면 적대감을 일으킬지도 모르지만, 사실 그 점은 중요하지 않다—비록 기업 그리고 정부의 커뮤니케이션에 관한 대부분의 문헌이 이 점을 중요하게 간주하고 있지만 말이다. 정말로 중요한 것은 기대하지 않았던 것은 전혀 받아들여지지 않는다는 사실이다. 기대하지 않았던 것은 보이지 않고 들리지 않으며 오직 무시당하고 만다. 혹은 그것은 잘못 이해되기도 한다. 다시 말해, 기대했던 것이 일어난 것처럼 잘못 보거나 잘못 듣게 된다.

인간의 마음은 주어진 인상과 자극을 기대의 틀 안에 맞추려는 경향이 있다. 따라서 '자신의 마음을 바꾸려고' 하는 어떤 시도, 즉 인식하기로 기대하지 않았던 것을 인식하는 것, 반대로 인식할 것으로 기대했던 것을 인식하지 않는 것에 대해 적극적으로 반발한다. 물론 인간의 마음에 자신이 인식하는 것이 기대와는 상반된 것일 수 있다는 사실을 경고해 주는 것은 가능하다. '이것은 기대와 다른 것이다'라는 분명한 신호, 즉 연속성을 깨트리는 충격을 주는 것은 가능하다.

커뮤니케이션을 하기 전에는 수신자가 무엇을 기대하고 있는지에 대해 알아야만 한다. 그래야만 커뮤니케이션이 그의 기대들을 이용할 수 있는지 여부를 알 수 있다. 또한 수신자의 기대를 깨트리는 '소외의 충격'을 준다든가 '각성'을 하도록 할 필요가 있는지, 즉 기대하지 않았던 것이 일어나고 있음을 깨닫게 해줄 필요가 있는지 알 수 있다.

모든 신문 편집자가 다 아는 사실로서, 사람들은 지면의 '균형'을 맞추기 위해 곁들여진, 세 줄 내지 다섯 줄 정도의 별로 대단하지도 않은 정보를 담고 있는 토막 기사를 많이 읽으며 또 오래 기억한다. 왜 사람들은 옛날 궁정에서 좌우 다리의 색깔이 다른 바지를 입는 것이 처음으로 유행하기 시작했다는 이야기 같은 상당히 오래된 이야기를 읽으며 또 기억하는 걸까? 혹은 언제 그리고 어디서 빵 굽는 밀가루가 처음 사용되었는지 알고자 하는 이유는 무엇일까? 어쨌든 이처럼 별로 중요하지도 않은 토막 정보들이 읽히고 있으며, 무엇보다도 이것들은 몇몇 톱기사를 제외하고는 사람들에게 가장 잘 기억되고 있다. 그 이유는 무엇일까? 그 대답은 이런 여백의 기사들은 독자에게 강요를 하지 않기 때문이라는 것이다. 사람들이 그런 기사를 더욱 잘 기억하는 것은 그것이 전적으로 그들의 관심사가 아니기 때문이다.

3. 커뮤니케이션은 언제나 요구를 한다. 커뮤니케이션은 언제나 수신자들이 어떤 사람이 되기를, 무엇을 하기를 또는 무엇을 믿기를 요구한다. 커뮤니케이션은 항상 수신자에게 동기 부여를 하고자 한다. 만일 커뮤니케이션이 수신자의 야망이나 가치관 또는 목적에 부합되면, 그것은 강력한 힘을 발휘한다. 반대로 커뮤니케이션이 수신자의 야망이나 가치관 또는 동기와 어긋나면, 그것은 전혀 받아들여지지 않거나 저항을 받게 될 것이다.

물론 커뮤니케이션이 매우 강력하게 일어나는 경우, '전향'을 초래하기도 한다. 다시 말해, 커뮤니케이션으로 인해 수신자의 성격이나 가치관 혹은 신념이나 야망 등에 변화를 가져올 수도 있다. 그러나 그런 경우는 실제로는 매우 드문 일이다. 왜냐하면 모든 인간의 기본적인 심리는 그와 반대되는 성향이 강하기 때문이다. 성서에 따르면, 예수는 사울을 사도 바울로 바꾸기 위해서 먼저 사울의 눈이 멀도록 내리쳐야 했다. 전향을 노리는 커뮤니케이션은 굴복을 요구한다. 그러므로 대체로 말해, 커뮤니케이션의 전달 내용이 수신자의 가치관과 부합되지 않으면 커뮤니케이션은 이루어질 수 없는 것이다.

4. 커뮤니케이션과 정보는 다른 것이며, 사실상 거의 대립 관계에 있다—그러면서도 상호의존적이다. 커뮤니케이션은 지각인 반면, 정보는 논리이다. 정보는 완전히 형식적인 것으로서 그 자

체는 아무런 의미가 없다. 그것은 인간 사이의 관계가 아니다. 인간과는 무관한 것이다. 정보에 있어서는 인간적인 속성—즉 정서, 가치관, 기대 그리고 지각과 같은 것—으로부터 해방되면 될수록 정보로서의 타당성과 신뢰성이 더욱 높아진다.

그러나 정보는 커뮤니케이션을 전제로 한다. 정보는 언제나 암호화되어 있다. 정보를 이용하는 것은 고사하고, 정보를 입수하기 위해서라도 수신자는 암호를 알고 해독할 수 있어야 한다. 이는 사전 약속이 있어야 한다는, 즉 커뮤니케이션이 있어야 한다는 의미이기도 하다.

커뮤니케이션은 정보에 의존하는 것이 아닐지도 모른다. 정말이지, 가장 완벽한 커뮤니케이션은 어떠한 논리도 필요 없는 순수한 '경험의 공유(shared experience)'일지도 모른다. 따라서 커뮤니케이션에 있어 가장 중요한 것은 정보가 아니라 지각이다.

상의하달식인가, 하의상달식인가

그렇다면 우리의 지식과 경험은 조직 내의 커뮤니케이션에 대해서, 커뮤니케이션이 실패하는 이유와 미래의 성공을 위한 커뮤니케이션의 전제 조건에 대해서 무엇을 가르쳐주고 있는가?

수세기 동안 우리는 '상의하달식(downward)' 커뮤니케이션을 시도해 왔다. 그러나 상의하달식 커뮤니케이션은 아무리 강력하게 그리고 아무리 현명하게 시도된다 해도 아무런 효과를 발휘하지 못한다. 그 첫번째 이유는, 상의하달식 커뮤니케이션은 '내'가 말하고 싶어하는 것에 초점을 두고 있기 때문이다. 달리 말하면,

상의하달식 커뮤니케이션은 말하는 사람이 커뮤니케이션을 성립시킨다고 가정하고 있는 것이다.

상의하달식 커뮤니케이션이 아무런 효과를 발휘하지 못한다고 해서 간부나 경영자들이 자신의 말이나 글을 명료하게 표현하려는 노력을 중단해야 한다고 말하려는 것은 아니다. 전혀 그렇지 않다. 여기에서 중요한 것은 '어떤 것을 어떻게 말할 것인가 하는 것은 오직 무엇을 말할 것인가를 배우고 난 후에만 알 수 있다'는 사실이다. 또한 아무리 말을 잘한다 하더라도 '이야기를 해주는 것'만으로는 완전한 커뮤니케이션이 될 수 없다. '듣는 것'도 효과가 없기는 마찬가지다.

엘턴 메이요를 비롯한 인간관계학파는 이미 오래 전에 커뮤니케이션에 대한 전통적 접근 방식이 실패했다는 것을 깨달았다. 그들이 내놓은 처방은 '경청'하는 것이었다. 즉 생각을 전달하려는 대신, 부하직원들이 무엇을 알고 싶어하며, 무엇에 관심이 있는가, 달리 말해 수용하려는 것이 무엇인가를 찾아내는 것부터 시작해야 한다는 것이다. 이 '경청'이라는 인간관계학파의 처방은 오늘날까지도, 비록 실천되는 경우는 드물지만, 고전적인 처방으로서 남아 있다.

물론 경청은 커뮤니케이션의 전제 조건이다. 그러나 그것만으로는 충분하지 않으며 효과를 발휘할 수도 없다. 경청이 효과가 있다는 것은 부하직원들이 하는 말을 상사가 이해할 수 있다는 것을 전제로 하고 있다. 달리 말하면, 그것은 부하직원들이 커뮤니케이션 행위를 할 수 있다고 가정하는 것이다. 그러나 이러한 가정은 받아들이기 어렵다. 어째서 상사가 할 수 없는 커뮤니케이션을 부하직원들은 할 수 있어야만 하는가 말이다. 사실 부하직원이 커뮤니케이션을 할 수 있다고 가정할 아무런 이유도 없다. 바꾸어 말한다면, 듣는 자가 말하는 자보다 잘못된 커뮤니케이션을 할 확률이 훨씬 낮다고 믿을 만한 이유가 없다.

경청하는 것이 잘못이라고 말하려는 것이 아니다. 상의하달식 커뮤니케이션이 별 도움이 안 된다고 말한 것이, 상사가 글을 잘 쓰려는 시도, 사물에 대해 분명하고도 간단하게 말하려는 시도, 그리고 자신의 용어가 아니라 부하직원의 용어를 사용하려는 시도가 별 도움이 안 된다는 식의 논쟁을 야기하는 것에 지나지 않는다는 의미이다. 정말이지, 커뮤니케이션은 상향식이어야 한다는 인식―혹은 차라리 커뮤니케이션은 발신자로부터가 아니라 수신자로부터 출발해야 한다는 것, 즉 경청의 개념을 토대로 하고 있는 인식―은 절대적으로 건전한 것이고 또한 필수적이다. 그러나 경청은 오직 출발점에 지나지 않는다.

더 많은 그리고 더 좋은 정보는 커뮤니케이션 문제를 해결해 주지도 못하고 또한 커뮤니케이션의 격차를 줄여주지도 못한다. 그 반대로 정보가 많으면 많을수록 커뮤니케이션의 기능과 효과적인 커뮤니케이션에 대한 필요성은 더욱 커진다. 달리 말해, 정보가 많을수록 커뮤니케이션의 격차는 더욱 벌어질 것이다.

목표 관리에 의한 커뮤니케이션

그렇다면 우리는 커뮤니케이션에 대해서 어떤 건설적인 것을 제안할 수 있을까? 도대체 커뮤니케이션을 위해 우리가 할 수 있는 것이 무엇일까?

목표 관리(management by objectives)는 효과적인 커뮤니케이션의 전제 조건이다. 목표 관리는 부하직원으로 하여금 자신이 조직-또는 조직 내부의 소단위 부서-에 어떤 중요한 공헌을 할 것인지 그리고 어떤 책임을 질 것인지에 대해 깊이 생각하고 스스로 내린 결론을 상사에게 보고할 것을 요구한다.

부하직원들이 제출하는 것이 상사들의 기대와 일치하는 경우는 극히 드물다. 사실 이렇게 하도록 하는 일차적인 목적은 상사와 부하직원 사이의 지각상의 차이를 정확하게 밝히는 데 있다. 목표 관리에 의한 커뮤니케이션은 지각에 초점을 맞추어야 하며, 양측 모두에게 현실적인 것을 지각하는 데에 초점을 맞추어야 한다. 동일한 현실을 서로 다르게 인식할 수 있다는 사실을 인정하는 것 자체가 이미 커뮤니케이션인 것이다.

목표 관리는 커뮤니케이션의 수신자-이 경우에는 부하직원-로 하여금 이해의 폭을 넓힐 수 있는 경험을 제공한다. 의사 결정의 실체, 우선 순위 문제, 자기가 하고 싶은 것과 상황이 요구하는 것 사이에서의 선택 그리고 무엇보다도 의사 결정에 따른 책임에 대해 이해할 기회를 갖게 해준다.

그는 동일한 상황에 대해 상사가 보는 것과 같은 방법으로 보지 않을 수도 있다-사실 동일하게 보는 경우는 극히 드물며 그래야 할 이유도 없다. 그러나 그는 목표 관리에 의한 커뮤니케이션을 통해 상사가 처해 있는 복잡한 상황을 이해하게 되고 또한 그 복잡함이 상사가 만들어낸 것이 아니라 상황 그 자체에 내재해 있는 것이라는 것 등에 대해서 이해할 수 있게 될 것이다.

이런 것들은 오직 예를 든 것에 불과하며, 그 자체로는 별 의미도 없다. 그러나 지금까지 설명한 것들은 커뮤니케이션에 대한 우리의 경험-대부분은 실패의 경험이었지만-과 학습 이론, 기억, 지각, 동기 부여와 관련된 모든 연구가 제시하는 중요한 결론을 설명하고 있다. 그것은 바로 커뮤니케이션은 '경험의 공유'를 필요로 한다는 것이다.

만약 커뮤니케이션을 '나'로부터 '당신'에게로 향하는 것으로 이해한다면, 커뮤니케이션은 성립되지 않는다. 커뮤니케이션은 오직 '우리' 중의 한 사람으로부터 다른 사람에게 전달됨으로써 성립되는 것이다. 조직 내부의 커뮤니케이션은 조직의 '수단'이 아니다. 그것은 조직의 '존재 양식(mode of organization)'이다. 이 사실이야말로 커뮤니케이션에 대한 우리의 실패로부터 배운 진정한 교훈이며, 또한 커뮤니케이션의 필요성을 강조하는 진정한 이유일는지도 모른다.

THE ESSENTIAL DRUCKER 12

정보 중심 조직의 특성

> 정보 중심 조직은 교향악단과 닮았다. 교향악단에서 모든 악기의 연주자는 같은 악보를 보고 연주한다. 그러나 각각 연주하는 부분은 다르다. 그들은 함께 연주하긴 하지만, 같은 음을 연주하지는 않는다.

'미래의 사무실'이 어떤 모습일지에 대해서는 여전히 추측만을 할 수 있을 뿐이다. 그러나 미래 조직은 빠른 속도로 현실로 다가오고 있다―정보가 주축이 되고, 또한 정보가 핵심적인 구조적 지원자의 역할을 하는 정보 중심의 조직 말이다.

평면적 구조의 조직

정보 시스템에 기초한 조직이라고 해도 조직도상으로는 전통적인 조직과 거의 같아 보일지도 모른다. 하지만 정보 중심 조직은 종래의 조직과는 전혀 다르게 행동한다. 또한 그 구성원들에게도 과거와는 다르게 행동할 것을 요구한다.

정보 중심의 조직 구조(information-based structure)는 전통적인 조직에 비해 필요로 하는 경영 계층의 수가 훨씬 적기 때문에 그 모습이 '평면적(flat)'이다. 어떤 거대 다국적 기업은 정보와 정보 흐름을 중심으로 조직 구조를 개편하면서 12단계였던 경영 계층 가운데 7단계를 없애고 다섯 계층만을 남겨두었을 정도이다.

그 사라진 계층들은 명령을 내리거나 의사 결정을 하는 계층이 아니었으며 감독을 위한 계층도 아니었다. 그 계층들은 전화선에서 증폭기가 하는 기능과 비슷한 기능을 하는 계층이었다. 그들은 정보를 수집하고, 더욱 풍부하게 하고, 재분류하고 그리고 정보를 전달하는 등의 정보 중계를 위해 존재하는 계층이었다. '정보 시스템'에 의해 더 잘 수행될 수 있는 그런 일들을 수행하고 있었던 것이다. 그런 일은 특히 '조정하는' 역할을 하는 특정 경영 계층에 속하는 일이다. 정보 중심 조직에 남아 있는 이러한 경영 계층들에게는 훨씬 더 규모가 크고, 훨씬 더 요구 사항이 많으며, 훨씬 더 책임이 막중한 과업이 부여된다.

정보 중심의 조직 구조는 경영학 분야에서 잘 알려진 '감독의 한계(span of control)' 원칙을 쓸모 없는 것으로 만든다. 이 원칙은 한 명의 상사에게 보고하는 부하직원의 수는 엄격히 제한되어야 하며, 그 수가 최대한 5명 내지 6명을 넘지 말아야 한다는 것이다. 이제는 그 자리에 새로운 원칙이 들어서야 한다―나는 그것을 '커뮤니케이션의 한계(span of communications)'라고 부른다.

한 명의 상사에게 보고하는 부하직원의 수는 오직 자기 자신

스스로 조직 내에서의 커뮤니케이션과 인간 관계에 책임을 지고자 하는 부하직원의 수에 의해서만 결정된다. '감독'이란 결국 정보를 획득하는 능력이다. 그리고 '정보 시스템'은 상사에 대한 '보고 시스템'에 비해 한층 더 빠르고 정확하게 그리고 심층적으로 정보를 획득할 수 있게 해준다.

정보 중심 조직이라고 해서 반드시 첨단 '정보 기술'을 필수적으로 갖출 필요는 없다. 필요한 것은 "누가 어떤 정보를 언제 어디에서 필요로 하는가?"라는 질문을 하는 것이다. 깃촉이 달린 펜 말고는 아무런 첨단 기술도 가지고 있지 않았지만, 영국은 인도에서 200여 년 전 그런 질문을 함으로써 세계에서 가장 평면적인 조직 구조를 유지할 수 있었다. 영국은 4개의 관리 계층에 1,000명이 채 안 되는 영국 군인들—대부분 갓 십대를 넘겼고 '중하층 관리 계층'의 보직이었다—만으로도 인도 대륙을 효과적으로 통치했던 것이다.

   어떤 조직이 자신을 현대적 정보 기술을 중심으로 재구축하고자 한다면 이런 질문을 먼저 하는 것이 필수적이다. 그런 다음에야 비로소 보고받는 것을 주요 직무로 하는 경영 계층을 제거할 수 있게 된다.

유연성과 다양성

동시에 정보 중심의 조직은 기술자나 연구원에서부터 특수한 고객 집단을 담당하는 전문가에 이르기까지 모든 분야에 엄청나게 많은 그리고 서로 다른 전문 지식을 가진 여러 명의 '독주자들'을 허용해야 한다.

예를 들면, 시티 은행은 최근 이 은행의 주요 고객인 일본인 고객만을 별도로 담당하면서 그들이 세계 어디에서라도 금융 서비스를 받을 수 있도록 도와주는 수석 부행장을 뉴욕 본부에 배치하였다. 이 사람은 일본에서 흔히 볼 수 있는 대규모 은행 지점에 근무하는 '상사'가 아니며, 서비스 스태프(service staff)도 아니다. 그는 당연히 '라인(line)'이다. 그는 정보 중심 조직에서는 흔히 찾아볼 수 있는 독주자들 가운데 한 사람이다. 그는 교향악단과 함께 베토벤 피아노 협주곡을 연주할 때 피아니스트가 자신이 맡은 부분을 정확하게 연주하는 것과 같은 방식으로 조직 내에서 자신의 역할을 수행해야 한다. 피아니스트와 다른 교향악단 멤버들, 즉 비유하자면 그 수석 부행장과 은행의 나머지 사람들 모두는 '악보를 알고 있기 때문에' 각자의 역할을 제대로 수행할 수 있다. 그들로 하여금 상대방에게 스스로 협조하도록 촉진하는 것은 권위가 아니라 정보이다.

마찬가지 예로, 자동화 생산 공장도 많은 품질 관리 전문가가 필요하다는 것을 알고 있다. 품질 관리 전문가는 비록 회사 내에서 상당히 고참이긴 하지만 직위는 없다. 그들은 또한 조직의 명령 사슬에 포함되지 않는다. 그러나 공장 내 특정 프로세스에서 품질 문제가 발생하면 그들은 일종의 '핀치 히터' 격으로 고위급 상사의 역할을 대행한다.

정보 중심 시스템은 또한 훨씬 폭넓은 다양성을 허용한다. 예를 들어, 정보 중심 시스템은 같은 기업 조직 내에 기존의 사업을 최적의 상태로 운영하는 책임을 맡는 순수한 '관리 부문(managerial units)'과 기존의 사업을 폐기하고 새로운 내일을 창조하는 과업을 수행하는 '혁신 부문(entrepreneurial units)'을 동시에 두는 것을 허용한다.

전통적 조직은 기본적으로 명령에 바탕을 두고 있다. 명령의 흐름은 위에서 아래로만 이루어진다. 반면에 정보 중심 조직은 책임에 기초한다. 정보의 흐름은 아래에서 위로 그리고 그 다음에는 다시 아래로 내려오는 식으로 순환적이다. 그러므로 정보 중심 시스템은 각 개인과 각각의 부서가 책임을 수용할 때에만 제 기능을 발휘할 수 있다. 그들의 목적과 우선 순위 그리고 인간 관계와 커뮤니케이션에 대한 책임 말이다.

각자는 다음과 같이 질문해야 한다. "회사가 나에게 기대해야 하는 것은 무엇이며, 성과와 공헌이라는 관점에서 회사가 나에게 부여하는 책임은 무엇인가? 다른 사람과 내가 함께 어떤 업무를 처리할 수 있도록 하기 위해서 내가 해결하려고 노력하는 업무를 조직 내에서 마땅히 알고 또 이해해야만 하는 사람은 누구인가? 내가 어떤 정보, 지식 그리고 특수한 기술이 필요할 때 조직 내의 누구에게 의지할 수 있는가? 반대로 어떤 정보, 지식 그리고 특수한 기술이 필요할 때 나에게 의지할 사람은 누구인가? 나는 누구에게 협조해야 하는가 그리고 반대로 나는 누구로부터 협조를 바랄 수 있는가?"

전통적 기업 조직은 군대를 모델로 하여 만들어졌다. 반면에 정보 중심 시스템은 교향악단과 훨씬 더 많이 닮았다. 모든 악기의 연주자는 같은 악보를 보고 연주한다. 그러나 각각 연주하는 부분은 다르다. 그들은 함께 하나의 작품을 연주하긴 하지만, 같은 음을 연주하지는 않는다. 교향악단에서 바이올린 연주자가 많다고 해서 제1의 바이올린 연주자가 호른 연주자의 상사 역할을 하지는 않는다. 사실 제1의 바이올린 연주자는 다른 바이올린 연주자들의 상사 역할도 하지 않는다. 같은 교향악단이 짧은 저녁 시간 동안에 각기 전혀 다른 스타일로, 다른 악보를 가지고 그리고 각각의 독주용 악기들로 다섯 개의 다른 레퍼토리를 연주하는 것은 얼마든지 가능하다.

교향악단에서는 악보가 연주자와 지휘자 모두에게 주어진다. 그러나 기업에서는 악보가 주어지는 것이 아니라 그들이 연주하는 대로 쓰여진 것이다. 정보 중심 조직에 근무하는 모든 구성원이 자신이 연주해야 할 악보를 파악하기 위해서는, 조직 내에서 합의되고 또 분명하게 이해된 목표들을 관리해야 한다. 목표 관리와 자기 관리(self control)는 정보 중심의 조직 구조에서 통합의 원동력이 된다.

정보 중심 조직은 고도의 자율적 규제 제도를 확립해야 한다. 자율적 규제 제도는 신속한 의사 결정과 즉각적인 대응이 가능하도록 해준다. 또한 커다란 유연성과 폭넓은 다양성 두 가지 모두를 가능하게 해준다.

자기 관리와 책임

정보 중심 조직이 누릴 수 있는 이러한 이점들은 조직 내에 상호 이해, 공유 가치 그리고 무엇보다 상호 존중이 있을 때에만 획득될 수 있다. 이는 아마도 자본을 중심으로 다각화된 거대 기업에는 해당되지 않을지도 모른다. 모든 연주자로 하여금 악보를 알게 하려면 그 악보는 모든 연주자가 이해할 수 있는 공통의 언어로 쓰여 있어야 한다. 즉 통합을 이루는 공통의 핵이 있어야만 한다. 그리고 그것은 경험을 통해 우리가 알고 있듯이, 공통의 시장과 공통의 기술에 의해 제공된다.

전형적인 거대 복합 기업이 그런 것처럼 전통적인 명령 중심 시스템을 갖추고 또 일차적으로 재무 통제에 기초하여 다각화를 시도한 기업이 창업자의 재임 기간 이상으로 존속한 적은 아직까지 없었다. 그가 ITT의 해럴드 제닌(Harold Geneen)이든 혹은 걸프 앤드 웨스턴(Gulf & Western)의 찰스 블루돈(Charles Bluhdorn)이든 말이다. 그 기업이 정보 중심의 조직이라 하더라도, 만일 재무 통제를 유일한 공통 언어로 삼고 있는 다각화된 기업이라면 결국 바벨탑의 혼란을 겪고 붕괴될 운명에 처하게 될 것이다.

정보 중심 조직은 관대한 조직이 아니라 규율이 확립된 조직이다. 정보 중심 조직은 강력하고도 결단력 있는 리더십을 필요로 한다. 모든 일류 교향악단 지휘자들은 두말 할 것도 없이 엄격한 완벽주의자들이다.

그러면 어떤 지휘자가 일류 지휘자가 되는가? 일류 지휘자는 교향악단 제일 뒤쪽에서 가장 중요도가 낮은 악기를 다루는 연주자마저도 전체적인 연주의 성공이 자신이 맡은 작은 부분을 어떻게 연주하느냐에 달려 있다는 믿음을 갖게 한다. 각각의 연주자는 그러한 책임 의식을 갖고 있을 때에 뛰어난 연주를 할 수 있다. 다른 말로 표현하면, 정보 중심 조직은 성과를 중요시하면서 한편으로는 자기 관리를 요구하며, 그리고 일선에 있는 감독자로부터 최고경영자에 이르기까지 모두에게 상향적 책임을 지는 리더십을 요구한다.

13

리더십은 어떻게 발휘하는가

효과적 리더십이 갖추어야 할 마지막 요건은 신뢰를 확보하는 일이다. 신뢰라는 것은 언행이 일치하고 있음에 대한 확신이다. 리더의 행동과 그 자신이 공언한 신념들은 일치되어야만 한다. 그렇지 않은 경우 적어도 서로 모순이 없어야 한다.

최근 들어 리더십에 관한 논의가 활발하게 이루어지고 있다. 마침 어느 은행의 인사 담당 부사장은 나에게 전화를 걸어 "교수님, 어떻게 하면 카리스마적인 리더십을 습득할 수 있는지에 대해서 세미나를 해주시기 바랍니다."라며 부탁을 해왔다. 그것도 아주 진지하게 말이다.

리더십과 리더의 '자질'에 관한 책들이 쏟아져 나오고 있고, 관련 논문과 세미나들도 여기저기 넘쳐나고 있다. 마치 모든 최고 경영자들이 위세 당당한 기병대 장군 또는 가수 엘비스 프레슬리 같은 인기 있는 사람이 되어야 한다는 듯이 말이다.

리더십은 카리스마가 아니다

물론 리더십은 중요하다. 그러나 애석하게도 지금 우리가 리더십이라는 이름으로 부르고 있는 것은 지나치게 과대 포장되어 있다. 리더십은 '리더십 자질들'과는 거의 관계가 없으며, '카리스마'와는 더더욱 관계가 없다. 리더십은 오히려 평범한 것이다. 그리 낭만적이지 않으며, 오히려 매우 지루한 것일 수도 있다. 리더십의 본질은 오직 그것이 달성하는 성과에 있다.

리더십은 그 자체로는 좋은 것이 아니며 바람직한 것도 아니다. 사실상 리더십은 하나의 수단일 뿐이다. 그러므로 중요한 것은 리더십 그 자체가 아니라 어떤 목적을 달성하기 위한 리더십인가 하는 점이다.

20세기에 스탈린과 히틀러 그리고 모택동보다 더 카리스마적인 지도자는 없었다는 것을 역사는 잘 알고 있다—이들은 역사에 기록되어 있는 바와 같이 인류에게 엄청난 죄를 저질렀으며 많은 고통을 안겨주었다. 그들은 '틀린' 지도자들이었다.

어쨌거나 효과적인 리더십은 카리스마에 의존하는 것이 아니다. 아이젠하워, 조지 마셜 그리고 해리 트루먼(Harry Truman) 같은 사람들은 뛰어난 지도자였음에도 불구하고 카리스마라고 할 만한 요소는 갖고 있지 않았다. 제2차 세계대전 후 서독을 재건한 아데나워(Konrad Adenauer) 총리도 마찬가지였다. 1860년 남북전쟁이 시작될 무렵의 링컨(Abraham Lincoln)만큼 카리스마적인 색채가 없었던 사람도 드물 것이다. 그리고 제1차 세계대전과 제2차 세계대전 사이에 비통한 마음으로 패배를 되씹으며 완전히 낙담해 있었던 처칠(Winston Churchill) 역시 카리스마를 조금도 갖고 있지 않았다. 중요한 것은 결국에는 처칠이 옳았음이 판명되었다는 사실이다.

정말이지, 카리스마는 리더들로 하여금 잘못된 행동을 하도록 하는 원인이 된다. 그것은 그들을 융통성 없는 존재로 만들며, 자기 자신을 절대로 오류를 범하지 않는 완벽한 존재로 확신하게 만들며, 계속해서 새롭게 변화할 수 없도록 만든다. 스탈린과 히틀러 그리고 모택동이 그 생생한 증거이다. 알렉산더 대왕이 헛된 실패를 맛보지 않을 수 있었던 이유는 오직 그가 일찍 죽었기 때문이라는 말은 고대 역사를 연구하는 사람들 사이에서는 하나의 상식으로 통한다.

진실로, 카리스마 그 자체는 지도자로서의 목표 달성 능력을 보장해 주지 않는다. 아마도 케네디 대통령은 백악관을 차지했던 역대 대통령들 가운데 가장 강한 카리스마를 갖고 있던 인물이었는지도 모른다. 그렇지만 케네디만큼 성과를 적게 거둔 대통령도 드물 것이다.

세상에는 '리더십에 적합한 자질'이라든가 '리더십에 적합한 성격' 같은 것은 따로 없다. 루스벨트, 처칠, 마셜, 아이젠하워, 몽고메리(Bernard Montgomery) 그리고 맥아더(Douglas MacArthur)는 모두 제2차 세계대전 동안 매우 효과적이었던—그리고 아주 돋보이는—지도자들이었다. 그러나 이들 가운데 어느 누구도 '성격상의 특성'이나 '소질'이 똑같은 경우는 없었다.

리더십의 본질: 일, 책임감, 신뢰

리더십이 카리스마나 성격상의 일련의 특성들과도 관련이 없다면, 그렇다면 도대체 리더십이란 무엇인가? 이 물음에 대한 대답으로서 첫번째로 언급할 것은, 그것은 일(work)이라는 점이다—가장 효과적인 지도자들이 반복해서 강조한 것이 바로 그것이다. 예를 들면, 시저(Julius Caesar), 맥아더 장군, 몽고메리 대원수, 또 제너럴 모터스를 바로 세우고 1920년에서 1955년까지 이끌어온 슬로언이 그랬다.

효과적인 리더십의 기초는 조직의 사명을 깊이 생각하고, 그것을 규정하고, 또 그것을 명확하고도 뚜렷하게 설정하는 것이다. 조직의 지도자는 목표들을 설정하고, 우선 순위를 결정하며, 또한 기준을 설정하고 유지한다. 물론 그는 타협도 한다. 진정 효과적인 리더들은 자신이 우주를 통제하고 있지 않다는 사실을 뼈저리게 인식하고 있다(오직 스탈린과 히틀러 그리고 모택동 같은 틀린 지도자들만이 그런 망상에 사로잡혀 있었다). 그러나 효과적인 리더는 어떤 타협이라도 그것을 받아들이기 전에 무엇이 올바른 것이고 또 바람직한 것인지를 곰곰이 생각한다. 리더의 첫번째 과업은 분명한 소리를 내는 나팔수 역할을 하는 것이다.

올바른 지도자와 틀린 지도자를 구별하는 것은 그들이 세운 목표에 달려 있다. 그가 현실의 제약으로 인해 수용하는 타협—그것은 정치적, 경제적, 재정적 문제 또는 종업원 문제 등과 관련된 것인데—이 그의 사명 내지는 목표와 양립할 수 있는 것인가, 그렇지 않으면 그것들로부터 빗나가는 것인가 하는 것이 그가 효과적인 리더인지 아닌지의 여부를 결정한다. 그리고 그가 몇 가지 기본적인 기준들을 엄수하는가(그것들을 자기 자신의 행동으로 표현하는가), 또는 '그 기준들'을 그 자신에게도 제대로 적용하는가 하는 것이 그가 진정한 추종자를 거느린 리더인가, 아니면 단지 위선적인 기회주의자들만 데리고 있는 리더인가를 결정한다.

　효과적인 리더십 발휘에 두번째로 필요한 사항은, 리더는 리더십을 계급과 특권으로 보는 것이 아니라 책임으로 보아야 한다는 것이다. 효과적인 리더들이 '무분별하게 관대한' 경우는 거의 없다. 그러나 일단 일이 잘못되었을 때에는—일이란 항상 잘못되기 마련이다—그들은 다른 사람들을 책망하지 않는다. 만약 처칠이 사명과 목표를 명쾌하게 규정함으로써 리더십을 발휘한 모범이라면, 제2차 세계대전 당시 미국의 총사령관이었던 마셜 장군은 책임을 통하여 리더십을 발휘한 모델이었다. 트루먼의 유명한 말, 즉 "모든 책임은 여기에서."라는 말은 아직도 리더십에 관한 훌륭한 정의이다.

　효과적인 리더는 다른 어느 누구도 아닌 자신이 최종적인 책임을 진다는 것을 알기 때문에 동료들이나 부하직원들의 능력이 뛰어나다고 해서 위협을 느끼지 않는다. 이와는 대조적으로, 틀린 리더들은 동료와 부하직원들의 힘을 두려워한다. 때문에 그들은 유능한 동료나 부하직원이 있으면 즉시 제거해 버린다. 그러나 효과적인 리더는 유능한 동료들과 함께 일하기를 바라며, 그들을 격려하고 밀어주고 그리고 진정으로 자랑스럽게 여긴다. 그는 동료와 부하직원의 실수에 대하여 최종적인 책임을 지기 때문에 그들의 성공을 위협이 아닌 자신의 성공으로 생각한다.

　리더 역시 개인적으로는 공허감에 사로잡힐 수도 있다—예를 들어, 맥아더 장군은 거의 병적인 상태에까지 도달했었다. 또 리더는 자기 자신을 낮추면서 겸손할 수도 있다—링컨과 트루먼 둘 다 거의 열등감에 빠질 지경에까지 이르렀다. 그러나 세 사람 모두 자신의 주위에 유능하고, 독립심이 강하며, 자신감이 넘치는 인재들을 두고자 했다. 그들은 동료와 부하들을 격려해 주고, 칭찬해 주었으며, 또 승진도 시켜주었다. 이들과는 성격이 아주 달랐던 아이젠하워 역시 유럽 연합군 총사령관으로 있을 때 부하들에게 그렇게 했다.

물론 효과적인 리더는 그렇게 하는 경우 위험이 따른다는 것도 잘 알고 있다. 즉 유능한 사람들은 늘 야심을 품는 경향이 있다는 것 말이다. 그러나 그 위험은 평범한 사람을 기용했을 때의 위험에 비하면 훨씬 작은 것이라는 사실 역시 그들은 알고 있다. 효과적인 리더는 또한 리더로서 가장 불명예스럽게 여겨야 할 것은—스탈린 사망 직후 러시아에서 일어났고 그리고 여러 기업에서 너무나 자주 일어나고 있는 것으로서—그가 그 자리를 떠나자마자 조직이 붕괴되어 버리는 경우라는 것도 알고 있다.

효과적인 리더는 리더십의 궁극적인 과제는 인간의 에너지와 비전을 창출하는 것임을 알고 있다.

효과적 리더십이 갖추어야 할 마지막 요건은 신뢰를 확보하는 일이다. 신뢰할 수 없는 리더를 따르고자 하는 사람은 없을 것이다. 리더에 대한 유일한 정의는 '추종자를 거느린 사람이다.'라는 것이다. 어떤 리더를 신뢰하기 위해서 반드시 그를 인간적으로 좋아해야 할 필요는 없다. 또한 그와 의견을 같이할 필요도 없다. 신뢰라는 것은 리더가 언행을 일치하고 있다는 데 대한 확신이다. 그것은 아주 낡은 표현 방식인 '성실(integrity)'이라는 것에 대한 믿음이기도 하다. 리더의 행동과 그 자신이 공언한 신념들은 일치되어야만 한다. 그렇지 않은 경우 적어도 서로 모순이 없어야 한다. 효과적인 리더십은—이것 또한 아주 오래된 지혜인데—영리함에 기초를 두고 있지 않다. 그것은 일차적으로 일관성이 있다는 데에 기초를 두고 있다.

나는 전화를 걸어온 그 은행의 인사 담당 부사장에게 이러한 내용의 이야기를 해주었다. 이야기가 끝난 뒤에 우리 둘 사이에는 오랜 침묵이 흘렀다. 마침내 그 부사장은 다음과 같이 말했다. "교수님께서 말씀하신 것은 우리가 그 전부터 알고 있었고 또 가르쳐 왔던, 효과적인 은행 관리자가 되기 위한 필요 조건과 전혀 다를 바가 없군요."

나는 "정확하게 그렇습니다."라고 대답했다.

THE ESSENTIAL DRUCKER 14

강점을 활용하는 방법

> 효과적인 사람은 발령을 내거나 승진을 시키는 등의 인사 관리에 있어서 그 사람이 잘할 수 있는 것이 무엇인가를 판단 기준으로 삼는다. 효과적인 사람은 인적 자원 배치에 대한 의사 결정을 내릴 때 어떤 사람의 단점을 최소화하기 위한 결정보다는 강점을 최대화하기 위한 결정을 내린다.

    효과적인 사람은 강점을 활용하여 생산성을 높인다. 그는 약점을 바탕으로는 생산성을 향상시킬 수 없다는 것을 안다. 결과를 얻기 위해서는 이용 가능한 모든 강점을 활용해야 한다—동료의 강점, 상사의 강점 그리고 자기 자신의 강점을 말이다.

    사람이 가진 강점이야말로 진정한 기회이다. 강점을 활용하는 것은 조직 고유의 목적이다. 물론 조직은 개개인이 지니고 있는 많은 약점들을 모두 극복할 수는 없다. 그러나 조직은 개인의 약점을 성과와는 아무런 상관이 없는 무의미한 것으로 만들 수는 있다. 조직의 과제는 공동의 목표 달성을 위해 개인의 강점을 마치 건축용 벽돌처럼 쌓아 올리는 것이다.

강점에 기초한 인력 배치

강점을 활용하여 생산성을 높이는 데 있어 가장 먼저 부딪치는 것은 인적 자원을 어떻게 배치할 것인가 하는 문제이다. 효과적인 사람은 발령을 내거나 승진을 시키는 등의 인사 관리에 있어서 그 사람이 잘할 수 있는 것이 무엇인가를 판단 기준으로 삼는다. 효과적인 사람은 인적 자원 배치에 대한 의사 결정을 할 때 대상자의 단점을 최소화하기 위한 결정보다는 강점을 최대화하기 위한 결정을 내린다.

링컨 대통령은 신임 총사령관 그랜트 장군이 술을 좋아한다는 말을 듣고 다음과 같이 말했다. "장군이 좋아하는 술이 어떤 술인지 알면 똑같은 술을 사서 다른 장군들에게도 한 병씩 보낼 텐데." 켄터키 주와 일리노이 주 같은 미개척지에서 어린 시절을 보낸 링컨은 술이 가진 해독에 대해 아주 잘 알고 있었다. 그러나 연합군의 모든 장군들 가운데, 유독 그랜트 장군만이 언제나 작전 계획을 제대로 세웠고 승리를 안겨주었다. 그랜트 장군의 사령관직 임명은 남북전쟁의 전환점이 되었다.

링컨이 그랜트를 사령관으로 지명하면서 판단 기준으로 삼은 것은 전쟁터에서 검증된 장군으로서의 능력, 즉 그의 강점이었다. 만일 단점이 없는 장군, 예컨대 술을 안 마시는 장군을 고르려고 했다면 그랜트는 지명되지 않았을 것이다. 바로 이렇게 그 사람에게 어떤 단점이 없는가가 아니라, 어떤 강점이 있는가를 판단 기준으로 했기 때문에 링컨이 그랜트를 지명한 것은 아주 효과적인 임명이 될 수 있었던 것이다.

아무런 단점도 없는 사람을 찾는다거나 혹은 약점을 줄이는 데에 기준을 두고 인력 배치를 한다면, 기껏해야 평범한 인사로 끝나고 말 것이다. 세상에 단점은 전혀 없고 강점만 있는 사람, 즉 '다재다능한' 사람이 있다는 것을 전제로 인력 관리를 하려고 하는 것은 무능한 조직까지는 아니더라도 평범한 조직밖에 만들지 못하는 지름길이다. 커다란 강점을 지닌 사람은 언제나 커다란 단점도 지니고 있는 법이다. 산봉우리가 높은 곳에 깊은 계곡이 있듯이 말이다. 그리고 온갖 분야에서 모든 것을 다 잘하는 인간은 없다. 인간의 지식, 경험, 능력 등 총체적 능력을 기준으로 평가해 보면, 아무리 위대한 천재라 해도 낙제를 면하기 어렵다. 세상에 '나무랄 데라고는 전혀 없는 사람'은 없다. 다만 "어떤 분야에서 나무랄 데가 없는가?"라는 질문을 할 수 있을 뿐이다.

어떤 사람이 '할 수 있는 것'보다는 '할 수 없는 것'에만 관심을 두고, 그 결과 그 사람의 강점을 효과적으로 활용하기보다는 약점을 피하는 데에 더 많은 노력을 기울이는 사람은 그 자신 스스로에게 약점이 있는 것이다. 아마도 그는 다른 사람들에게서 강점을 발견하고는 위협을 느끼고 있을 것이다. 그러나 효과적인 사람이라면 부하직원이 유능하고 높은 성과를 올린다고 해서 고민하지 않을 것이다.

목표를 달성하고자 하는 사람에게 미국 철강 산업의 창건자인 앤드류 카네기(Andrew Carnegie, 1835~1919)가 자신의 묘비명으로 택한 "여기 자신보다 더 우수한 사람을 어떻게 다루어야 하는지를 아는 사람이 누워 있다."라는 글귀보다 더 좋은 처방은 없다. 물론 카네기의 부하들이 우수했던 것은 그가 부하들의 강점을 찾아서 그것을 일에 적용시켰기 때문이다. 카네기의 부하들은 모두 하나의 특정 분야 그리고 특정 일에서만 '더 우수한 사람'이었다. 그리고 카네기야말로 그들 가운데 가장 효과적인 사람이었다.

로버트 리(Robert E. Lee) 장군에 관한 이야기는 사람의 강점을 활용하는 진정한 의미가 무엇인지에 대해 잘 설명해 준다. 전해 오는 이야기에 따르면, 휘하 장군들 가운데 한 명이 리 장군의 명령을 무시하는 바람에 전략이 실패로 돌아간 일이 있었다―그것은 처음 있는 일은 아니었다. 보통 때는 감정을 잘 억제했던 리 장군도 그때만큼은 화를 참지 못하고 노발대발했다. 장군의 감정이 누그러졌을 때 한 부관이 정중하게 물었다. "왜 그를 지휘관 자리에서 해임시키지 않습니까?" 그러자 리 장군은 어이없는 표정으로 부관을 돌아보며 다음과 같이 말했다. "자네는 왜 그런 쓸데없는 질문을 하지? 그는 전쟁에서 이기고 있잖아."

효과적인 사람은 결코 "그 사람이 나하고 잘 지낼 수 있을까?"라고 질문해서는 안 된다. "그는 어떤 공헌을 할 수 있는가?"라고 질문해야 한다. "그가 할 수 없는 것은 무엇인가?"라는 질문도 결코 해서는 안 된다. 그의 질문은 언제나 다음과 같은 것이어야 한다. "그가 아주 잘할 수 있는 것은 무엇인가?" 효과적인 사람은 인력 배치를 할 때 한 가지 중요한 분야에서 우수한 능력을 가진 사람을 찾아야지, 모든 것을 다 잘하는 다재다능한 사람을 찾아서는 안 된다.

한 가지 분야에서 두드러진 강점을 갖고 있는 사람을 찾고, 그 사람의 강점을 일에 적용시켜야 한다는 것은 그렇게 하는 것이 인간의 본성에 가장 적합한 것이기 때문이다. 사실 '전인적(全人

的)인 사람' 혹은 '성숙한 사람' 운운하는 그 이면에는 사람이 가진 가장 특수한 재능, 즉 한 가지 활동과 하나의 영역에서 성과를 올리기 위해 자신이 가진 모든 자원을 투입하는 능력에 대한 깊은 모멸감이 숨겨져 있다. 다시 말해, 그것은 우수성에 대한 질투심이다. 인간의 우수성은 한 가지 분야, 혹은 기껏해야 극히 소수의 분야에서만 실현될 수 있을 뿐이다.

강점에 초점을 맞추는 것은 높은 성과를 올리기 위한 것이다. "그가 할 수 있는 것이 무엇인가?"라고 먼저 질문하지 않는 사람은 동료들이 실제로 공헌할 수 있는 것보다 훨씬 낮은 수준에서 만족하는 경향이 있다. 그것은 또한 동료들의 성과 부진을 사전에 양해해 주는 셈이 된다. 이러한 행동은 치명적이지는 않다 해도 충분히 파괴적이며, 물론 현실적이지도 않다. 진정 '엄격한 상사'—이런저런 방법으로 부하직원을 길러내는, 요구 사항이 많은 상사—는 언제나 부하직원이 '무엇을 잘해야 하는가'에서 시작한다. 그 다음 부하직원이 그것을 실행할 것을 요구한다.

개인의 강점을 활용하는 조직

약점에 기반을 두는 것은 조직의 목표 달성을 방해한다. 조직은 인간의 약점을 무효화하여 해로운 것이 되지 않도록 하는 한편, 인간의 강점을 성과에 연결시키는 독특한 도구이다. 사실 혼자서도 자신의 강점을 성과로 연결시킬 수 있는 사람은 조직을 필요로 하지 않으며 조직에 속하려고 하지도 않는다. 그들은 독립해서 혼자 일하는 편이 훨씬 낫다. 그렇지만 대부분의 사람은 자신의 한계를 뛰어넘어 혼자서도 목표를 달성할 만큼 뛰어난 능력을 갖고 있지 않다. 인간관계론자들이 과학적 관리법을 비판할 때 쓰는 다음과 같은 상투적인 말이 있다. "아무도 손 하나만을 고용할 수는 없다—손과 함께 사람 전체가 따라온다." 똑같은 논리로, 어떤 한 사람이 강점만 가지고 있을 수는 없다. 강점과 함께 약점이 늘 따라다닌다.

우리는 개인의 약점을 그야말로 개인적인 약점으로 국한시키고, 성과와는 관계가 없도록 또는 적어도 방해가 되지 않도록 하는 조직을 만들 수 있다. 또한 우리는 각 개인이 가진 강점을 의미 있는 것으로 만들고 적절하게 활용하는 조직을 구축할 수 있다.

자신의 개인 사무소를 운영하는 세무사가 대인 관계 능력이 부족하다면 사업상 큰 장애가 될 것이다. 하지만 그 세무사가 독립적으로 사무실을 운영하지 않고 어떤 조직 내에 속하게 되면 대인 관계 능력이 부족하다는 약점이 그리 큰 문제가 되지 않을 수도 있다. 그는 사무실을 지키면서 외부 사람들과는 직접 접촉하지 않아도 된다. 조직 내에서는 누구든지 자신의 강점을 활용하여 목표를 달성할 수 있고, 또한 자신의 약점을 목표 달성과는 아무런 관계도 없는 것으로 만들 수 있다.

누군가는 이런 모든 주장이 너무나 당연한 것이라고 말할는지도 모른다. 그렇다면 왜 지금까지는 그렇게 하지 않았는가? 사람의 강점을 생산적으로 활용하는 경영자가 그토록 드문 이유는 무엇인가?—특히 동료들의 강점을 활용하는 사람이 그토록 드문 이유가 무엇인가? 왜 링컨조차도 강점을 택하기까지 세 번씩이나 약점에 기초를 둔 인사를 하였는가?

그 주된 이유는 경영자들에게 있어서는 인력 배치가 당면 과제가 아니기 때문이다. 경영자의 당면 과제는 직무를 배치하는 것이다. 경영자들은 다른 무엇보다 직무에서 출발하는 것이 자연의 섭리라도 되는 것처럼 생각하는 경향이 있다. 직무를 배치하고 난 다음에야 그들은 그 직무에 맞는 사람을 찾는다. 하지만 이러한 순서로 인력 배치를 한다면 '가장 무난한 사람'으로 귀결되기 십상이다―그 사람은 필요한 순서로 따지면 제일 뒤로 밀릴 사람이다. 그리고 그 조직은 당연히 평범한 조직이 되고 만다.

이러한 사태를 해결하기 위한 널리 알려진 '치료법'은 배치 가능한 사람들의 각각의 개성에 맞게 직무를 재구축하는 것이다. 그러나 이러한 치료법은 차라리 병에 걸리는 것보다 더 나쁘다―아주 작고 단순한 조직을 제외하고 말이다. 직무는 객관적으로 구축되어야 한다. 다시 말해, 그 직무를 수행할 사람의 개성에 따라서가 아니라 과업의 성격에 따라 결정되어야 한다.

그렇게 해야 하는 한 가지 이유는 직무의 내용과 구조 그리고 직무의 위치를 수정하게 되면 조직 전체의 변화로 이어지는 연쇄반응을 일으킬 수 있기 때문이다. 조직의 직무들은 각각 상호 의존하고 있으며 상호 연결되어 있다. 단 한 사람을 단 하나의 직무에 배치하기 위해 모든 사람의 직무나 책임을 바꿀 수는 없다. 즉 위인설관(爲人設官)을 하게 되면 직무가 요구하는 것과 지명된 사람의 능력 사이에 궁극적으로 훨씬 더 큰 문제가 야기될 것이 분명하다. 단 한 사람을 어떤 직무에 꿰어 맞추기 위해 10여 명 이상의 다른 사람들을 이동시키는 결과를 가져오게 될 것이다.

상사는 부하직원들의 일에 대해 책임을 진다. 그는 또한 부하직원들의 경력을 좌우할 수 있는 권한을 가지고 있다. 그러므로 강점을 활용하는 인사는 조직의 목표 달성에 있어 필요한 조건 그 이상의 것이다. 그것은 도덕적인 지상 명령이고, 권한과 지위에 따르는 책임이다. 약점에 초점을 맞추는 것은 단지 어리석은 것으로 그치는 것이 아니다—그것은 무책임한 것이다. 상사에게는 조직에 대해서 부하직원들 개개인의 강점을 가능한 한 생산적으로 활용할 책임이 있다. 뿐만 아니라 자신이 권한을 행사하는 부하직원 개개인에 대해서 그들이 가진 강점을 최대한 발휘할 수 있도록 도와줄 책임이 있다. 조직은 구성원 각자가 자신의 한계와 약점에 상관없이 자신의 강점을 통해 일을 성취할 수 있도록 도와주어야만 한다.

1900년경까지 모든 현실적인 문제를 해결하기 위한 지식 분야는 법률, 의학, 교육, 종교였다. 지금은 문자 그대로 수백 종류의 다른 학문 분야가 있다. 그리고 모든 분야의 지식이 실제로 조직 내에서 그리고 조직에 의해—특히 기업과 정부 기관—생산적으로 활용되고 있다.

따라서 오늘날 우리는 자신의 능력에 가장 적합한 지식 분야와 직업을 찾기 위한 노력을 할 수 있다. 최근까지 그래야 했던 것과는 달리, 자기 자신을 취업 기회가 있는 지식 분야의 업무나 일자리에 더 이상 억지로 맞출 필요가 없다. 그런데 다른 한편으로는, 젊은이들의 경우 자신의 진로를 선택하는 데 있어 점점 더 많은 어려움을 느끼고 있다. 그는 그 자신에 대해서도, 취업 기회에 대해서도 충분한 정보를 갖고 있지 않기 때문이다.

이는 개인으로 하여금 자신의 강점을 활용할 수 있는 쪽으로 방향을 잡는 것을 중요하게 받아들이도록 하고 있다. 또한 조직 측면에서는 경영자가 각 부서와 부하직원들의 강점을 생산성 향상으로 연결시킬 수 있는 방향으로 업무를 수행하는 것을 중요한 것으로 만들고 있다.

　강점을 기초로 한 인력 배치는 경영자 자신의 목표 달성 그리고 조직의 목표 달성에 필수적일 뿐만 아니라 지식 노동의 세계에서 개인과 사회 모두에게 중요하다.

상사의 강점을 활용하라

　효과적인 지식 근로자는 무엇보다도 상사가 가진 강점을 최대한 활용하도록 노력해야 한다.

　나는 지금까지 기업, 정부 기관 또는 기타 어떠한 조직에서나 "부하직원 관리에는 별 문제가 없다. 그러나 상사를 어찌해야 좋을지 모르겠다."라고 말하지 않는 지식 근로자를 만난 적이 없다. 사실 그것은 매우 쉬운 것이다—그러나 오직 효과적인 지식 근로자만이 할 수 있는 일이다. 비결은 바로 상사의 강점을 활용하는 것이다.

　그것은 기본적인 분별력이다. 일반적으로 이야기되고 있는 것과는 달리, 원칙적으로 부하직원이 무능한 상사를 밟고 올라서서 승진을 하거나 명성을 얻는 일은 일어나지 않는다. 만약 상사가 승진하지 못하면 부하직원들도 상사의 뒤에서 인사 체증에 걸려 있기 십상이다. 그리고 만약 상사가 무능과 실패로 경질되더라도 차석에 있던 유능하고 젊은 직원이 그 자리를 차지하게 되는 일은 매우 드물다. 후임자는 보통 외부에서 스카우트되어 들어오고 그와 더불어 자신의 유능한 젊은 인재를 데리고 들어오기도 한다. 반대로, 우수하고 승진이 빠른 상사 밑에서 일하는 것만큼 성공에 도움이 되는 것도 없다.

상사의 강점을 활용하는 것은 기본적인 분별력이기 이전에 부하직원 스스로 목표를 달성하는 열쇠이다. 상사의 강점을 활용함으로써 부하직원 그 자신이 해야 할 공헌에 초점을 맞출 수 있다. 그런 부하직원은 또한 상사의 인정과 지원을 받게 될 것이다. 그것은 부하직원이 스스로 가치를 부여하는 바를 성취하고 완성할 수 있도록 해준다.

상사의 강점을 활용하기 위해 아첨을 해서는 안 된다. 먼저 무엇이 올바른 일인가를 따져보고, 그것을 상사에게 이해하기 쉬운 형식을 갖추어 제시함으로써 상사의 강점을 활용해야 한다. 효과적인 지식 근로자는 상사도 인간이라는 점을 분명히 인식한다(똑똑한 젊은이는 간혹 이것을 인식하지 못하기도 한다). 상사도 인간이기 때문에 강점을 갖고 있는 한편, 여러 가지 한계도 갖고 있다. 상사의 강점을 활용한다는 것은, 달리 말하면 상사가 자신의 목표를 달성할 수 있도록 도와준다는 것이다─뿐만 아니라 그것은 부하직원 자신의 목표도 달성하게 해줄 것이다. 이와는 반대로, 부하직원이 상사의 약점을 활용하려고 하는 것은 상사가 부하직원의 약점을 활용하려는 것과 마찬가지로 상사를 좌절시키고 또한 무능하게 만든다. 그러므로 효과적인 사람들은 다음과 같은 질문을 한다. "나의 상사가 정말 잘할 수 있는 것은 무엇인가?", "그가 정말 잘해오고 있는 것은 무엇인가?", "그가 자신의 강점을 활용하기 위해서 알아야 할 것은 무엇인가?", "그가 성과를 올리도록 하기 위해서 내가 도와줄 것은 무엇인가?" 효과적인 지식 근로자는 상사가 할 수 없는 것에 대해서는 그다지 걱정하지 않는다.

효과적인 지식 근로자는 상사도 인간이기 때문에 나름대로 목표를 달성하는 방법을 갖고 있다는 사실을 알고 있다. 또한 그들은 상사가 어떤 방법으로 목표를 달성하는지 관찰한다. 그것들은 단순한 방법이나 습관에 지나지 않을 수도 있지만, 그러나 그것은 실재하는 현실이다.

세상 사람들을 잘 관찰해 온 사람이라면 누구나 다 아는 사실일 테지만, 정보 수집 방법과 관련하여 사람은 '읽는 사람' 혹은 '듣는 사람' 두 부류로만 나누어진다(예외적으로 매우 소수의 사람들은 이야기를 하는 도중에 듣는 사람의 반응을 떠보는 식으로, 즉 심리적 레이더를 관찰하는 식으로 정보를 수집하는 사람도 있다. 프랭클린 루스벨트, 린든 존슨이 그렇고, 윈스턴 처칠도 분명 그런 사람이었다). 읽는 사람인 동시에 듣는 사람—재판에 임한 변호사는 원칙적으로 둘 다를 겸한다—은 어디까지나 예외적인 사람에 속한다. 읽는 유형에 속하는 사람에게 구두로 보고하는 것은 대체로 시간 낭비이다. 그는 오직 읽고 난 뒤에만 보고자의 말을 듣는다. 듣는 유형의 사람에게 많은 양의 보고서를 제출하는 것도 마찬가지로 시간 낭비이다. 그는 누가 말로 들려주어야만 뭐가 뭔지 내용을 파악할 수 있는 사람이다.

어떤 사람은 한 페이지로 잘 요약된 보고서를 필요로 한다(아이젠하워 대통령은 어떤 행동을 하기 위해 반드시 그런 보고서를 필요로 했다). 또 어떤 사람은 의견을 제시한 사람의 사고 과정(thought process)을 추적할 필요가 있으므로 결정을 내리기 위해서는 상세한 보고서가 있어야 한다고 말하기도 한다. 어떤 사람은 모든 일에 대해 60쪽 분량의 숫자로 된 자료를 보고 싶어한다. 어떤 사람은 사후에 보고를 받는 것이 아니라 의사 결정 과정 초기에 관여하여 최종 결정을 내릴 준비를 하기도 한다. 정반대로, 시기가 '무르익기' 전에는 아무것도 들으려 하지 않는 사람도 있다. 이외에도 많은 부류가 있다.

　상사의 강점을 깊이 생각하고 또 그것을 활용하는 습관을 몸에 익히려면 늘 '무엇'을 보다는 '어떻게'에 더 많은 신경을 써야 한다. 그것은 무엇이 중요한가 또는 무엇이 옳은가 하는 것보다는, 서로 연관되어 있는 다른 분야의 일들을 처리하는 데 있어 어떻게 우선 순위를 정하는가에 더 많은 관심을 기울여야 한다는 말이다. 만일 상사의 강점이 정치적인 능력을 요구하는 직무에서 발휘될 수 있는 정치적인 수완에 있다면, 그 경우 부하직원은 상사에게 상황의 정치적인 측면을 먼저 설명해야 한다. 그것은 상사로 하여금 상황이 어떻게 돌아가는지 파악할 수 있도록 해주고 그리고 새로운 정책과 관련하여 그의 강점을 효과적으로 발휘할 수 있도록 해준다.

　우리 모두는 다른 사람에 대해서 '전문가'이고, 또 다른 사람이 자기 자신을 아는 것보다 더 명확하게 그들을 알고 있다. 따라서 상사가 목표를 달성하도록 하는 일은 매우 간단하다. 그러나 그러기 위해서는 상사의 강점 그리고 그가 잘할 수 있는 일에 초점을 맞추어야 한다. 그것은 또한 일을 추진하는 데 있어 상사의 약점이 아무런 영향을 미치지 않도록 해야 한다는 것을 의미하기도 한다. 지식 근로자가 목표를 달성하는 데 있어 상사의 강점을 활용하는 것보다 더 효과적인 것은 거의 없다.

15
THE ESSENTIAL DRUCKER

경영 혁신의 원리와 방법

> 성공적인 혁신가는 보수적이다. 또 그래야만 한다. 그들은 '위험에 초점'을 맞추지 않는다. 그들은 '기회에 초점'을 맞춘다. 그들은 혁신 기회의 원천을 체계적으로 분석하여 하나의 기회를 포착한 다음 그것에 초점을 맞춤으로써 성공하고 있다.

경험이 많은 의사들은 모두 한번쯤 '기적적인 치유'를 경험하게 된다. 불치의 병으로 고생하던 환자가 어느 날 갑자기 자리를 털고 일어나는 일이 실제로 발생한다—때로는 자연적으로, 때로는 신앙 요법에 의해, 때로는 특이한 식이 요법으로 체질을 바꿈으로써, 또 때로는 낮에는 잠을 자고 밤에는 내내 일어나 있는 방법으로 불치병이 기적처럼 치유되는 경우가 있다. 오직 고지식한 의사들만이 이런 기적적인 치유를 인정하지 않고 '비과학적'이라며 무시해 버린다. 기적적인 치유는 현실적으로 일어나고 있다. 그러나 어떤 의사도 이와 같은 기적적인 치유법을 의과대 학생들을 가르치기 위한 커리큘럼이나 교재에 포함시키지 않는다. 기적적인 치유법은 되풀이될 수 없고, 가르칠 수도 없으며, 배울 수도 없다. 또한 기적적인 치유는 매우 드물게 일어난다. 불치병에 걸린 환자의 대부분은 결국 사망에 이르고 만다.

실천으로서의 혁신

마찬가지로 경영 혁신(innovation)의 경우에 있어서도 혁신적 기회의 원천이 아닌 것으로부터 달성된 것이 있으며, 조직적이지도 않고 목적 의식도 없이 비체계적인 방식으로 달성된 혁신도 있다. '뮤즈가 키스를 해준 덕분'에 혁신을 이룩한 사람도 있다. 이들의 혁신은 고되고, 조직적이고, 목적지향적인 작업으로부터가 아닌 '천재적 영감'으로부터 얻은 결과이다. 그러나 이러한 혁신은 되풀이될 수 없다. 가르칠 수도 없고, 배울 수도 없다. 누군가에게 천재가 될 수 있는 방법을 가르쳐줄 수 있는 사람이 아직은 세상에 없다.

또한 발명과 혁신에 관한 모험담들에 대해 일반 사람들이 믿고 있는 것과는 달리, '천재적 영감'이란 것은 극히 드물다. 한층 더 실망스러운 것은 천재적 영감이 혁신으로 이어진 예를 한번도 보지 못했다는 사실이다. 그것들 모두 처음에는 떠들썩하게 시작했지만, 결국에는 화려한 아이디어로서 끝이 나고 말았다.

올바른 분석과 시스템적 접근 그리고 고된 노력에 기초를 둔 목적지향적 혁신만이 혁신의 실천으로서 논의되고 또 제시될 수 있는 대상이다. 천재적 영감에 의한 혁신은 제쳐놓고 이와 같은 혁신만을 논의해도 충분한데, 그 이유는 이런 혁신만으로도 모든 혁신 가운데 적어도 90퍼센트는 확실하게 설명할 수 있기 때문이다. 다른 분야도 그렇겠지만, 혁신에서 높은 성취를 이룬 사람은 오직 원칙에 바탕을 두고 그리고 그것을 터득했을 때에만 목적을 달성할 수 있다.

그렇다면 혁신의 원칙은 무엇이고, 이 원칙의 핵심은 무엇인가?

혁신을 실천하기 위해서는 여러 가지 '꼭 해야 할 일'이 있고, 또한 '하지 말아야 할 일'도 몇 가지 있다—차라리 하지 않았다면 더 나았을 일들 말이다. 그리고 내가 성공적인 혁신을 위한 '조건(condition)'이라고 부르는 것들도 있다.

꼭 해야 할 일

1. 목적지향적이고 체계적인 혁신은 기회의 분석으로부터 시작한다. 그것은 내가 '혁신 기회의 7가지 원천'이라고 명명한 것을 철저히 검토하는 것으로부터 시작한다. 혁신의 분야가 달라지면 기회의 종류도 달라진다. 시대의 흐름에 따라 기회의 중요성도 변화한다.

혁신 기회의 7가지 원천은 다음과 같다.

1) 조직 자체가 거둔 예상치 못한 성공과 예상치 못한 실패 그리고 경쟁자의 예상치 못한 성공과 예상치 못한 실패
2) 불일치, 특히 생산과 분배 프로세스상의 불일치 혹은 고객 행동의 불일치

3) 프로세스상의 필요성

4) 산업과 시장 구조의 변화

5) 인구 특성의 변화

6) 의미와 지각의 변화

7) 새로운 지식의 등장

이 일곱 가지 혁신 기회는 모두 체계적으로 분석되고 연구되지 않으면 안 된다. 주의를 기울이는 정도로서는 충분하지 않다. 연구 조사 방법이 조직적으로 되어 있어야 하고, 또한 그것을 규칙적이고도 체계적으로 수행해야 한다.

2. 혁신은 이론적인 분석인 동시에 지각적인 인식이다. 그러므로 혁신 활동에 있어서 꼭 해야 할 일로서 두번째의 일은 직접 밖으로 나가서 보고, 질문하고 그리고 경청하는 것이다. 혁신 활동에서 지각적 인식의 중요성은 아무리 강조해도 지나치지 않는다. 성공적인 혁신가는 자신의 왼쪽 뇌와 오른쪽 뇌를 모두 사용한다. 그는 숫자들을 살펴보는 한편 사람들도 관찰한다. 그는 기회를 충족시키기 위해서는 어떤 혁신을 해야 하는가 하는 문제에 분석적으로 접근한다. 그 다음에는 바깥으로 나가서 고객, 즉 이용자를 관찰하고는 그들이 무엇을 기대하고 있는지, 무엇에 가치를 두는지, 무엇을 필요로 하는지를 찾아낸다.

연구 조사를 하다 보면 고객의 가치관을 파악할 수 있을 뿐만 아니라 혁신에 대한 사회의 수용도도 감지할 수 있다. 이런저런 접근 방법 가운데에 그것을 사용할 사람들의 기대 혹은 습관에 잘 들어맞지 않는 것이 있음도 감지할 수 있다. 그 다음에는 다음과 같이 질문할 수 있다. "혁신의 결과물을 사용하지 않으면 안 되는 사람들이 앞으로 그것을 사용하길 '원하도록' 하려면 그리고 그것을 '자신들'의 기회로 인식하도록 하려면, 지금 수행하는 이 혁신은 무엇을 반영해야만 하는가?" 이런 질문을 하지 않으면 옳은 혁신이 잘못된 형태로 귀결될 위험을 초래한다.

3. 혁신이 목표를 달성하기 위해서는 어느 한 가지에 초점이 맞추어져 있어야 한다. 오직 한 가지에 초점이 맞추어져 있지 않으면, 그 혁신은 혼란을 야기한다. 초점이 분산되어 있는 복잡한 혁신은 성공할 수 없다. 새로운 모든 것은 언제나 난관에 부딪치기 마련이다. 그런데 만일 그것이 너무 복잡하다면 문제를 개선하거나 수정하는 일이 어렵게 된다. 성공한 모든 혁신은 놀랄 만큼 간단하다. 정말이지, 어떤 혁신이 받을 수 있는 최대의 찬사는 사람들로부터 다음과 같은 말을 듣는 것이다. "이건 너무 분명해서 누구나 쉽게 알 수 있는 거야. 그런데 왜 나는 진작에 이런 생각을 하지 못했지?"

새로운 고객과 새로운 시장을 창출하는 혁신도 구체적이고 분명하고 그리고 주의깊게 구상된 용도에 그 초점이 맞추어져야 한다. 혁신은 그것이 만족시켜야 할 구체적 수요 그리고 그것이 산출해야 할 최종 결과에 초점을 맞추지 않으면 안 된다.

4. 효과적인 혁신은 작게 시작한다. 거창하지 않다는 말이다. 혁신은 어떤 구체적인 것을 시도한다.

바퀴 달린 차가 궤도를 따라 달리는 동안 전력을 끌어다 쓰도록 함으로써 도시 전차를 가능하게 했던 것과 같은 종류의 혁신이 그런 것이다. 또는 성냥갑에다 똑같은 수의 성냥개비(대개 50개)를 집어 넣는 것과 같은 지극히 단순한 종류일 수도 있다. 이처럼 간단한 생각이 성냥갑을 자동으로 채우는 기술을 개발하도록 했고, 그 결과 스웨덴 사람들은 반세기 동안 성냥에 대해 세계적인 독점권을 누릴 수 있었다.

이와는 대조적으로 '어떤 산업에 혁명을 일으키자'라는 식의 거창한 아이디어는 아마도 성과를 낼 수 없을 것이다.

혁신은 처음에는 적은 돈과 사람 그리고 작고 한정된 시장만으로도 충분할 만큼 작은 규모로 출발하는 것이 유리하다. 그렇지 않으면 혁신을 진행하는 과정에서 거의 언제나 부딪히게 되는 조정 그리고 수정을 해야 할 충분한 시간적 여유를 갖지 못하게 된다. 혁신의 최초 단계에서는 '거의 다 됐다'라는 그 이상의 말을 들을 수 있는 경우가 많지 않다. 따라서 수정이 불가피하게 되는데, 이 수정은 오직 규모가 적고 그리고 사람과 돈의 요구가 비교적 적을 때라야만 가능할 것이다.

5. 마지막으로, 혁신에 성공하려면 그 목표를 주도권을 잡는 데 두어야 한다. 그렇다고 해서 궁극적으로 '거대한 기업'이 되는 것이라는 식으로 목표를 설정할 필요는 없다. 사실상 어떤 혁신이 궁극적으로 큰 기업으로 발전하게 할지 혹은 사소한 성과만을 올린 채 끝나고 말지는 아무도 모른다. 그러나 처음부터 주도권을 목표로 하지 않는 혁신은 목적을 충분히 달성하는 혁신으로 이어질 가능성이 낮고, 그 결과 혁신이라고 할 수도 없게 될 것이다. 전략은 매우 다양하다. 해당 산업 또는 시장에서 지배적 위치를

차지하는 것을 목표로 하는 것에서부터 소규모 '틈새 시장'을 찾고 또 차지하는 것에 이르기까지 다양하다. 혁신을 활용하기 위한 모든 전략은 주어진 환경하에서 주도권을 잡는 것이 되어야만 한다. 그렇지 않으면 그 혁신은 오직 경쟁자를 끌어들이는 기회만을 제공한 채 끝나고 말 것이다.

하지 말아야 할 일

지금부터는 '하지 말아야 할 일' 몇 가지를 검토하자.

1. 첫번째는 무조건 독창적인 것만을 하려고 해서는 안 된다는 점이다. 혁신은 평범한 사람도 추진할 수 있는 것이어야 한다. 아무리 규모가 크고 중요한 혁신이라 하더라도 우둔한 사람 혹은 거의 우둔한 사람들에 의해 집행되게 마련이다. 어쨌거나 세상에 넘치도록 많은 게 무능한 사람들뿐인 걸 어쩌겠는가. 혁신뿐만 아니라 너무 똑똑한 사람을 필요로 하는 일은, 그것이 디자인이든 봉제 가공이든 무엇이든 간에, 거의 실패하게 되어 있다.

2. 다각화하지 말라, 분산시키지 말라, 한꺼번에 너무 많은 것을 하려고 시도하지 말라. 이것은 '꼭 해야 할 일'인 한 가지에 초점을 맞추기 위해서 필연적으로 도출되는 결과이다. 사업 활동의 핵으로부터 벗어난 혁신은 산만해지기 쉽다. 그것들은 아이디어로서만 머물고 혁신으로는 연결되지 않는다. 핵이 반드시 기술이나 지식인 것은 아니다. 그것은 시장일 수도 있다. 실제로 시장에 관한

이해가 어떤 조직에서도, 기업이든 공공 기관이든 간에, 지식이나 기술보다 더 나은 통합의 핵을 제공한다. 혁신을 위한 노력들을 통합시킬 수 있는 핵이 없으면 그 노력들은 모두 산산이 흩어져 성과로 연결되지 않는다. 혁신은 통합적 노력이라는 집중된 에너지를 필요로 한다. 혁신은 또한 혁신이 목적을 달성할 수 있도록 하는 사람들 모두가 상호 이해 관계에 놓여 있을 것을 요구한다. 뿐만 아니라 혁신은 통일성과 공통의 핵을 요구한다. 두말 할 것도 없이, 다각화와 분산은 혁신을 위기로 몰아넣는다.

3. 마지막으로, 장래를 위해 혁신을 하려고 노력하지 말라. '현재를 위해' 혁신하라. 혁신의 영향은 오랜 기간에 걸쳐 나타날 수도 있다. 20년이 지나서도 완전한 성숙기까지 이르지 않을 수도 있다.

"앞으로 25년 뒤에 이것을 필요로 하는 노인들이 엄청나게 많을 거야."라는 말로는 충분하지 않다. 다음과 같은 말을 할 수 있어야만 한다. "이것을 사용해 보고는 뭔가 확실히 다르다고 차이를 느낄 노인들이 오늘날 우리 주변에 충분히 있다. 물론 시간은 우리 편이다 ― 앞으로 25년 동안 수요자는 더 늘어날 것이다."

지금 당장 응용되지 못하는 혁신은 레오나르도 다 빈치의 노트에 그려져 있는 설계 도면과 같은 것이다 ― 하나의 '멋진 아이디어'로서 말이다. 우리 가운데 다 빈치에 필적할 만한 천재는 거의 없으며, 우리의 노트가 영원한 생명력을 갖게 될 것이라는 기대 또한 할 수가 없다.

이 세번째 경고를 충분히 이해한 최초의 혁신가는 아마도 토머스 에디슨(Thomas Edison, 1847~1931)이었을 것이다. 그 당시 다른 모든 전기 발명가들은 1860년 내지 1865년경 연구를 시작했고,

마침내 전구를 발명하게 되었다. 하지만 에디슨은 전기에 관한 지식이 보편화될 때까지 10년을 기다렸다. 에디슨이 연구를 시작하기 전에는 전구에 관한 연구가 '미래'를 위한 것이었다. 그러나 전구에 관한 지식이 일반화되자—다른 말로 하면, 전구가 '현재'의 것으로 등장하자—에디슨은 자신의 엄청난 정력 그리고 유능한 인재들을 총동원했고 그리고 2년 동안 단 하나의 혁신 기회에 집중했다.

혁신 기회를 포착하는 데에는 때때로 장기간의 잠재 기간이 필요하다. 신약을 개발할 때에는 연구 개발 작업이 10년 동안이나 계속되는 일이 전혀 드문 일이 아닐 뿐더러 10년은 그렇게 긴 기간도 아니다. 하지만 일단 개발이 완료된 후에는 기존의 질병에 대한 치료약으로서 당장 판매할 수 있어야 한다. 그렇지 않고 개발에 성공한 뒤에도 한참 동안 기다려야 하는 의약품을 개발하려고 하는 제약 회사는 없을 것이다.

성공적 혁신을 위한 3가지 조건

마지막으로, 혁신을 성공적으로 추진하기 위해서는 다음 세 가지 조건이 필요하다. 이것들은 분명한 것인데도 흔히 무시되고 있다.

1. 혁신은 작업이다. 혁신은 지식을 필요로 한다. 때로는 위대한 발명의 재주를 요구하기도 한다. 세상에는 보통 사람에 비해 혁신에 뛰어난 재능을 가진 사람이 분명히 있다. 또한 혁신가들은 한 가지 이상의 분야에서는 일하지 않는다.

에디슨은 엄청난 혁신 능력을 갖고 있었음에도 불구하고, 오직 전기 분야에서의 혁신에만 집중했다. 금융 분야의 혁신 기업, 예를 들면 시티 은행이 소매업 또는 건강 분야의 혁신에 관심을 기울인다는 것은 있을 법한 일이 아니다. 인간이 하는 다른 분야의 노력에서와 마찬가지로 혁신을 하는 데 있어서도 자질이 있어야 하고, 발명의 재주가 있어야 하고 그리고 지식이 있어야 한다. 그러나 궁극적으로 혁신 아이디어가 제안되고 또 완성되려면 혁신은 열성적이고 목적지향적이며 초점이 맞추어진 '작업'이 되어야만 한다. 그런 작업은 집념과 책임감 그리고 성실함을 요구한다. 만약 그런 것들이 모자란다면, 자질이나 발명의 재주 그리고 지식 같은 것은 아무런 소용도 없다.

2. 혁신을 성공적으로 수행하려면 혁신가는 자신의 강점을 바탕으로 해야 한다. 성공적인 혁신가는 넓은 시야로 혁신의 기회를 탐색해야 한다. 그런 다음에는 다음과 같이 자문해 보아야 한다. "이런 기회들 가운데 '나'에게 그리고 '회사'에게 적합한 것은 어떤 것인가? 우리가 (또는 내가) 소질이 있고, 또 그 동안 실적 면에서 능력이 검증된 분야를 활용할 수 있도록 해줄 것은 어떤 것인가?" 다른 작업도 이 점에 있어서는 마찬가지다. 하지만 혁신에 있어서는 강점을 바탕으로 추진해야 하는 것이 특히 더 중요하다. 그 이유는 혁신에는 늘 위험이 따르고, 또한 성공하면 지식 면에서나 수행 능력 면에서 매우 큰 보상이 따르기 때문이다. 그리고 다른 벤처 비즈니스와 마찬가지로 혁신에 있어서도 기질적으로 자신의 '적성'에 맞아야 한다. 사업가들이 진심으로 좋아할 만한 일이 아니면 그 사업은 잘되지 않는 법이다. 제약 회사 가운데—스스로

를 '진지한' 사람으로 생각하는 과학적인 의식 구조를 가진 사람들이 운영하는 회사라면 ─ 립스틱 혹은 향수와 같은 '하찮은' 사업을 잘하는 회사는 없었다.

　마찬가지로, 혁신가도 혁신의 기회와 기질적으로 조화를 이루어야 한다. 혁신의 기회는 혁신가 스스로가 보기에 중요해야 하고, 또한 의미를 부여할 수 있는 것이어야 한다. 그렇지 않고서는, 엄청난 노력에도 불구하고 종종 좌절감을 맛보게 되는 혁신이라는 고된 작업을 추진할 엄두를 내지 못할 것이다.

　3. 혁신은 경제와 사회에 영향을 준다. 고객, 교사, 농민, 안과 의사 등, 다시 말해 모든 사람들의 행동에 변화를 준다. 혁신은 또한 여러 가지 프로세스를 변화시킨다. 사람이 일하는 방법 그리고 생산 방법에 변화를 가져온다는 말이다. 그러므로 혁신은 늘 시장과 밀접한 관계를 맺어야 하고, 시장에 초점을 맞추어야 하며 그리고 진정으로 시장지향적이어야 한다.

보수적인 혁신가

　몇 년 전에 어느 대학이 주최하는 기업가 정신에 관한 심포지엄에 참가한 적이 있는데, 주로 심리학자들이 많은 발표를 했다. 그들이 발표한 논문들은 거의 모든 주제에 대해 견해를 달리했지만, 유독 '기업가적 성격(entrepreneurial personality)'이 무엇인가 하는 것에 대해서만큼은 의견을 같이했다. 즉 기업가적 성격이란 '위험 추구 성향'으로 규정지을 수 있다는 점에 대해서는 모두가 동의하고 있었다.

마침 그 학회에 어느 유명한 성공적인 혁신가 겸 기업가가 참석했는데, 그는 프로세스상의 혁신을 통해 자신의 기업을 25년 만에 세계적인 기업으로 성장시킨 사람이었다. 학회 진행자가 논평을 부탁하자, 그는 다음과 같이 말했다.

"여러분들의 발표를 듣고 나니 어찌할 바를 모르겠군요. 나는 나 자신을 포함하여 성공한 혁신가와 기업가를 누구 못지않게 많이 알고 있다고 생각합니다만, 나는 여러분들이 말하는 '기업가적 성격'을 가진 사람을 한번도 만나본 적이 없습니다. 다만 내가 알고 있는 성공한 기업가들 모두는 한 가지 측면에서 공통점을 갖고 있습니다. 그들은 모두 '위험 추구자'가 '아니'라는 점입니다. 그들은 부담해야 할 위험을 파악하려고 애쓰면서, 한편으로는 될 수 있는 대로 위험을 최소화하려고 노력합니다. 그렇지 않았으면 그들은 성공할 수 없었을 것입니다. 내 경우에도, 내가 만일 위험을 추구하는 사람이었다면 부동산 투자 사업이나 무역업을 했을 테고, 아니면 나의 어머님이 바라셨던 대로 직업 화가가 되었을 것입니다."

그의 발언은 나 자신의 경험과 일치한다. 나 역시 성공적인 혁신가와 기업가를 많이 알고 있지만, 그 가운데 '위험 추구 성향'을 갖고 있는 사람은 단 한 사람도 없었다.

성공적인 혁신가의 대표적 모습—반은 통속 심리학이 또 다른 반은 할리우드 영화가 만든—은 슈퍼맨과 원탁의 기사를 합해 놓은 사람일 것이다. 하지만 어처구니없게도 그들의 실생활을 들여다보면, 대부분은 낭만과는 거리가 먼 생활을 하고 있다. '위험'을 향해 돌진하기는커녕, 재무분석표를 들여다보며 몇 시간 동안 꼼꼼히 따져보는 사람들이 그들인 것이다.

물론 혁신에는 위험이 따른다. 그러나 자동차를 몰고 슈퍼마켓에 가서 빵을 사기 위해 자동차 속으로 들어가는 행위에도 위험은 따른다. 본질적으로 모든 경제 활동은 '큰 위험'을 동반하는 법이다. 그리고 어제의 것을 지키는 일—혁신 활동은 아니지만—은 내일을 창조하는 일보다 훨씬 더 큰 위험을 동반한다. 내가 아는 혁신가들은 위험의 내용을 파악하고 그것을 가능한 한 제한하려고 함으로써 성공하고 있다. 그들은 혁신 기회의 원천을 체계적으로 분석하여 하나의 기회를 포착한 다음, 그것에 초점을 맞춤으로써 성공하고 있다.

예상치 못한 성공이나 실패 혹은 프로세스상의 필요성과 같은, 위험 수준이 낮고 또 분명히 파악할 수 있는 위험을 동반하는 혁신의 기회가 있는가 하면, 새로운 지식의 등장에 따른 혁신의 기회처럼 그 내용은 파악할 수 있지만 위험 수준이 매우 높은 것도 있다.

성공적인 혁신가는 보수적이다. 또 그래야만 한다. 그들은 '위험에 초점'을 맞추지 않는다. 그들은 '기회에 초점'을 맞춘다.

제5부

자기 실현을 향한 도전

THE ESSENTIAL
DRUCKER 16

인생의 후반부를 준비하라

> 우리는 첫번째 직업에서 상당한 성공을 거둔 사람들이 제2의 경력을 쌓아가는 모습을 앞으로 한층 더 많이 보게 될 것이다. 예컨대, 어떤 대기업의 사업 본부에서 회계 책임자로 근무하다가 지방의 소규모 병원으로 이동한 사람과 같이 말이다.

앞으로 21세기를 살아갈 개인들은 조직보다 더 오래 사는 것을 기대할 수 있게 되었다. 이러한 사실은 개인들에게 전적으로 새로운 도전을 던져주고 있다. '인생의 후반부에는 무엇을 할 것인가?'에 관한 도전 말이다.

왜 인생의 후반부를 준비해야 하는가

이제는 어떤 사람이 30세부터 근무하기 시작한 조직이 그 사람이 60세가 될 때까지도 여전히 존속할 것이라는 기대를 할 수 없게 되었다. 더구나 40년 내지 50년이란 기간은 한 가지 일만 수행하기에는 너무나 긴 시간이다. 그 정도 시간이 흐르면 대부분의 사람이 그때까지 해오던 일에 흥미를 잃고 마냥 지루해한다. 일의 능률이 떨어지는 건 당연하다. 그러면 '현업에서 은퇴'하게 되고, 결국은 그 자신과 주변 사람들 모두에게 부담스러운 존재가 되고 만다.

그러나 위대한 예술가들처럼 최상의 예술적 세계를 일궈낸 사람들의 경우 반드시 그렇지만은 않다. 위대한 인상주의 화가 클로드 모네(Claude Monet, 1840~1926)는 80세에도 여전히 하루에 12시간씩 일하면서 명작을 그렸다. 심지어는 시력을 거의 다 잃을 때까지 계속해서 그림을 그렸다. 인상주의 이후 최고의 화가라고 할 수 있는 파블로 피카소(Pablo Picasso, 1881~1973)도 마찬가지로 90세가 넘어 눈을 감을 때까지 계속 그림을 그렸다―게다가 피카소는 인생의 거의 말년에 이른 1970년대에 새로운 형식의 유파를 개척하기도 했다. 20세기 가장 위대한 악기 연주자인 스페인의 첼리스트 파블로 카잘스(Pablo Casals, 1876~1973)는 97세의 나이로 눈을 감는 그날까지 새로운 곡을 연주할 계획을 세웠고 또한 연습을 했다.

물론 이런 사례는 위대한 성취인들 가운데서도 드문 예에 속한다. 현대 물리학의 두 거장, 막스 플랑크(Max Planck, 1858~1947)와 알베르트 아인슈타인(Albert Einstein, 1879~1955)도 40세 이후에는 중요한 과학적 업적을 남기지 못했다. 플랑크는 그 후 '두 개의' 다른 경력을 더 보탰다. 60세 이후 1918년부터 그는 독일의 과학을 재편하는 작업을 했다. 1933년 나치로부터 강제 은퇴를 당했으나, 거의 90세가 다 된 1945년경 히틀러가 몰락한 뒤 그는 독일의 과학을 또 한 번 재편했다. 그러나 아인슈타인은 40대에 은퇴하고는 '유명 인사'가 된 것으로 끝나고 말았다.

오늘날 최고경영자의 '중년 위기(mid-life crisis)'에 대해 말들이 많다. 이것은 대부분 권태의 결과이다. 45세가 되면 대부분의 최고경영자들이 전성기를 맞이한다. 그들 자신도 그 사실을 알고 있다. 20년 동안이나 같은 종류의 일을 수행해 온 터라 그들은 자신의 일에 매우 능숙하다. 그러나 그들은 전성기를 누리면서 더 이상 아무것도 배우지 않으며, 어떤 것에도 더 이상 기여하지 않고 있다. 그들은 자신의 직무가 또다시 도전의 대상이 되거나 만족의 대상이 될 것으로 기대하지 않는다.

40여 년 동안 일해온 육체 노동자—예를 들면, 제철 공장의 고참 근로자나 혹은 기관차의 기관실에서 오랫동안 일해온 근로자—는 정상적인 기대 수명이 다하기 훨씬 전에, 다시 말해 전통적인 은퇴 연령이 되기도 전에 육체적으로나 정신적으로나 녹초가 되고 만다. 그들은 '끝난' 것이다.

만일 그들이 은퇴를 하고 나서도 계속 살게 된다면—그들의 기대 수명은 75세 또는 그 전후에까지 이르렀다—그들은 10년 내지 15년 동안 아무 일도 하지 않으면서 꽤 행복하게 살 수 있을 것이다. 골프도 치고, 낚시도 즐기고, 그 밖에 이런저런 취미 생활을 하면서 말이다.

그러나 지식 근로자는 '끝나지' 않는다. 그들은 나이에 상관 없이 계속 일할 수 있다. 비록 온갖 사소한 불평들을 늘어놓기는 하겠지만, 지식 근로자는 여전히 맡은 바 일을 해낼 수 있는 능력을 충분히 갖고 있다. 또한 지식 근로자는 자신이 30세일 무렵에는 무척 도전적인 과업으로 여겼던 것이라도 50세가 되면 넌덜머리가 날 정도로 지겨운 것으로 생각하게 된다—50세가 된 이후에도 20년까지는 아니더라도 15년 정도는 더 일할 수 있는데도 말이다.

이러한 이유들로 인해서 자기 자신을 관리하는 데 있어 인생의 후반부를 준비해야 할 필요성이 더욱 커지고 있다.

인생의 후반부를 설계하는 3가지 방법

인생의 후반부를 설계하는 데에는 다음의 세 가지 방법이 있다.

1. 제2의 다른 경력을 실질적으로 시작하는 것이다. 막스 플랑크가 그랬던 것처럼 말이다. 간혹 이것은 어떤 종류의 조직에서 다른 조직으로 옮아가는 것을 의미하기도 한다.

전형적인 예로, 나이가 45세 내지 48세쯤 되어 자식들을 다 키워놓은, 은퇴 연금을 받는 미국의 중견 최고경영자들 가운데 상당수가 병원으로, 대학으로 또는 몇몇 다른 비영리 기관으로 옮겨 가고 있다. 대부분의 경우 그들은 이전의 조직에서 하던 것과 같은 종류의 일을 그대로 한다. 예를 들면, 대기업의 사업 부문 경리 책임자였던 사람은 중소 기업의 경리 책임자로 이동한다.

실질적으로 전혀 다른 종류의 직무로 이동하는 사람들 또한 점점 더 늘어나고 있다.

　　미국에서는 20여 년 간 기업이나 지방 정부 기관에서 일을 하여 중견 관리자 직위로 승진한, 아이들을 다 키워놓은 45세 가량의 중년 여성들 중 상당수가 뒤늦게 법과 대학에 진학하고 있다. 이 여성들은 3년 내지 4년 뒤에 자신이 사는 마을에서 소규모 법률 사무소를 직접 운영한다.

　우리는 첫번째 직업에서 상당한 성공을 거둔 사람들이 이처럼 제2의 경력(second career)을 쌓아가는 모습을 앞으로 한층 더 많이 보게 될 것이다. 그런 사람들은 실용적인 기술을 갖고 있으며 일의 방법도 충분히 숙지하고 있다. 예컨대, 어떤 대기업의 사업본부에서 회계 책임자로 근무하다가 지방의 소규모 병원에 마찬가지로 회계 책임자로 이동한 사람처럼 말이다. 그들에게는 봉사할 공동체가 필요하다―그리고 그들의 집은 자식들이 떠나간 뒤이므로 비어 있다. 그들은 소득도 또한 필요하다. 그러나 무엇보다도, 그들은 도전을 필요로 한다.

　2. 인생의 후반부를 준비하는 두번째 방법은 '병행 경력(parallel career)'을 개발하는 것이다. 더욱 많은 사람들―특히 첫번째 직업에서 높은 성공을 거둔 사람들―이 지난 20년 내지 25년간 몸담아온 직업에 계속 종사하고 있다. 그들은 본업에서 일주일에 40시간 내지 45시간씩 일하면서 월급을 받는다. 일부는 바쁜 정규직 일자리 대신 파트타임 일자리를 선택하기도 하고, 또 일부는 상담역을

맡기도 한다. 그리고 그들은 스스로 병행 경력을 개발하여, 주로 비영리 기관(NPO)에서 일주일에 10시간 정도 일한다.

3. 마지막이자 세번째 방법은 '사회 사업가(social entrepreneur)'가 되는 것이다. 이런 부류에 속하는 사람들은 대체로 최초의 직업에서 매우 성공한 사람들이다. 예를 들면, 기업가나 의사 혹은 컨설턴트나 대학 교수로서 말이다. 그들은 자신의 직업을 사랑하지만, 그 직업은 더 이상 그들에게 도전 욕구를 제공하지 못한다. 많은 경우 그들은 늘 해왔던 업무를 그대로 계속하지만, 같은 업무를 하는데도 시간은 점점 덜 할애하게 된다. 따라서 다른 업무를 '시작하는데', 대개는 비영리 활동(non-profit activity)을 하게 된다.

'인생의 후반부(second half)'를 스스로 관리하는 사람들은 당분간 소수에 지나지 않을지도 모른다. 대다수는 지금 하는 일을 그대로 지속하고, 때가 되면 그 일에서 은퇴할 것이다. 늘 같은 일을 되풀이하면서 지루해하고, 은퇴할 날만 손꼽아 기다리면서 말이다. 그러므로 오랜 근로 생활 기간을 자기 자신과 사회 모두를 위한 기회로 인식하고, 점차 사회의 지도자 내지는 모범으로 변신하고자 하는 사람은 소수에 불과할 것이다. 은퇴 후 사회 사업가로 변신하는 사람들의 삶은 앞으로 점점 더 많은 사람에게 '성공 사례'로 인식될 것이다.

인생의 후반부를 관리하는 데에는 전제 조건이 하나 있다. 그것은 인생의 후반부로 접어들기 훨씬 전에 그 준비를 시작해야만 한다는 것이다.

근로 생활 수명(working-life expectancy)이 매우 빠른 속도로

늘어나고 있다는 사실이 처음으로 분명해진 30여 년 전에는 은퇴한 사람들이 점차 비영리 기관에서 일하는 자원 봉사자가 될 것으로 확신하는 사람이 많았다. 나도 그 중 한 사람이었다. 그런데 그런 일은 일어나지 않았다. 만약 어떤 사람이 40세가 되기 이전 무렵부터 자원 봉사자로서 경험을 쌓기 시작하지 않는다면, 그는 60세 이후에도 자원 봉사 활동을 하지 않을 것이다.

마찬가지로, 내가 아는 모든 사회 사업가들은 첫번째 경력이 절정에 도달하기 훨씬 전에 제2의 경력을 시작했다.

어느 변호사는 35세 때 자신이 거주하는 지역에 있는 학교에서 자원 봉사자로서 법률 업무를 시작했고, 40세 때에는 학교의 이사로 선임되었다. 50세쯤 되어 상당한 재산을 모았을 때, 그는 모델 학교를 세워 운영하면서 자신의 사업을 시작했다. 그러면서 그는 지금도 여전히 젊은 변호사 시절에 설립을 도와준 적이 있는 어느 대기업에서 주임 법률 고문으로 근무하고 있는데, 그것도 거의 풀타임으로 일하고 있다.

지식 근로자가 자기 자신을 관리한다는 것이 곧 '제2의 주요 관심사(second major interest)'를 개발하는 것, 그것도 일찌감치 개발하는 것을 의미하게 된 데에는 또 다른 이유가 있다.
이 세상에 자신의 인생에서 또는 자신의 근로 생활에서 심각한 역경을 겪지 않고 오래도록 살기를 기대할 수 있는 사람은 아무도 없기 때문이다.

42세의 유능한 엔지니어가 승진 대상에서 탈락하기도 한다. 또 다른 42세의 유능한 교수는 첫 임용지인 작은 대학에서 정년까지 근무하고 다른 큰 대학으로 옮기지 않겠다고 결심한다—비록 옮길 자격은 충분하다고 해도 말이다. 살다 보면 가족 생활에서 각종 비극이 일어나기도 한다—이혼을 할 수도 있고, 아이들을 잃을 수도 있다.

그러므로 '제2의 주요 관심사'는—그저 또 다른 취미로서 머물지 않고—완전히 다른 인생을 만들어줄 수도 있다. 승진 대상에서 탈락한 그 유능한 엔지니어는 자신이 회사에서 수행하던 그 직무에서 그다지 성공적이지 못했음을 지금은 알아차렸다. 그러나 그는 회사 바깥에서—예컨대, 지역 교회의 자원 봉사 회계 책임자로서—성공적으로 활동해 왔고, 앞으로도 그럴 것 같다. 가족이 붕괴될 수도 있지만, 가족 이외에도 공동체 활동은 여전히 존재한다.

이러한 활동은 '성공(상승 이동)'이 중요시되고 있는 사회에서 더욱더 중요해질 것이다.

역사적으로 일찍이 그런 일은 없었다. 옛날 영국의 기도문에 나오는 것처럼, 거의 대다수 사람들은 그들만의 '적절한 정류장'에 머무르는 것 이외에 다른 어떤 것도 기대하지 않았다. 이동하는 단 하나의 방법은 하향 이동뿐이었다. 상승 이동이란 것은 실질적으로 알려져 있지 않았다.

지식 사회에서는 모든 사람이 '성공'할 수 있다고 기대한다. 그러나 분명 그것은 있을 수 없는 일이다. 대부분의 사람들이 기껏해야 실패를 하지 않는 정도에서 그친다. 왜냐하면 성공이 있는 곳이면 실패도 함께 있기 때문이다. 그러므로 어떤 개인이 자신이 기여하는 분야, 남다른 성과를 올리는 분야 그리고 어떤 '대단한 사람(somebody)'이 되는 분야를 갖는다는 것은 그 개인에게—그 가족에게 역시—지극히 중요하다. 그것은 제2의 분야(second area)를 갖는다는 것을 의미한다. 그것이 제2의 경력이든, 병행 경력이든, 사회적 모험이든, 외부에 대한 진지한 관심이든 간에, 어쨌든 지도자가 될 기회, 존경받을 기회 그리고 성공한 자가 될 기회를 제공할 수 있는 것이면 된다.

개인을 위한 혁명

'자기 관리(managing oneself)'와 관련한 변화와 도전은, 비록 근본적인 변화와 도전이라고까지 할 것은 아니라 해도, 명백한 것으로 보인다. 그리고 그 해답들도 매우 자명한 것으로 보인다.

하지만 '자기 관리'는 인간 생활에 있어 하나의 '혁명(revolution)'이다. 그것은 각각의 개인에게, 특히 지식 근로자에게 전례가 없는 새로운 어떤 것을 요구한다. 사실상 지식 근로자에게 있어 자기 관리는 각자가 '최고경영자'처럼 '생각하고' 행동할 것을 요구한다. 그것은 또한 우리 대부분이 당연한 것으로 간주해 온 지식 근로자의 사고 방식과 행동 양식을 거의 180도로 바꿀 것을 요구한다. 어쨌거나 지식 근로자의 수가 처음으로 어느 정도 상당한 수준에 이르게 된 것은 겨우 한 세대 전의 일이다. ('지식 근로자'라는 용어는 내가 처음으로 사용했는데, 이는 겨우 30년 전의 일로서 1969년에 출판한 나의 책 『단절의 시대 *The Age of Discontinuity*』에서였다.)

또한—과업이 지시하든 또는 상사가 지시하든 간에—지시받은 대로 일하는 육체 노동자로부터 자기 스스로를 관리해야 하는 지식 근로자로의 중심 이동은 기존의 사회 구조에 심각한 도전을 던져준다. 왜냐하면 비록 무의식적일망정 기존의 모든 사회에서는, 심지어 최고의 '개인주의자'마저도 다음의 두 가지 사항을 당연한 것으로 간주하기 때문이다. 즉 조직은 근로자들보다 수명이 더 길고, 그리고 대부분의 사람들은 한 곳에 머무르며 산다고 간주하는 것이다. 하지만 '자기 관리'는 사람들이 생각하는 것과는 정반대의 '현실들(realities)'에 기초한다. 즉 근로자들은 조직보다 수명이 더 길고 그리고 지식 근로자는 이동성이 높다는 현실 말이다.

미국에서는 지식 근로자의 '이동성(mobility)'이 당연시되고 있다. 그러나 '근로자가 조직보다 수명이 더 길다'라는 개념은—그리고 그와 더불어 '제2의 인생, 즉 지금까지와는 다른 종류의 후반부 인생'에 대해 준비할 필요성은—실질적으로 아직 시작되지 않은 혁명이고, 따라서 이 혁명에 대한 준비를 하는 사람도 없다. 현재 실행되고 있는 은퇴 제도 역시 이러한 혁명에 대한 대비를 하지 못하고 있다. 미국 이외의 다른 선진국에서는 '비이동성(immobility)'이 기대되고 있고, 또한 당연시되고 있다. 그것은 바로 '안전성(stability)'이다.

예를 들어, 독일에서의 이동성은—매우 최근까지도—어떤 사람이 10세 또는 늦어도 16세가 되면 종말을 맞았다. 만약 어떤 어린이가 10세에 김나지움(Gymnasium)에 입학하지 않았다면, 그는 대학에 들어갈 기회를 영영 얻지 못한다. 그리고 김나지움에 입학하지 못한 대다수의 어린이들이 15세 또는 16세에 기계 기사로서, 은행 사무원으로서 그리고 요리사로서 시작한 도제 생활―그것은 취소할 수도 없고 또한 바꿀 수도 없다―은 그들의 남은 인생 동안 변함없이 수행해야 할 과업을 결정했다. 자신의 도제 생활과 연관된 직업으로부터 전혀 다른 직업으로의 이동은, 실제로 금지된 것은 아니지만 전혀 불가능했다.

사회의 변혁

가장 큰 도전에 직면해 있고 또한 가장 어려운 변화를 겪어야 할 선진 사회는 지난 50여 년 간 가장 성공적이었던 사회, 즉 일본이다. 역사상 전례가 없는 일본의 큰 성공은 대부분 '조직적 비이동성(organized immobility)'에 바탕을 두고 있다. 달리 말해, '종신 고용'이라는 비이동성 말이다. 종신 고용 제도 아래에서 개인의 생활을 통제하는 것은 조직이다. 당연히 조직은 개인에게는 선택의 여지가 없다는 가정하에 개인을 통제한다. 결론적으로 개인은 조직에 의해 관리당하고 있는 것이다.

나는 개인적으로 일본이 지금까지 종신 고용으로부터 제공받은 사회적 안정과 공동체―그리고 사회적 조화―를 '보존'할 수 있는 해결책을 찾을 수 있기를 진심으로 기원한다. 그리고 한편으로는, 지식 노동과 지식 근로자가 확보해야 할 이동성 문제도 해결할 수 있기를 기원한다. 일본의 해결책은 하나의 모범을 제공할 수도 있을 것이다―왜냐하면 어떤 국가에서도 생명력 있는 사회를 만들기 위해서는 화합을 필요로 하기 때문이다. 어쨌든 성공적인 일본이란 매우 다른 모습으로 다시 태어난 일본이 되리라.

또한 다른 모든 선진국도 마찬가지일 것이다. 자기 자신을 '관리할 수 있고', 또한 '관리해야만 하는' 지식 근로자의 등장은 사회의 모든 것을 바꾸어놓고 있다.

THE ESSENTIAL
DRUCKER 17

교육받은 사람이란 누구인가

> 지식 사회에서는 교육받은 사람이 중심이 되어야 한다. 지식 사회는 교육받은 사람에 대한 보편적인 개념을 가져야만 하는데, 그 이유는 지식 사회는 전문 지식의 사회이고 또한 범세계적인 사회이기 때문이다.

지식은 돈처럼 비인격적인 존재가 아니다. 지식은 책이나 자료 은행 또는 소프트웨어 프로그램 안에 머물러 있는 것이 아니다. 책이나 자료 은행 또는 소프트웨어 프로그램들은 오직 정보만을 담고 있다. 지식은 언제나 사람 속에 구현되어 있고, 사람이 갖고 다니며, 사람에 의해 창조되고 증대되거나 개선된다. 지식은 사람에 의해 적용되고, 사람에 의해서 가르쳐지고 전달되며, 사람에 따라서 잘 이용되거나 잘못 사용되어지곤 한다. 따라서 지식 사회로의 이동은 사람을 사회의 중심에 위치하게 한다. 그렇게 함으로써 지식 사회로의 이동은 새로운 도전과 새로운 쟁점 그리고 지식 사회를 대표하는 교육받은 사람(educated person: 드러커는 '교육받은 사람'을 전문적 직업 훈련을 받았거나 또는 고도의 전문적 지식을 갖춘 전문인에 가까운 의미로 사용하고 있다 — 역주)에 관한 전례가 없는 새로운 문제들을 야기한다.

지식 사회 이전의 모든 사회에 있어서 교육받은 사람은 한갓 장식품에 지나지 않았다. 그들은 쿨투르(Kultur) — 두려움과 조롱의 뜻이 혼합된, 영어로는 적당하게 번역할 수 없는 독일어 — 라는 말로 표현되었다. 그러나 지식 사회에서는 교육받은 사람이 사회의 표상이자 상징이며, 또한 사회의 표준이다. 교육받은 사람은 — 사회학자들의 용어로 표현하면 — 사회적 '원형(archetype)'이다. 이들에 의해 사회의 실행 능력이 결정된다. 또한 이들에 의해 사회적 가치, 신념, 헌신이 구체화된다. 만약 중세 초기에 있어서는 봉건 제도하의 기사가 가장 분명한 사회적 중심이었고, 자본주의 사회에서는 '부르주아'가 사회의 중심이었다면, 지식이 핵심 자원이 되는 자본주의 이후 사회에 있어서는 교육받은 사람이 그 중심이 될 것이다.

이러한 점은 '교육받은 사람'의 의미를 변화시킬 것이 틀림없다. 이것은 또한 '교육을 받았다'는 것의 의미 역시 변화시킬 것이 틀림없다. 예측컨대, '교육받은 사람'의 정의는 매우 중요한 이슈로 등장할 것이다. 지식이 중요한 자원이 됨에 따라 교육받은 사람은 새로운 요구와 새로운 도전 그리고 새로운 책임에 직면하게 된다. '이제 교육받은 사람은 중요한 존재이다.'

지난 10년 내지 15년간 미국 학계에서는 교육받은 사람에 관하여 활발한 — 때로는 격렬한 — 토론을 벌여왔다. 교육받은 사람이 존재해야만 하는가? 교육받은 사람이 존재할 수 있는가? '교육'이라고 간주될 수 있는 것은 도대체 무엇인가?

후기 마르크스주의자들과 급진적 여권 운동가들 그리고 다른 여러 '반대파'들로 뒤섞인 무리들은 교육받은 사람이라고 하는 존재 같은 것은 있을 수 없다고 주장한다—이들은 신허무주의자의 입장, 즉 '해체주의자(Deconstructionist)'들이다. 이 입장에 있는 또 다른 사람들은, 교육받은 사람이란 성(性), 인종, 민족별 그룹으로만 존재할 뿐이며, 그 그룹의 고유한 문화를 익히고 그 그룹에서 필요로 하는 독특한 교육을 받은 사람일 뿐이라고 주장한다.

이들 반(反)전통주의자들은 주로 '인도주의(humanity)'에 관심을 두고 있기 때문에, 히틀러의 '아리안 물리학', 스탈린의 '마르크스주의 유전학' 또는 모택동의 '공산주의 심리학'에 대해서는 그다지 관심을 두지 않는다. 하지만 반전통주의자들의 주장은 전체주의자의 주장을 상기시키고도 남음이 있다. 그리고 그들의 목표는 같다. 교육받은 사람이라는 개념의 핵심에 놓여 있는 것은 보편성이라는 것이다. 그것이 무엇으로 표현되든 그것은 관계가 없다. 서유럽에서는 '교육받은 사람'이라고 하고, 중국과 일본에서는 '문인(文人)'이라고 불리는 것과 같이 말이다.

반대 진영—그들은 '인문주의자(humanists)'라고 불릴 수 있는데—에 있는 사람들 또한 오늘날 미국의 교육 제도를 비판하는데, 그 논리는 정반대이다. 그들은 현재 미국의 교육 제도가 보편적인 교육을 받은 사람을 배출하지 못하고 있다고 비난한다. 인문주의자들은 19세기로의 회귀, 즉 '교양 과목', '고전 문학' 혹은 독일식의 '교양인(Gebildete Mensch)'으로 돌아가자고 주장한다. 그들은 아직까지는 50년 전 시카고 대학에서 허친스(Robert Hutchins)와 애들러(Mortimer Adler)가 주장한 것, 즉 '지식'은 전적으로 수많은 '위대한 책들(great books)'으로 구성되어 있다는 주장을 반복하고 있지는 않다. 그러나 그들은 허친스와 애들러의 '현대 이전으로의 복귀'의 직계 후손들이다.

그러나 유감스럽게도 반전통주의자와 인문주의자 양쪽 모두 틀렸다.

지식 사회의 핵심

지식 사회에서는 교육받은 사람이 중심이 되어야 한다. 지식 사회는 교육받은 사람에 대한 보편적인 개념을 가져야만 하는데, 그 이유는 지식 사회는 전문 지식의 사회이고 또한 범세계적인 사회이기 때문이다. 지식 사회에 있어서는 통화, 경제, 직업, 기술, 중심 이슈 그리고 무엇보다도 정보가 세계적이다. 자본주의 이후 사회는 통합의 힘을 필요로 한다. 자본주의 이후 사회는 독립적인 각각의 특수한 전통들을 모두가 공유할 수 있는 보편적 가치, 우수성에 대한 보편적 개념 그리고 상호 존중에 의해 통합할 수 있는 지도자 그룹을 필요로 한다.

따라서 자본주의 이후 사회―즉 지식 사회―는 해체주의자들, 급진적 여권 운동가들 또는 비서구주의자들이 제안하는 것과는 정반대의 것을 필요로 한다. 지식 사회는 그들(해체주의자, 급진적 여권 운동가, 비서구주의자)이 전적으로 거부하는 것, 즉 보편적인 교육을 받은 사람을 필요로 한다.

또한 지식 사회는 인문주의자들이 이상형으로 생각하는 것과는 다른 유형의 교육받은 사람을 필요로 한다. 인류의 유산인 위대한 전통, 지혜, 아름다움 그리고 지식의 말살을 요구하는 반대 파들의 어리석음에 대한 그들의 지적은 정당하다. 그러나 인문주의자들의 주장처럼 과거와의 연결 고리를 갖는 것만으로는 충분하지가 않다. 교육받은 사람은 비록 미래를 만들기 위한 것까지는 아니더라도 현재에 영향을 미칠 수 있는 지식을 항상 갖고 다닐 수 있어야 한다. 그런데 인문주의자들의 주장에는 그러한 능력을 갖출 채비가 없을 뿐만 아니라 관심조차 없다. 아무리 위대한 전통이라 하더라도 그것이 현재에 영향을 미칠 수 없는 것이라면 먼지 쌓인 골동품에 지나지 않는다.

스위스계 독일인으로서 노벨 문학상 수상자인 헤세(Hermann Hesse)는 1943년 소설 『유리알 유희 Das Glasperlenspiel』에서 인문주의자들이 원하는 세계를 기대했었다—그리고 그 실패도 보았다. 이 소설에서 헤세는 위대한 전통의 지혜와 아름다움에 헌신하는 지식인, 예술가, 인문주의자들에 대해 묘사하고 있다. 그러나 유리알 유희의 명수인 이 소설의 주인공은 결국 오염되고, 어리석고, 저속하고, 시끌벅적하고, 싸움으로 얼룩진 그리고 돈벌이를 추구하는 현실로 돌아가기로 결심한다—왜냐하면 그가 추구하는 가치들이 세상과 관련이 없다면 그것들은 황금이 아니라 다만 구리 덩어리일 뿐이기 때문이다.

헤세가 50년 전에 자신의 소설에서 예견했던 일들이 오늘날 일어나고 있다. 오늘날 교양 교육은 위기에 처해 있다. 왜냐하면 그것들은 가장 우수한 자들마저도 우둔하고, 저속하고, 돈벌이를 추구하는 현실로 떠나버리게 하는 '유리알 유희'가 되어버렸기 때문이다. 유능한 학생들은 교양 과목을 매우 즐겁게 공부하고 있다. 그들은 제1차 세계대전 전에 대학을 졸업했던 자신들의 증조부가 즐겼던 만큼이나 교양 과목을 충분히 즐기고 있다. 제1차 세계대전의 세대들에게 교양 교육은 그들의 인생에서 언제까지나 의미 있는 것으로 남아 있었고, 그리고 그것은 그들의 정체성을 규정해 주는 역할을 했다. 제2차 세계대전 전에 학교를 졸업했던 내 세대의 많은 사람들에게도 그것들은 여전히 의미 있게 남아 있다―비록 라틴어와 그리스어는 졸업과 동시에 즉시 잊어버렸지만 말이다. 그러나 오늘날의 모든 학생들은 졸업하고 몇 년 지나지 않아 곧 다음과 같이 말한다. "내가 그렇게 열심히 배웠던 것이 아무런 의미가 없다. 내가 흥미를 갖고 있는 그리고 내가 되고 싶어하는 어떤 것과도 아무런 관련이 없다." 주로 사회적 지위와 좋은 직업을 얻기 위한 것이기는 하겠지만, 그들은 여전히 자기 자식들이 인문 교양 대학―영국의 옥스퍼드와 케임브리지 대학, 일본의 도쿄 대학, 프랑스의 리세, 독일의 김나지움에 입학하기를 원한다. 그러나 막상 그들 자신의 삶에서는 교양 교육을 거부한다. 그들은 인문주의적 교육을 받은 사람을 거부한다. 인문주의적 교육은 그들로 하여금 현실을 통달하게 하는 것은 고사하고 현실을 이해시켜 주지도 못하기 때문이다.

그러므로 오늘날의 논쟁에 있어서 반전통주의자와 인문주의자 양쪽 모두 대체로 적절하지 못하다. 자본주의 이후 사회는 교육받은 사람을 필요로 한다. 과거 어떤 사회가 필요로 했던 것보다 더욱 많이 필요로 한다. 과거의 위대한 유산에 접근하는 것은 필수적인 요소가 되어야만 할 것이다. 과거의 유산은 인문주의자들이 유지하기 위해 노력하고 있는, 유태교 및 기독교의 전통으로 구성된 서구 문명보다 훨씬 더 많은 것을 포함하고 있다. 따라서 교육받은 사람은 자신이 속하지 않은 다른 세계의 문화와 전통에 대해서도 올바른 인식을 가질 수 있어야 한다. 예를 들어, 서구의 교육받은 사람은 중국과 일본 그리고 한국의 위대한 유산에 대해서도 이해할 수 있어야 한다. 그리고 동양과 이슬람의 종교와 철학에 대해서도 다 같은 종교와 문화로서 동등하게 평가할 수 있어야만 한다. 교육받은 사람은 또한 인문주의자들이 강조하는 것만큼이나 '책을 좋아해야' 한다. 교육받은 사람은 분석하는 능력 못지않게 훈련된 지각 능력을 필요로 할 것이다.

그렇다 할지라도 서구의 전통은 여전히 세계의 중심에 있어야 할 것이다. 세계의 교육받은 사람들이 현재에 대처할 수 있기 위해서는 말이다. 미래 사회는 '탈(脫)서구'가 될 수도 있고 '반(反)서구'가 될 수도 있다. 그러나 미래 사회는 '비(非)서구'가 될 수는 없다. 미래 사회의 물질 문명과 지식은 모두 서구의 지적 기초, 즉 서구의 과학, 서구의 도구와 기술, 서구의 생산 체제, 서구의 경제학, 서구적 화폐 제도와 은행 관습들에 의존한다. 서구의 사상 그리고 서구의 전통에 대한 이해와 수용 없이는 이와 같은 것들을 전혀 이용할 수 없게 된다.

오늘날 가장 심각한 '반서구' 운동은 이슬람교 근본주의자들의 반대가 아니다. 그것은 바로 페루에서 종종 일어나는 '빛나는 길(Shining Path: 페루의 모택동주의 무장 게릴라 집단—역주)'의 테러이다—이것은 잉카의 후손들이 스페인의 정복을 거부하고 케추아(Quechua)어와 아이마라(Aymara)어를 사용하는 고대 인디오로 돌아가기 위해 저주스런 유럽인들과 그들의 문화를 바다로 몰아내기 위한 필사적인 시도였다. 그러나 '빛나는 길' 반란군은 뉴욕이나 로스앤젤레스의 마약 중독자들에게 마약을 팔기 위해 코카(coca)를 재배하여 자금을 조달하고 있다. 그들이 잘 사용하는 무기는 잉카의 고무 새총이 아니다. 그것은 자동차용 시한 폭탄이다.

미래의 교육받은 사람은 글로벌화된 세상, 즉 서구화된 세계에서 살아갈 준비를 해야만 한다. 또한 교육받은 사람은 더욱더 민족주의화된 세상에서 살게 될 것이다. 비전과 시야 그리고 정보에 있어서 그들은 '세계의 시민'이 되어야만 한다. 또한 교육받은 사람은 자신이 뿌리 내리고 있는 지역에서 영양분을 흡수하여 지역 문화를 풍성하게 가꾸어 나가야 한다.

지식 사회와 조직의 사회

자본주의 이후 사회는 지식 사회임과 동시에 조직의 사회이다. 둘은 서로 의존하기도 하지만 개념 및 견해 혹은 가치 등에 있어서는 차이를 드러낸다. 비록 전부는 아닐지라도 대부분의 교육받은 사람이 조직의 구성원으로 일하면서 자신이 가진 지식을 활용하게 될 것이다. 그러므로 교육받은 사람은 두 개의 문화 속에서 동시에 일할 수 있는 준비를 해야만 할 것이다. 언어와 사상에 초점을 두는 '지식인(intellectual)'의 문화 그리고 사람과 일에 초점을 두는 '경영자(manager)'의 문화 말이다.

지식인들은 조직을 하나의 도구로 인식한다. 조직은 지식인들로 하여금 그들의 전문화된 지식을 활용할 수 있도록 해준다. 경영자들은 지식을 조직의 목표를 달성하는 수단으로 간주한다. 양쪽 모두 옳다. 그것들은 서로 다르기는 하지만 모순 관계가 아닌 상호 보완 관계에 있다. 둘은 서로를 필요로 한다. 과학자가 연구 관리자를 필요로 하는 만큼 연구 관리자는 과학자를 필요로 한다. 만일 어느 한쪽이 다른 한쪽에 비해 더 큰 가치를 갖는다면 양쪽 모두에서 성과를 올리지 못하고 좌절감만 느끼게 될 것이다.

조직 내에서 경영자와 균형을 이루지 못하는 지식인들은 비록 자기 자신의 일을 하기는 하더라도 결과적으로는 아무것도 해내지 못하게 될 수도 있다. 반대로 지식인과 균형을 이루지 못하는 경영자들은 무능하고 관료주의적인 '조직인(Organization Man)'으로 전락하고 만다. 그러나 경영자와 지식인이 서로 균형을 이루게 되면 그 조직에서는 창조와 질서 그리고 성취와 사명의 달성이 가능해진다.

실제로 자본주의 이후 사회에서는 많은 사람이 이런 두 가지 문화 속에서 동시에 일하게 될 것이다. 앞으로는 더욱 많은 사람이 두 가지 문화 속에서 일하는 경험을 쌓을 수 있어야 한다. 그것은 일자리를 바꿈으로써 가능하다. 예를 들면, 전문가의 일자리에서 관리자의 일자리로 옮겨서 경험을 쌓을 수 있다. 젊은 컴퓨터 기술자는 프로젝트 관리자 혹은 팀 리더로 옮겨 갈 수 있고, 또 젊은 대학 교수는 대학 행정 부서에서 2년 동안 시간제로 일할 수 있다. 다시 말하거니와, 사회 부문의 한 기관에서 '무보수 스태프'로 일하는 것도 두 세계, 즉 지식인의 세계와 경영자의 세계를 균형 있게 바라볼 수 있는 통찰력을 갖게 해줄 것이다. 진정으로, 자본주의 이후 사회에서는 교육받은 모든 사람들이 두 가지 문화를 모두 이해할 수 있는 준비를 해야만 한다.

테크네와 교육받은 사람

19세기의 교육받은 사람들에게 있어 'technē'들은 지식이 아니었다. 그것들은 이미 대학에서 가르쳤고, 또 그것들은 '원리'가 되었다. 원리의 실천자들은 '상인' 또는 '기능공'이라기보다는 오히려 '전문가들'이었다. 그러나 그것들은 교양 과목의 일부분이 아니었으므로 지식으로 취급되지는 않았다.

오래 전부터 대학은 'technē'들에 대하여 학위를 주어왔다. 유럽에서 법학 학위나 의학 학위를 수여하기 시작한 것은 13세기까지 거슬러 올라간다. 그 당시 유럽과 미국-영국은 제외하고-에서는 새로운 공학 학위가 사회적으로 채택되었다(나폴레옹이 통치하던 프랑스에서 처음 수여되기 시작했는데 1800년이 되기 한두 해 전이었다). '교육받은' 것으로 간주된 대부분의 사람들-변호사, 의사, 기술자, 지질학자, 기업가 등-은 하나의 'technē'를 실천하면서 살아갔다(오직 영국에서만 직업이 없는 '신사'가 존경을 받았다). 그러나 그들의 일과 직업은 '생존'을 위한 것이었지 '인생'을 위한 것은 아니었다.

'technē'의 실천자들은 자신들이 하는 일에 관해서 혹은 자신이 알고 있는 원리들에 관해서 밖에서는 절대 이야기하지 않았다. 그것은 '장바닥에서나 하는 얘깃거리'였다. 독일 사람들은 그렇게 자기의 전문 분야에 관한 이야기를 하는 사람을 '자기 전문밖에 모르는 사람(Fachsimpeln)'이라며 빈정거렸다. 프랑스에서 그런 사람들은 훨씬 더 조롱거리가 되었다. 그것에 집착하는 사람은 누구든지 촌뜨기 혹은 따분한 사람으로 간주되어 즉시 사교 모임의 초대 명단에서 제외되었다.

그러나 오늘날 'technē'들은 많은 분야에서 지식이 되었다. 따라서 'technē'들은 지식에 통합되어야만 하고, 교육받은 사람을 의미하는 것의 일부분이 되어야만 한다. 대학 시절에는 교양 과목을 즐겁게 배웠던 사람들이 졸업한 뒤 몇 년이 지나면 교양 과목에 회의를 느낀다. 그들은 현실에 별 도움이 되지 못하는 교양 과목에 실망하고, 심지어는 배신감을 느끼기도 한다.

그들이 그런 식으로 느끼는 데에는 충분한 이유가 있다. 지식들을 '지식의 세계(universe of knowledge)'로 통합시키지 못하는 교양 교육은 '교양'이 아니다. 그것들은 첫번째 과업에서 실패했다. 즉 문명이 존재하기 위한 하나의 조건인 '대화의 세계', 즉 상호 이해를 이끌어내는 일에 실패했다. 교양 교육은 지식을 통합하는 대신 분열의 원인을 제공했다.

우리는 많은 지식에 능통한 '만능학자'를 필요로 하지 않으며, 그런 사람들을 만나지도 못할 것이다. 실제로 우리는 더욱더 전문화될 것이다. 그러나 우리가 필요로 하는 것—그리고 지식 사회에서 교육받은 사람을 정의하는 것—은 다양한 지식을 '이해'할 수 있는 능력이다. 그 지식은 무엇에 관한 지식인가? 어떤 일을 할 수 있게 하는 지식인가? 그 지식의 주된 관심과 이론들은 무엇인가? 그 지식이 제공하는 중요한 새로운 통찰력은 무엇인가? 그 지식에서 간과되고 있는 중요한 분야는 무엇이며, 문제점은 무엇인가? 그리고 그 지식에서의 도전은 무엇인가?

전문 지식을 일반 지식으로

이러한 것에 대한 이해가 없다면 지식 그 자체들은 쓸모 없는 것이 되고 더 이상 '지식'이라고 할 수도 없게 될 것이다. 이러한 이해를 바탕으로 하지 않는 지식은 지적 오만을 안겨줄 뿐이고 또한 비생산적인 것이 될 것이 분명하다. 왜냐하면 모든 전문화된 지식들이 제공하는 중요한 새로운 통찰력은 더욱 전문적으로 분리된 다른 전문 지식으로부터 나올 뿐만 아니라 그 전문 지식마저도 또 다른 지식에서 나오기 때문이다.

경제학과 기상학은 지금 새로운 수학 이론인 혼돈 이론(Chaos theory)에 의해 변화되고 있다. 지질학은 물리학에 의한 물질의 연구에 의해서, 고고학은 유전학에 의한 DNA의 검출에 의해서, 역사는 심리학과 통계학 그리고 기술적 분석 기법에 의해서 심각한 변화를 겪고 있다. 1986년 노벨 경제학상을 받은 뷰캐넌(James M. Buchanan)은 최근 경제 이론을 정치 과정에 적용시켜 정치학자들이 1세기 이상 동안이나 사용해 온 가정들과 이론들을 뒤집어놓았다.

전문가들은 자신과 자신의 전문 분야 두 가지 모두를 다른 사람에게 이해시키는 일에 책임을 져야 한다. 잡지나 영화 또는 텔레비전 등과 같은 언론 매체가 중요한 역할을 할 수 있다. 그러나 그것들이 직접 그 일을 할 수는 없다. 다른 어떤 종류의 대중화 수단도 그 일을 대신할 수는 없다. 전문 분야의 지식은 있는 그대로 이해되어야 한다. 즉 진지하고, 엄격하고, 요구되는 그대로 이해되어야 한다. 그리고 이는 여러 지식 분야의 지도자들, 특히 종신 교수직에 있는 학식 있는 교수들이 자기 분야의 지식을 다른 사람에게 이해시킬 책임을 져야 하고, 그리고 자신들이 하는 일이 무엇인지를 밝히는 어려운 과업을 기꺼이 감당해야 함을 의미한다.

지식 사회에는 '지식들의 여왕'이란 것이 없다. 모든 지식들은 똑같이 가치가 있으며, 그리고 중세의 성인이자 철학자였던 성 보나벤투라(St. Bonaventura, 1221~1274)의 말처럼 똑같이 진리로 안내한다. 그러나 전문 지식들을 진리, 즉 일반 지식을 향한 길로 만드는 것은 전문 지식을 가진 사람들의 책임이다. 그들 모두는 지식을 안전하게 보관하고 있는 셈이다.

마르크스가 『자본론 Das Kapita』(1867)에서 처음으로 자본주의를 하나의 분명한 사회 질서로 확인했을 때, 이미 자본주의는 1세기 이전부터 지배적인 존재로 우리 주위에 있었다. 그러나 '자본주의'라는 용어 자체는 마르크스가 죽은 지 30년이나 지난 후에야 만들어졌다. 그러므로 오늘날 누군가가 『지식론 The Knowledge』이라는 책을 쓰려고 시도한다면, 그것은 지극히 주제넘은 시도일 뿐만 아니라 우스꽝스러울 정도로 조숙한 시도가 될 것이다. 지금 우리가 오직 시도할 수 있는 것은, 이 책의 처음에서 자본주의 시대로부터의 전환(물론 사회주의 시대로부터의 전환도 포함해서)을 다루었던 것처럼 사회와 정치 체제의 변화를 묘사하는 것이다.

그러나 우리는 지금으로부터 100년 뒤에는 비록 책 제목이 '지식론'으로 붙여지지는 않더라도, 그런 종류의 책이 쓰여질 수 있고 또한 누군가가 쓰게 될 것이라는 희망을 가질 수는 있을 것이다. 그것은 또한 우리가 지금 겨우 시작하고 있는 전환의 시대를 성공적으로 극복하고 나아갔음을 의미하게 될 것이다. 지금 이 시점에서 지식 사회를 예측한다는 것은 어리석은 일일 것이다. 마치 미국 독립 운동이 일어났고, 스미스가 『국부론』을 썼고, 제임스 와트가 증기 기관을 발명한 해인 1776년에, 그로부터 1세기 후 마르크스가 묘사했던 사회를 예측하는 것이 어리석은 일이었던 것처럼 그리고 빅토리아 여왕 시대의 중반에 살던 마르크스가―자신의 이론에 대해 과학적으로 오류가 없음을 주장하며―지금 우리들이 살고 있는 사회를 예측하는 것이 어리석은 일이었던 것처럼 말이다.

그러나 우리는 지금으로서도 한 가지에 대해서는 분명하게 예측할 수 있다. 바로 새로운 사회에서의 가장 커다란 변화는 지식의 형식, 내용, 의미, 책임의 변화 그리고 '교육받은 사람'의 의미의 변화가 될 것이라는 점이다.

THE ESSENTIAL DRUCKER 18

어떤 사람으로 기억되기 바라는가

> 사람은 오직 자신만이 스스로를 효과적인 인간으로 만들 수 있다. 그 누구도 그것을 대신해 줄 수 없다. 자신이 몸담고 있는 조직에 대해 져야 할 첫번째 책임은 자신이 가진 것을 최대한 활용하는 것이다—그것은 또한 자신을 위한 것이기도 하다.

전문가로서 그리고 개인으로서 자신의 성장을 위해서 가장 먼저 생각해야 할 것은 우수성(excellence)을 발휘하려고 노력하는 일이다. 우수한 능력을 갖추는 것은 스스로 만족감과 성취감을 느낄 수 있게 해준다. 전문가적 기량은 업무의 수준을 월등히 높이는 데 있어서 뿐만 아니라 그 업무를 수행하는 개인의 성장에 있어서도 매우 중요하다. 전문 직업인으로서 갖추어야 할 자질(craftsmanship)을 갖추지 못하면, 업무를 잘 수행하지 못하는 것은 물론이고 개인으로서 자기 성장도 이룩하지 못한다.

나는 오래 전에 만났던 최고의 치과 의사에게 다음과 같은 질문을 한 적이 있다. "당신은 어떤 사람으로 기억되기를 원하십니까?" 그는 다음과 같이 대답했다. "나는 내가 치료한 환자들이 죽어서 병원 안치대 위에 누웠을 때 사람들로부터 '이 사람은 정말 최고의 치과 의사에게 치료를 받았군'이라는 말을 들을 수 있기를 바랍니다."

그 치과 의사가 자신의 일을 하는 데 있어 가졌던 이런 태도는 시간만 대충 때우면서 아무도 눈치채지 못하기를 바라는 사람들과 비교했을 때 너무나 큰 차이를 보인다.

조직에서 일하는 사람에게 있어 자기 계발(self development)은 자신이 속해 있는 조직의 사명과 깊은 관계가 있으며, 자신의 일을 완성할 만한 가치가 있다고 믿는 신념 및 헌신과도 깊은 관계가 있다.

자신의 성장에 책임을 져라

개인의 성장에 있어서 가장 큰 책임을 지는 사람은 개인 자신이다—상사가 아니다. 조직 내의 모든 개인은 스스로 다음과 같은 질문을 해야 한다. "내가 하는 일이 조직과 나 자신 모두에게 남다른 성과가 되게 하기 위해서 나는 무엇에 초점을 맞추어야 하는가?"

어느 병원 간호사의 예를 들어보겠다. 그녀는 턱없이 부족한 시간과 예산에 시달리면서, 끊임없이 늘어나는 의사의 지시와 도저히 감당하기 어려울 만큼 엄청난 서류 정리에 매달려 있다. 그러면서 32명이나 되는 환자를 돌보고 있다. 그렇다면 그녀는 스스로 다음과 같은 질문을 해야만 한다. "나의 임무는 '환자의 간호'이다. 그 외의 다른 모든 것들은 기본적으로 나의 임무를 방해하는 일들이다. 본래의 임무에만 충실하기 위해서 나는 무엇을 어떻게 해야 하는가? 아마도 그것은 어떤 절차상의 문제일 것이다. 내가 보다 나은 간호사가 되기 위해서 일하는 방식을 바꿀 수는 없을까?"

사람은 오직 자신만이 스스로를 효과적인 인간으로 만들 수 있다—그 어느 누구도 그것을 대신해 줄 수 없다. 자신이 몸담고 있는 조직에 대해 져야 할 첫번째 책임은 자신이 가진 것을 최대한 활용하는 것이다—그것은 또한 자기 자신을 위한 것이기도 하다. 사람은 오직 자신이 가지고 있는 것을 활용함으로써만 일을 할 수 있다.

높은 성과를 올리는 것만이 주위 사람들로부터 신뢰와 협력을 이끌어낼 수 있는 유일한 방법이다. 바보 같은 상관, 어리석은 경영진 그리고 귀찮은 부하직원들에 대해 불평을 늘어놓는 것만으로는 좋은 성과를 올릴 수 없다. 자신이 의존하는 사람 혹은 자신에게 의존하는 사람을 만나 문제를 해결하는 것은 '자신'의 임무이자 '자신'의 책임이다. 무엇이 도움이 되는지, 무엇이 방해가 되는지 그리고 무엇을 바꿀 필요가 있는지 체계적으로 파악하는 것도 마찬가지로 자신이 해야 할 일이다.

우리는 신중하고도 조직적인 방법으로 노력을 집중함으로써 자기 개발을 위한 더 높은 단계로 나아갈 수 있다. 단지 자신의 비전을 조직의 그것과 일치시키는 단계를 뛰어넘어 개인의 비전을 성취하는 단계로 말이다.

실제로 특별한 공헌을 하는 사람들은 현재의 조직으로 하여금 과거로부터 물려받은 조직의 사명보다 훨씬 더 큰 사명을 수행하고 있다는 자부심을 느끼도록 한다.

이런 종류의 성공을 거두는 데 있어 가장 중요한 요소는 책임감이다. 자기 자신이 '스스로에게' 책임질 의무 말이다. 그 외 다른 모든 것은 이 책임으로부터 파생되는 것이다. 중요한 것은 직위를 갖고 있다는 사실이 아니라, '책임'을 지고 있다는 사실이다. 자기 자신에게 책임을 지기 위해서는 다음과 같은 말을 진지하게 충분히 인식하고서 직무를 수행하지 않으면 안 된다. "나는 이 직무를 수행할 수 있을 만큼 성장해야만 한다." 그것은 때로 새로운 기술을 습득하는 것을 의미하기도 한다. 더 난감한 것은 몇 년 동안에 걸쳐 겨우 습득해 놓은 기술이 더 이상 쓸모 없게 된 사실을 아는 경우이다. 컴퓨터에 관한 모든 것을 배우기 위해 10년 동안이나 노력했는데, 이제는 컴퓨터 대신 인간관계학에 대해 배우지 않으면 안 되는 것이다. 스스로에 대한 책임을 가장 우선 순위에 놓음으로써 우리는 우리 자신이 가진 자원을 활용하는 방법을 배우게 된다. 우리는 스스로 다음과 같은 질문을 해야 한다. "나는 무엇을 배워야만 하는가 그리고 남다른 성과를 올리기 위해서는 무엇을 해야 하는가?"

오랫동안 함께 일했던 어떤 지혜로운 사람이 나에게 이런 말을 한 적이 있다. "우리는 좋은 성과를 올린 사람에게는 월급을 올려줍니다. 그러나 승진의 문제는 다릅니다. 우리는 처음 자기가 맡은 직무보다 더 큰 직무를 뒷사람에게 넘겨줄 수 있는 사람만을 승진시킵니다."

나 자신에게 있어 자기 성장이란 스스로의 역량을 향상시켜 나가는 것과 한 개인으로서 더 크고 비중 있는 사람이 되는 것을 동시에 의미한다. 자기 자신이 스스로 부과하는 책임 의식에 초점을 맞춤으로써 사람은 자기 자신을 보다 크고 중요한 존재로 인식할 수 있게 된다. 그것은 허영도 자만심도 아니다. 그것은 자아 존중이고 또한 자신감이다. 그것은 한번 몸에 배이면 그 사람으로부터 빼앗아 갈 수 없는 그 무엇이다. 그것은 내적인 것인 동시에 외적인 것이기도 하다.

스스로 변신을 꾀하라

개인으로서 그리고 전문가로서 성장하기 위해서는 올바른 종류의 조직에서 올바른 업무(right work in right kind of organization)를 수행하지 않으면 안 된다. 이를 위한 가장 기본적인 질문은 "나는 한 인간으로서 어디에 속해야 하는가?"라는 것이다. 이 질문은 자신이 최상의 상태에서 일하기 위해서는 어떤 종류의 작업 환경이 필요한지 이해할 것을 요구한다.

학교를 갓 졸업한 젊은이들은 자기 자신에 대해서 잘 알지 못한다. 그들은 자신이 큰 기업에서 가장 일을 잘할지, 아니면 작은 기업에서 일하는 것이 더 나을지 알지 못한다. 그들은 자신이 다른 사람과 함께 일하는 것을 좋아하는지 혹은 혼자서 일하는 것을 더 좋아하는지 알지 못한다. 또한 자신이 모험을 필요로 하는 환경에서 더욱 성장할 수 있을지 혹은 그 반대인지에 대해서도 알지 못한다. 자신이 효율적으로 일을 처리하려면 마감에 대한 압박감이 필요한지 혹은 그렇지 않은지, 자신이 의사 결정을 신속하게 하는 사람인지 아니면 뜸들일 시간을 필요로 하는 사람인지 등에 관해서도 아는 것이 거의 없다. 첫 직장은 복권과 같다. 처음부터 자기 자신에게 잘 들어맞는 올바른 직장을 만날 확률은 그렇게 높지 않다. 자신이 어디에 속해야 할지 그리고 어디에서 경력을 쌓아야 할지를 파악하려면 대체로 몇 년의 시간이 필요하다.

우리는 흔히 사람의 기질과 개성은 타고나는 것이라고 말한다. 그렇다 하더라도 자신의 기질과 개성에 대해 진지하게 생각하고 또 그것들을 분명하게 이해하는 것은 매우 중요하다. 왜냐하면 그것들은 훈련을 통해 쉽게 변하는 것이 아니기 때문이다.

의사 결정 내용을 완전히 이해한 다음에야 행동을 취하는 유형의 사람은 야전군 사령관으로서는 적합하지 않다. 우측 부대가 갑자기 타격을 입은 경우, 사령관은 응전을 할지 혹은 퇴각을 할지를 8초 이내에 결정해야 할 것이다. 평소 의사 결정을 할 때 심사숙고하는 유형의 사람도 때로는 스스로를 재촉하여 신속하게 결정을 내리기도 할 것이다―그러나 십중팔구 그는 잘못된 결정을 하게 된다.

만약 "내가 속해야 할 조직은 어떤 곳인가?"라는 질문에 대해 심사숙고한 뒤 내린 대답이, 내가 현재 속해 있는 조직이 아니라는 결론이 내려지면, 그 다음에는 "그 이유는 무엇인가?"라는 질문을 해야 한다. 내가 조직의 가치를 수용할 수 없기 때문인가? 아니면 조직이 부패했기 때문인가? 만일 그렇다면 그것은 분명 상처를 입힐 것이다. 조직의 가치가 자신의 가치와 양립할 수 없는 상황에 있다는 것을 알았을 때, 우리는 스스로 냉소적이 되고 또한 자기 자신을 경멸하게 된다. 어쩌면 정략적인 기질이 강해서 자신의 경력을 위해 부패를 일삼는 상사 밑에서 일하고 있는 자신을 발견하고는 실망하게 될지도 모른다. 또는—가장 배신감을 느끼게 되는 경우인데—존경하는 상사가 상사로서의 결정적인 의무를 다하지 못하는 경우도 발생한다. 유능한 부하직원을 지원하고, 양성하고 그리고 승진시키지 못하는 상사 말이다.

만일 자신이 속해 있기에 적합하지 않은 조직이라면, 그리고 그 조직이 부패한 조직이거나 혹은 성과를 인정해 주지 않는 조직이라면, 그에 대한 올바른 의사 결정은 그곳에서 물러나는 것이다. 승진 그 자체는 중요한 것이 아니다. 중요한 것은 승진될 자격을 부여받는 것이고, 공정하게 취급받을 수 있는 여건이 되는가 하는 것이다. 만일 그런 조직에 속해 있지 않다면, 그 사람은 스스로 자신이 이류라는 것을 받아들이기 시작하게 될 것이다.

때때로 변화—큰 변화든 작은 변화든 간에—는 스스로를 재충전하기 위해 반드시 필요하다. 사람들이 과거보다 상당히 더 오래 살고 또 그만큼 더 일하게 됨에 따라, 변화의 필요성을 인식하는 것이 더욱 중요해질 것이다.

변신해야 한다고 해서 현재 하는 일과 완전히 동떨어진 다른 분야로 가야 한다는 것은 아니다. 예를 들면, 오랜 기간 미국 적십자사의 회장을 역임하고 있는 리처드 슈베르트(Richard Schubert)는 민간 기업의 노동 담당 변호사 겸 인사 관리 담당자였던 사람이다. 그런데 그는 40대가 되자 정부 관리로 변신했다가 다시 민간 기업으로 되돌아갔다—그 다음 그는 적십자사로 왔다. 그가 그토록 높은 성과를 올리는 사람이 될 수 있었던 이유는 상당히 이질적인 직업 문화 속에서 각양각색의 사람들과 함께 일해본 그 자신의 경험 때문이다.

편안하고 일상적인 업무에 빠져 있을 때가 바로 뭔가 다른 것을 하도록 스스로 압력을 가해야 할 시기이다. 피곤하다는 말은 대체로 싫증을 느끼고 있음을 암시하는 것이다. 일하러 갈 맘이 전혀 없는데도 아침마다 억지로 일어나 직장에 가는 것보다 사람을 더 피곤하게 하는 것은 없다.

우리가 수행하는 대부분의 일은 반복적이다. 따라서 일하는 재미는 일 자체에서 찾을 수 있는 게 아니다―그것은 일의 결과에서 찾아야 한다. 비록 현재의 일에 얽매여 있을 때라도 시각은 항상 높은 곳을 향하고 있어야 한다. 만일 싫증나는 일을 계속하고 있다면, 그것은 결과를 산출하는 것을 포기한 것이나 다름없다. 오로지 의미 없는 현실에만 매달려 있는 셈이다.

업무 속에 학습 자체를 구축하고 그리고 그것을 계속 유지하기 위해서는 결과를 바탕으로 새로운 기대를 설정하는 조직적 피드백 과정을 만들어야 한다. 그러려면 자신이 수행하는 업무 가운데 핵심적인 활동이 무엇인지 파악해야 한다―마찬가지로 자신의 인생에서도. 그리고 그런 활동을 수행할 때 결과적으로 성취하기를 '기대하는' 것을 기록해 둔다. 그런 다음 9개월 혹은 1년이 지난 후, 자신이 기대했던 바와 실제로 성취한 것을 비교해 보는 것이다.

이러한 피드백 과정을 통해 자신이 무엇을 잘했는지, 자신에게 필요한 기술과 지식은 무엇인지 그리고 자신의 (가장 중요한 발견이 될지도 모를) 나쁜 습관은 무엇인지를 배우게 될 것이다. 혹은 나 자신이 그랬던 것처럼, 조금만 더 노력했더라면 결과를 산출할 수 있었는데 너무 일찍 포기해 버린 것들도 발견하게 될 것이다. 나는 피드백 과정을 통해 나 자신이 정말 인내심이 없다는 사실을 알 수 있었다. 거듭 말하거니와, 아무리 좋은 의도로 시작했다 하더라도 좋은 결과를 내지 못하는 것은 남의 말을 귀담아듣지 않기 때문이다—이것은 가장 흔한 나쁜 습관이다.

학습을 오직 자신의 활동 범위 내에만 한정시켜서는 결코 안 된다. 자신이 속한 조직에 몸담고 있는 다른 사람들, 자신의 주변에 있는 사람들 그리고 친하게 지내고 있는 사람들을 살펴봐야 한다. 그들이 진정 잘하고 있는 일들은 무엇인가—그리고 그들은 그것을 어떻게 하고 있는가? 다시 말해, 그들이 어떻게 성공했는가를 배워야 한다. 우리 모두가 어려워하는 일을 다른 누군가가 잘해내고 있다면, 우리는 그로부터 그 비결을 배워야 한다. 자신의 업무와 경력을 관리하는 것은 전적으로 그 자신에게 달려 있다. 자신이 어디에 가장 잘 어울리는지를 파악하는 것도 그 자신에게 달려 있으며, 조직의 과업에 공헌함으로써 자신의 수준을 높이는 것도 역시 그 자신에게 달려 있다. 또한 스스로 싫증을 느끼지 않도록 예방책을 마련하는 것 역시 자기 자신에게 달려 있다.

올바른 일을 올바르게 하는 방법

조직에서 일하는 사람들 대부분은 목표 달성이라는 차원에서 보면 놀랄 만큼 낮은 성과를 기록하고 있다. 나는 거의 50년간을 경영자들과 더불어 일을 해왔는데, 그들 대부분은 열심히 일하고 또 아는 것도 많은 사람들이었다. 그러나 충분한 성과를 올리는 사람은 매우 드물었다. 성과를 올리는 사람과 그렇지 못하는 사람과의 차이는 타고난 재능의 여부에 달려 있는 것이 아니다. 목표 달성 능력은 행동 습관의 문제이고, 몇몇 기본적인 규칙의 준수 여부에 달려 있다. 그러나 우리들 대부분이 아직 이런 것에 서툴다. 그것은 조직 자체가 워낙 최근의 발명품이기 때문이다. 여러 사람이 모여서 일하는 조직에서의 목표 달성을 위한 규칙은 주로 혼자서 일을 했던 과거의 수공업 공장에서의 그것과는 다르다. 혼자 하는 일은 작업 그 자체가 작업 수행자를 조직하는 반면, 조직에서는 작업 수행자가 작업을 조직한다.

목표를 달성하기 위한 첫번째 단계는 무엇이 수행해야 할 올바른 일인지 결정하는 것이다. 주어진 일을 올바르게 수행하는 것을 의미하는 능률(efficiency)은 수행하고 있는 일이 올바른 일이라는 것을 전제로 하지 않는 한 아무런 의미가 없다. 따라서 어떤 일에 집중할지를, 다시 말해 어디에 우선 순위를 둘 것인지를 먼저 결정해야 한다.

그런 다음 그 일을 수행하는 데 있어서는 각자 자신의 강점을 활용해야 한다. 자신이 존경하는 성공한 상사의 행동을 모방하는 것은 목표를 달성하는 지름길이 아니다. 목표 달성에 관한 책들(내가 쓴 책을 포함해서)에 나오는 프로그램을 그대로 따라해서도 안 된다. 오직 자신의 강점을 제대로 활용할 수 있을 때에만 목표를 달성할 수 있다. 마치 지문처럼, 다른 누구와도 뚜렷이 구별되는 자기 자신만의 강점 말이다. 우리가 해야 할 일은 바로 자신이 가지고 있는 것을 효과적으로 활용하는 것이다—자신이 가지고 있지 않은 것으로는 아무것도 할 수가 없다.

자신의 강점이 무엇인가 하는 것은 성과를 통해 확인할 수 있다. 우리가 '좋아하는' 것과 잘하는 것 사이에는 상당히 높은 상관관계가 있기 마련이다. 우리가 하기 싫어하는 것과 잘 못하는 것 사이에는 더욱 뚜렷한 상관 관계가 있다. 요컨대, 우리는 하기 싫은 일은 가능한 한 빨리 손을 떼려고 하거나, 조금 노력하는 척하다가 아예 미루고, 그러다가 영원히 미루어버리는 경향이 있다.

아인슈타인은 교향악단에서 연주할 수 있는 수준으로 바이올린을 잘 켤 수 있는 능력을 얻을 수만 있다면 노벨상을 포함하여 자신이 가진 모든 것을 내놓아도 좋다고 말했다. 그러나 진정 그에게는 완벽한 현악기 연주가가 되기 위한 필수 조건인 양팔과 양손을 조화롭게 움직이는 재능이 없었다. 그는 연주하기를 좋아했다―그는 하루에 4시간씩 연습했고 또 그것을 즐겼다. 그러나 바이올린 연주는 그의 강점이 아니었다. 그는 언제나 수학 문제 푸는 것을 싫어한다고 말했다. 그렇지만 그는 오직 수학에서만 천재였다.

스스로 거듭나기

자신이 수행하고 있는 일로부터 자극을 제공받을 수 있는 경우는 스스로를 혁신하기 위해 노력할 때이다. 지금까지 하던 일에 '직무 충실(job enrichment)'을 기하기 위해 계속해서 재미있는 일을 만들고, 도전을 하고 그리고 변혁을 시도할 때이다. 가끔씩 자기 자신과 자신의 업무 두 가지 모두를 새로운 차원에서 바라보는 것은 그런 역량을 증대시킨다. 음악계에서 전해지는 이야기 중에 지휘자로부터 관중석에 앉아서 교향악단의 연주를 들어보라는 권유를 받은 클라리넷 연주자에 관한 이야기가 있다. 클라리넷 연주자는 관중석에 앉아서 생전 처음으로 진정한 음악을 들었다. 그 후 그는 단순히 클라리넷을 전문적으로 연주하는 것이 아니라 음악을 만들어냈다. 그것이 바로 스스로 거듭나는 것이다. 스스로 거듭난다는 것은 지금까지 하던 일을 다른 방식으로 하는 것을 의미하지 않는다. 그것은 지금까지 하던 일에 새로운 의미를 부여하는 것을 의미한다.

스스로 거듭나기 위한 가장 효과적인 방법은 예상하지 못했던 성공을 찾아보고 그 성공 방식을 자기 것으로 만드는 것이다. 대부분의 사람들은 문제에만 초점을 맞추느라 성공의 실마리는 눈여겨보지 않는다.

경영자들이 관심을 두는 보고서도 문제에 초점을 맞추고 있는 보고서이다—첫 페이지에 지난 기간 동안 조직이 저조한 실적만 기록한 모든 분야를 요약하고 있다. 경영자들은 보고서의 첫 페이지에 조직이 계획 또는 예산보다 월등히 '높은 실적'을 올린 분야를 명시하도록 지시해야 한다. 왜냐하면 그곳이 바로 예상하지 못했던 성공이 나타나는 곳이기 때문이다. 처음 몇 번 동안은 그 보고서를 눈여겨보게 되지 않을 수도 있다. "제발 나를 좀 내버려 둬요. 문제를 해결하는 것만으로도 바빠 죽겠어요."라면서 말이다. 그렇지만 그 경영자도 마침내는, 만약 예상 밖의 성과를 거둔 분야에 더 많은 관심을 기울였더라면 몇몇 문제들은 저절로 해결되었을지도 모른다는 사실을 깨닫게 될 것이다.

스스로 거듭나기 프로세스를 계속 유지해 줄 수 있는 가장 평범하면서도 강력한 도구는 세 가지가 있다. 그것은 가르치는 것, 조직 밖으로 나가보는 것, 낮은 직급에서 봉사해 보는 것이다. 만약 어떤 사람이 자신이 뛰어나게 잘한 일에 대해 동료 직원들 앞에서 어떻게 그런 성과를 올릴 수 있었는지를 설명할 기회를 갖게 되면, 듣는 사람들도 배우지만 그 자신도 배울 수 있다. 자신이 속해 있는 조직이 아닌 다른 조직에 가서 시간을 내어 도와주는 것 역시 새로운 시각을 열어준다. 최고경영자들로 하여금 조직의 사명 달성이라는 현실을 잊지 않도록 하는 가장 오래된 기법들 가운데 하나는, 일 년에 한두 번 정도 고객 서비스를 수행하는 조직의 최일선 부문에서 일해보는 것이다.

나는 매우 유능한 병원 관리자 한 사람을 알고 있었는데, 그는 몇 년 전 파업 때문이었는지 아니면 급작스럽게 발생한 전염병 때문이었는지 일손 부족으로 일주일간 병실 간호 업무를 하게 되었다. 어느 날 갑자기 조용한 사무실에서 비통과 희열이 극적으로 교차되는 현장으로 내려가게 되었던 것이다. 그 현장에서 일어나는 모든 일들이 그에게 가르침을 주었다. 그 병원 관리자는 나에게 이렇게 고백했다. "그때 현장에서의 경험은 나 자신을 스스로에게 정직한 사람이 되도록 해주었습니다." 지금 그 병원(내가 아는 최고의 병원 가운데 하나이다)은 모든 병원 관리자들이 일 년에 일주일씩 환자를 직접 돌보는 일선 간호사들과 함께 근무하는 것을 규칙으로 삼고 있다.

자기 자신을 스스로 혁신하는 데에 뛰어난 능력을 갖춘 사람들을 보건대, 그들은 자신이 기울인 노력의 결과들에 초점을 맞추는 사람들이다. 어떤 점에서 보면, 그들은 자기중심적이고 그리고 우주 삼라만상을 마치 자신의 성장을 위한 영양분으로 간주한다.

어떤 사람으로 기억되기 바라는가

나는 열세 살이 되던 해에 어느 선생님으로부터 종교 과목을 배웠는데, 그 선생님은 진실로 사람을 감동시키는 힘을 지니고 있었다. 그 선생님은 어느 날 교실에 들어서자마자 학생들 한 사람 한 사람에게 "너희들은 죽은 뒤 어떤 사람으로 기억되기를 바라느냐?"라는 질문을 했다. 물론 아무도 대답하는 사람이 없었다. 잠시 있다가, 선생님은 껄껄 웃으시며 다음과 같이 말했다. "나는 너희들이 질문에 대답할 수 있을 것으로 기대하지 않았다. 그러나 50세가 될 때까지도 여전히 이 질문에 대답을 할 수 없다면, 그 사람은 인생을 잘못 살았다고 봐야 할 거야."

마침내 우리는 고등학교 졸업 60주년 동창회를 가졌다. 졸업 후 서로 만나지 못했기 때문에, 처음 만났을 때 우리 모두는 어색한 말만 주고받았다. 조금 지나자 누군가가 그 선생님 이야기를 꺼냈다. "너희들 필리글러(Pfliegler) 신부님 기억 나니? 그때 신부님이 하신 질문도?" 우리 모두는 필리글러 선생님과 그분이 하신 질문을 기억하고 있었다. 그날 모인 친구들 모두 그 질문이 자신들의 인생을 크게 바꿔놓았다고 말했다. 비록 마흔 살이 될 때까지는 그 질문의 뜻을 잘 이해하지 못했지만 말이다.

나는 지금도 여전히 그 질문을 계속하고 있다. "나는 어떤 사람으로 기억되기를 바라는가?" 이 질문은 우리 각자를 스스로 거듭

나는 사람이 되도록 이끌어준다. 왜냐하면 이 질문은 우리로 하여금 자기 자신을 다른 시각에서 바라보도록, 즉 자신이 앞으로 '될 수 있는' 사람으로 보도록 압력을 가하기 때문이다.

만약 당신이 행운아라면, 당신은 인생의 초반부에 필리글러 신부와 같은 도덕적 권위를 갖춘 사람을 만나게 될 것이고, 그 사람의 질문은 당신으로 하여금 살아가는 동안 내내 자기 자신을 되돌아보게 해줄 것이다.

부 록

정보 혁명 이후의 지식 근로자

정보 혁명 이후의 지식 근로자

　우리는 정보 혁명이 가져다주는 진실로 혁명적인 충격을 이제 막 피부로 느끼기 시작했다. 그런데 이 혁명을 가속화한 것은 '정보' 그 자체가 아니다. 그것은 '인공 지능(artificial intelligence)'도 아니며, 또한 의사 결정이나 정책 및 전략 수립에 활용되는 컴퓨터도 아니다. 그것은 실제로 아무도 예견하지 못했으며, 진정 10년 내지 15년 전만 해도 사람들 사이에서 거론조차 되지 않았던 것, 즉 전자상거래(e-commerce)이다. 전자상거래를 가능하게 한 것은 인터넷 사용의 폭발적인 증가이다. 인터넷은 전세계적으로 상품과 서비스를 유통시키고, 그리고 놀랍게도 전문가와 경영자의 구인·구직에도 이용되는 하나의 중요, 아마도 궁극적으로는

'가장' 중요한 통로가 될 것이다. 전자상거래는 경제와 시장 및 산업 구조, 상품과 서비스 및 그 유통, 소비 계층의 세분화와 소비자의 가치관 및 소비 행위, 직업과 노동 시장 등에 심각한 변화를 불러오고 있다. 그러나 전자상거래가 불러온 한층 더 큰 변화는 사회 및 정치 분야, 그리고 무엇보다도 우리가 세상을 보는 관점과 그 세상 속에서 살아가는 우리 자신의 변화일는지도 모른다.

이러한 변화와 더불어 지금까지 예측되지 못했던 신종 산업들이 빠른 속도로 등장하리라는 것은 의심할 여지가 없다. 이미 생명공학 산업이 그러한 신종 산업으로 등장하였으며, 어류 양식업도 그 중 한 가지이다. 앞으로 50년 안에 어류 양식업은 현재 바다에서 활동하는 수렵 채취인을 '해양 목축업자'로 바꾸어놓을 것이다—이와 유사한 혁신이 약 1만 년 전 지상에서 수렵 및 채취 활동을 하던 인류의 조상을 농경 및 목축업자로 바꾸어놓았던 것처럼 말이다.

또 다른 신기술이 등장해서 신흥 주력 산업으로 성장할 수도 있을 것이다. 현재로서는 그것이 무엇이 될지 상상조차 하기 힘들지만, 그런 신기술들이 머지않아 등장하리란 것은 거의 확실하다—그것도 꽤 빠른 시일 내에 등장하게 될 것이다. 그 가운데 어떤 기술—그리고 그 기술을 바탕으로 한 어떤 산업—은 컴퓨터나 정보 기술과는 그다지 큰 관계가 없을 것이다. 생명공학 산업이나 어류 양식업에서 보듯이, 앞으로 등장할 신흥 산업은 예상 밖의 독특한 기술로부터 등장하게 될 것이다.

물론 이런 것들은 오직 예측에 불과하다. 그러나 이는 1455년경 구텐베르크의 인쇄 기술 혁명 이후 지금까지 500여 년 동안 산업 혁명이 진보해 온 궤도를 정보 혁명이 똑같이 따라갈 것이라는 가정 아래 내린 예측이다. 다시 말해, 정보 혁명이 18세기 말과 19세기 초의 산업 혁명과 비슷한 과정을 밟을 것이라는 가정 아래 내려진 예측이라는 것이다. 실제로 지난 50년 동안 정보 혁명이 진보해 온 과정은 초창기 산업 혁명이 보여준 과정과 정확하게 일치한다.

철도와 산업 혁명

지금의 정보 혁명은 1820년대 초기의 산업 혁명과 같은 단계에 와 있다고 할 수 있다. 당시는 1785년 제임스 와트가 개량형 증기 기관(1776년 첫 증기 기관 제작)을 처음으로 산업 활동에 적용한 지, 보다 구체적으로는 방적 기계에 적용한 지 약 40년이 지난 시기였다. 이 제1차 산업 혁명 시기에 증기 기관이 수행한 역할을 정보 혁명에 있어서는 컴퓨터가 수행하고 있다―방아쇠 역할을 했고, 더 나아가 그 혁명의 상징이 되었다.

오늘날 대부분의 사람이 경제 역사상 정보 혁명만큼 빨리 진행되고 또한 많은 영향을 미친 것은 없다고 생각한다. 그러나 산업 혁명도 정보 혁명과 비슷한 정도의 빠른 속도로 비슷한 정도의 큰 영향을 미쳤다. 산업 혁명은 18세기와 19세기 초 가장 중요한 산업 소비재, 즉 섬유 생산을 필두로 제조 공정 대다수를 급속히 기계화하였다. '무어의 법칙(Moore's Low)'은 정보 혁명의 기본 구성 요소인 마이크로칩의 가격이 매 18개월마다 절반으로 떨어진다고 단언한다. 제1차 산업 혁명으로 생산이 기계화된 제품들도 마찬가지였다. 면직물 가격은 18세기부터 시작하여 50년 사이에

90퍼센트나 하락하였다. 면직물의 생산량은 같은 기간 동안 영국에서만 적어도 150배 증가하였다. 산업 혁명은 섬유 제품 외에도 종이, 유리, 가죽, 벽돌 등 사실상 거의 모든 주요 제품의 생산 과정을 기계화하였다. 기계화의 영향은 소비재에만 국한되지 않았다. 철과 철 제품의 생산도 섬유 제품과 마찬가지로 증기 기관의 힘을 이용해 빠른 속도로 기계화되었으며, 비용과 가격은 낮아지고 생산량은 늘어났다. 나폴레옹 전쟁이 끝날 무렵에는 유럽 전역에서 총포의 제작 공정에 증기 기관을 이용했다. 대포 제작의 속도가 그 전보다 10배에서 20배까지 빨라졌고, 원가는 3분의 2이상 절감되었다. 그 무렵 미국에서는 엘리 휘트니(Eli Whitney, 1765~1825)가 장총 생산을 같은 방법으로 기계화하여 최초로 대량 생산 산업을 창출하였다.

산업 혁명 초기의 40년 내지 50년 동안 공장과 '근로자 계급'이 등장하였다. 1820년대 중반까지는 공장과 근로자 계급 둘 다 그 수가 미미했는데, 심지어 영국에서조차 통계적으로 별 의미가 없을 정도였다. 그러나 심리적으로는 공장과 근로 계층 모두 이미 주도 세력으로 자리잡은 상태였다(곧 정치적으로도 주도 세력이 되었다).

미국에 공장이 들어서기 전인 1791년 알렉산더 해밀턴(Alexander Hamilton)은 그의 저서 『제조업에 대한 보고서 *Report on Manufactures*』에서 산업 국가의 도래를 예견하였다. 한 세대 뒤인 1803년에는 프랑스 경제학자 장 밥티스트 세이(Jean-Baptiste Say, 1767~1832)가 산업 혁명에 의해 '기업가(entrepreneur)'가 창조되었으므로 이제 경제학이 새로 쓰여져야 한다고 주장하였다.

산업 혁명이 사회에 끼친 영향은 공장과 근로자 계급의 등장이 초래한 충격을 훨씬 능가했다. 역사학자 폴 존슨(Paul Johnson)은 그의 저서 『미국인의 역사 *A History of the American People*』(1997) 에서 노예 제도의 부활은 증기 기관을 동력으로 한 섬유 산업의 폭발적인 성장에서 비롯되었다고 지적했다. 미합중국의 창건자 들에 의해 사실상 사라졌다고 생각했던 노예 제도가 저임금 노동 자를 엄청나게 필요로 하는 조면기―이것도 곧 증기 기관을 동력 으로 사용하게 된다―의 등장과 더불어, 또한 노예 사용이 그 후 몇십 년간 미국에서 가장 수지맞는 사업이 되면서 다시금 그 모 습을 당당히 드러내게 된 것이다.

산업 혁명은 또한 가족 관계에도 큰 영향을 주었다. 가족은 이 미 오래 전부터 하나의 생산 단위로 존재해 왔었다. 농장이나 혹 은 수공업을 하는 장인의 공방에서 남편과 아내 그리고 아이들이 함께 일했다. 공장은 역사상 거의 처음으로 노동력과 노동을 가정 밖으로 끌어내 작업장으로 이동시켰고 다른 가족 구성원은 집에 남게 했다―성인 근로자의 배우자가 주로 집에 남았고, 특히 산업 혁명의 초창기에는 미성년 근로자를 고용하는 공장이 등장하면 서 부모가 집에 남았다.

정말이지, '가족의 위기'는 제2차 세계대전 이후에 일어난 것이 아니었다. 그 위기는 산업 혁명과 함께 시작되었다―그리고 사실 상 그것은 산업 혁명과 공장 제도에 반대하는 사람들의 표준적 쟁점이 되었다.

공장의 등장으로 인한 노동과 가족의 분리 현상이 노동과 가족 둘 다에게 끼친 영향에 대해 가장 잘 묘사한 것은 아마도 찰스 디킨스(Charles Dickens)가 1854년에 쓴 『고된 나날 *Hard Times*』이라는 소설일 것이다.

이런 모든 영향에도 불구하고, 첫 반세기 동안의 산업 혁명은 단지 기존에 존재했던 제품들의 생산을 기계화했을 뿐이다. 산업 혁명으로 생산은 대폭 늘어났고 비용은 대폭 줄어들었다. 산업 혁명은 소비자와 소비재 둘 다를 창출했다. 그러나 제품 그 자체는 오래 전부터 존재해 오던 것들이었다. 다만 공장에서 생산된 제품들은 전통적 제품들과는 달리 모양이 똑같고, 결함이 훨씬 적었다는 점에서 차이가 있었다.

산업 혁명 초창기 50년 동안 단 하나의 중요한 예외라고 할 수 있는 신제품은 1807년 로버트 풀턴(Robert Fulton, 1765~1815)이 처음으로 상용화한 증기선이었다. 첫 증기선이 등장한 후 30년 내지 40년 동안은 별다른 충격이 없었다. 사실 19세기가 거의 끝나갈 때까지도 증기선보다는 범선으로 세계의 바다를 건너는 화물이 더 많았다.

그 유례를 찾아볼 수 없는 진정한 발명품은 1829년에 등장하였다. 그것은 바로 철도인데, 철도는 경제와 사회 그리고 정치를 영원히 바꾸어놓았다.

돌이켜보건대, 철도가 왜 그렇게 늦게 발명되었는지 상상하는 것은 쉽지가 않다. 탄광에서 수레를 옮기기 위해 철로를 사용한 것은 이미 오래 전의 일이었다. 당시 사람이나 말이 끌던 수레에 증기 기관을 달면 훨씬 더 편리할 것이라는 점은 누구나 알 수 있을 정도로 명확한 사실이었다. 그러나 철도는 광산에 부설된 철로와 수레로부터 발전하지 않았다. 철도는 아주 독자적으로 개발되었다. 또한 철도는 당초에는 화물 운반을 위해 고안된 것이 아니었으며, 상당 기간 승객 수송 수단으로만 간주되었다. 화물 운반에 철도를 사용하기 시작한 것은 30년이 지난 뒤 미국에서였다.

사실 1870년대와 1880년대 당시 막 서구화되기 시작한 일본에 철도를 부설하기 위해 고용된 영국의 엔지니어들은 철도를 승객 수송용으로만 디자인했다―오늘날까지도 일본의 철도에는 화물 운반을 위한 시설이 없다.

어쨌거나 최초의 철도가 실제로 개통되기 전까지도 철도가 화물 운송에 이용된다는 것은 상상 밖의 일이었다. 철도가 등장한 후 5년 이내에 서구 세계는 역사상 가장 큰 호황에 휩싸였다―즉 철도 건설 붐 말이다. 경제 역사상 가장 끔찍했던 불황이 몰아친 1850년대 후반까지 유럽의 철도 붐은 30년 동안이나 계속되었으며, 그 기간에 오늘날의 주요 철도망 대부분이 건설되었다. 미국의 철도 건설 붐은 그 이후에도 30년간 더 지속되었고, 그리고 다소 뒤처진 지역들―아르헨티나, 브라질, 시베리아, 중국―은 제1차 세계대전까지 이어졌다.

철도는 산업 혁명을 일으킨 진정한 혁명 요소였다. 왜냐하면 철도가 새로운 경제의 장을 열었을 뿐만 아니라, 내 식으로 표현하자면, '심리적 지리(mental geography)'를 급속히 변화시켰기 때문이다. 철도로 인해서 인류 역사상 처음으로 사람들은 진정한 이동 능력을 갖게 되었다. 또한 철도는 역사상 처음으로 일반 사람들의 시야를 세계로 확대시켰다. 그 당시 사람들은 사람들의 심리에 근본적인 변화가 일어났음을 즉각 깨달았다.

이런 현상은 전환기를 맞은 산업 혁명 당시의 사회상을 가장 잘 묘사한 조지 엘리엇(George Eliot)의 1871년도 소설 『미들마치 Middlemarch』에 잘 나타나 있다.

프랑스의 위대한 역사학자 페르낭 브로델(Fernand Braudel)이 자신의 마지막 역작인 『프랑스의 정체성 The Identity of France』 (1986)에서 지적했듯이, 프랑스를 하나의 국가 그리고 하나의 문화로 만든 것은 다름 아닌 철도였다. 철도가 등장하기 이전까지 프랑스는 서로 고립된 지역의 집합으로서 오직 정치적으로만 통합되어 있었다. 미국의 서부를 창조하는 데 있어서 철도가 했던 역할은 미국 역사에서는 상식으로 되어 있다.

프로세스의 정형화

200년 전에 일어난 산업 혁명과 마찬가지로 정보 혁명도 지금까지—즉 1940년대 중반 컴퓨터가 처음으로 등장한 이후 지금까지—오직 우리 주변에 늘 존재해 왔던 정보의 프로세스만을 바꾸어 놓았을 뿐이다. 정말이지, 정보 혁명의 진정한 영향은 아무리 보아도 정보의 형태가 아니었다. 40년 전에 제시되었던 정보의 효력 가운데 실제로 실현된 것은 아무것도 없다. 예를 들면, 기업 또는 정부가 하는 주요 의사 결정 방법에는 실질적으로 아무런 변화가 없다. 그러나 정보 혁명은 수많은 분야에서 전통적으로 행하던 프로세스를 정형화(routinization)하였다.

피아노를 조율하는 소프트웨어는 전통적인 방법으로는 3시간 걸리던 프로세스를 20분 만에 할 수 있도록 바꾸었다. 임금 계산, 재고 관리, 배달 일정 그리고 기업 활동의 다른 모든 일상적 반복 업무를 위한 소프트웨어도 있다. 교도소나 병원과 같은 주요 건물의 내부 배치도(난방, 상수도, 배관 처리 등) 설계는 대략 25명의 뛰어난 전문 제도사가 50일 정도의 기간에 걸쳐 할 수 있는 업무였다. 그런데 지금은 한 명의 제도사가 이틀 만에 해치울 수 있게 하는 프로그램이 있는데, 비용 면에서 보더라도 과거에 비하면 거의 푼돈 수준이다.

사람들이 스스로 세금 환급을 받을 수 있도록 도와주는 소프트웨어가 있는가 하면, 병원의 레지던트들에게 쓸개 적출 수술을 가르쳐주는 소프트웨어도 있다. 지금 증권 시장에서 투자를 하는 사람들은 1920년대 그들의 선배들이 증권 회사 사무실에서 매일 몇 시간씩 허비하며 했던 것과 똑같은 일을 컴퓨터 온라인을 이용해 간편하게 하고 있다. 프로세스 그 자체는 조금도 달라진 게 없지만 프로세스가 차츰 정형화되면서 시간과 비용은 엄청나게 절감되고 있다.

정보 혁명의 심리적 영향은 산업 혁명의 그것과 마찬가지로 엄청나게 큰 것이었다. 가장 큰 영향은 아마도 아이들의 학습 방법에 관한 것이라고 할 수 있을 것이다. 지금 아이들은 네 살 때(혹은 더 어릴 때)부터 시작하여 컴퓨터 기술을 재빨리 익히고는 곧 어른들을 앞서고 있다. 컴퓨터는 그들의 장난감인 동시에 학습 도구이다. 앞으로 50년 후 사람들은 지난날을 회고하며 20세기를 마감하는 몇 년 동안 '미국 교육의 위기'는 없었다고 결론지을 것이다―다만 20세기 학교의 가르치는 방법과 20세기 말 학생들의 배우는 방법 사이에는 커다란 차이가 있었을 뿐이라고 말이다. 인쇄기와 활판 인쇄술의 발명으로부터 100년이 지난 뒤 16세기의 대학 교육에도 이와 비슷한 변화가 있었다.

그러나 우리가 일하는 방식에 있어서는, 정보 혁명은 지금까지 우리가 해온 일상 활동을 단지 정형화했을 뿐이다.

단 하나의 예외가 CD-ROM인데, 20여 년 전 발명된 이것은 오페라, 대학 교과 과정 그리고 작가의 전집 등을 전혀 새로운 방법으로 제작하기 위한 것이었다. 산업 혁명 당시 증기선의 경우처럼, CD-ROM도 즉각 주목받지는 못했다.

전자상거래의 의미

정보 혁명에서 전자상거래가 수행한 역할은 산업 혁명에서 철도가 수행한 역할과 같다―둘 다 아주 새롭고, 유례가 없으며 그리고 전혀 상상하지 못했던 것이다. 170년 전에 철도가 그랬던 것처럼 지금 전자상거래는 새롭고도 보기 드문 호황을 불러일으키고 있으며, 또한 경제와 사회 그리고 정치를 급속히 변화시키고 있다.

1920년대에 창업한, 미국 중서부의 산업 지대에 위치한 한 중소기업의 예를 들어보겠다. 지금은 창업자의 손자가 경영하고 있는 그 회사는 가까운 지역의 패스트푸드점, 학교와 회사의 구내 식당, 병원 등에 값싼 도자기 식기류를 납품해 지역 시장 점유율이 60퍼센트에 이르렀다. 무겁고 깨지기 쉬운 특성 때문에 전통적으로 값싼 도자기는 생산자로부터 멀지 않은 시장에서 팔리고 있다. 그런데 거의 하룻밤 만에 이 회사의 시장 점유율이 30퍼센트 가까이로 떨어졌다. 고객 가운데 하나였던 어느 병원의 구내 식당 직원이 인터넷을 '검색'하다가 유럽의 도자기 제조업체를 발견했는데, 이 유럽 회사는 품질이 훨씬 좋은 제품을 더 싼값에 항공편으로 배달해 주겠다고 제안했던 것이다. 몇 달 지나지 않아 그 지역의 다른 주요 고객들도 유럽 회사 쪽으로 옮아갔다. 고객들 가운데 그 물건이 유럽에서 온다는 것을—관심을 두는 것은 고사하고—아는 사람은 거의 없는 것 같았다.

　철도가 창조한 새로운 심리적 지리로 인해 인류는 거리상의 격차를 극복할 수 있었다. 전자상거래가 창조한 심리적 지리는 아예 '멀다'라는 개념 자체를 사라지게 했다. 이제 세상에는 단 하나의 경제 그리고 단 하나의 시장만 존재하게 된 것이다.

　전자상거래가 초래한 하나의 결과는 모든 기업이 글로벌 경쟁력을 갖추지 않으면 안 되도록 만든 것이다. 비록 그 기업이 오직 국내 시장 또는 어느 특정 지역에서만 제품을 제작하거나 판매하는 기업이라 해도 말이다. 이제 경쟁은 더 이상 국내에서만 하는 것이 아니다—정말이지, 경쟁은 국경을 모른다. 모든 회사는 경영 방식에 있어서는 초국적으로 되어야만 한다. 이와 더불어 전통적인 다국적 기업은 구식이 될지도 모른다. 다국적 기업은 세계의 몇몇 특정 지역에서 생산 및 판매를 하고 있는데, 각 지역에서 그 자회사는 '지역' 기업인 셈이다. 그러나 전자상거래에서는 지역 회사도 특정 지역도 없다. 어디에서 제작할지, 어디에서 판매할지 그리고 어떻게 판매할지는 사업상 중요한 결정 사항으로 남아 있을 것이다. 하지만 앞으로 20년이 채 지나기 전에 다국적 기업은 자회사에 대해 그런 결정을 해야 할 필요가 없어질 것이다.

전자상거래를 통해 어떤 상품과 서비스를 사고 팔게 될 것인지, 그리고 어떤 상품이 전자상거래 방식에 적합하지 않을 것인지 하는 것은 아직 분명하지 않다. 이런 현상은 새로운 유통 채널이 등장할 때마다 늘 겪었던 일이다.

예를 들면, 철도는 서구 세계의 심리적 그리고 경제적 지리 둘 다를 바꾸어놓았는데, 왜 증기선—세계 무역과 승객 수송에 똑같이 영향을 주었음에도 불구하고—은 그러한 영향을 미치지 못했을까? 왜 그 당시 '증기선 건조 붐'은 일어나지 않았을까?

마찬가지로 분명하지 않은 것은 유통 채널에 있어 최근에 일어난 변화의 영향이다. 예를 들면, 동네 잡화점이 슈퍼마켓으로 이동하고, 개인 슈퍼마켓이 슈퍼마켓 체인으로 대체되고 그리고 그 슈퍼마켓 체인이 월마트와 같은 할인점 체인으로 옮아갔다. 그러나 전자상거래로의 이동이 취사선택적으로 이루어지고 그리고 예측이 불가능하다는 점은 이미 분명하다.

몇 가지 예가 더 있다. 25년 전 사람들은 다들 앞으로 몇십 년 안에 각종 인쇄물이 구독자의 컴퓨터 화면으로 전송될 것이라고 믿었다. 그래서 구독자들이 그것을 컴퓨터 화면에서 읽거나 혹은 내려받기하여 프린트를 한 다음 읽을 수 있게 될 것이라고 말이다. 이러한 가정이 바로 CD-ROM의 발명을 가능하게 했다. 미국뿐만 아니라 다른 곳에서도 수많은 신문사와 잡지사들이 온라인망을

깔았다. 그러나 지금까지 온라인 구독으로 큰돈을 번 회사는 거의 없는 걸로 알고 있다.

　이와는 달리 20년 전 어떤 사람이 아마존(Amazon.com)과 반스앤드노블(barnesandnoble.com)의 사업－즉 인터넷을 통해 책을 팔되, 활자로 인쇄된 무거운 책을 배달해 주는 사업－을 예언했다면, 그는 발표장에서 조롱을 당했을 것이다. 그러나 지금 아마존과 반스앤드노블은 정확하게 그 사업을 그것도 전세계적으로 하고 있다. 내가 가장 최근에 출간한『21세기 지식 경영 *Management Challenges for the 21st Century*』(1999)의 첫 주문이 아마존으로 들어왔는데, 그것은 아르헨티나에서 온 것이었다.

　전자상거래의 예를 몇 가지 더 들어보겠다. 10년 전 세계에서 선두를 달리던 어느 자동차 회사가 당시 막 선을 보인 인터넷이 자동차 판매에 끼칠 영향에 대해서 철저하게 조사했다. 그 결과 중고차 거래에서는 인터넷이 주요 채널이 되겠지만, 고객들은 여전히 새 자동차를 직접 보고, 만져보고, 시운전해 보기를 원할 것이라는 결론을 내렸다. 하지만 실제로는, 최소한 지금까지는, 대부분의 중고차들이 여전히 인터넷이 아닌 중개인을 통해 거래되고 있다. 반면에 새 차(고급 승용차를 제외하면)의 경우에는 절반가량이 인터넷을 통해 '구매'되고 있다. 자동차 중개인들은 고객들이 중개인의 홈페이지에 들어오기 훨씬 전에 선택해 놓은 차들을 단지 배달만 해주고 있다. 이런 현실이 20세기에 가장 수지맞는 소규모 사업이었던 지역별 자동차 중개인들의 미래에 대해 암시하는 것은 무엇일까?

미국에서 주식 투자 붐이 일었던 1998년과 1999년 당시 많은 중개인들이 온라인을 통해 주식을 사고 팔았다. 그러나 지금 온라인을 통해 주식을 구입하는 투자자들의 수가 점차 줄어들고 있다. 미국에서 주요 투자 대상은 뮤추얼 펀드이다. 몇 년 전만 해도 전체 뮤추얼 펀드 가운데 거의 절반이 온라인을 통해 매입되었다. 그러나 지금의 상황으로 볼 때, 2005년에는 그 비율이 20퍼센트까지 떨어질 것으로 예상되고 있다. 이런 현상은 10년 내지 15년 전에 '모든 사람이 예측했던' 것과는 정반대이다.

미국에서 가장 급속히 성장하는 전자상거래는 여태까지 '상거래'가 없었던 분야이다. 전문가 및 경영자를 위한 일자리의 알선이 그것이다. 세계 거대 기업들 가운데 거의 절반이 지금 웹사이트를 통해 직원을 채용하고 있다. 또한 약 250만 명의 경영자들과 전문가들(이들 가운데 3분의 2는 엔지니어도 컴퓨터 전문가도 아니다)이 자신의 이력서를 인터넷 구직난에 올려놓거나, 인터넷으로 구인 광고를 검색하고 있다. 결과적으로 완전히 새로운 노동 시장이 형성된 것이다.

이러한 현상은 전자상거래의 또 다른 중요한 영향을 설명해 준다. 새로운 유통 채널은 고객들을 바꾸고 있다. 전자상거래는 고객의 '구매 방법' 뿐만 아니라 '구매 상품' 자체를 바꾸고 있다. 전자상거래는 소비자 행동, 저축 성향 그리고 산업 구조까지 바꾸고 있다. 한마디로 말해, 경제 전체를 바꾸고 있다. 이런 현상은 미국뿐만 아니라 다른 여러 선진국 그리고 중국 대륙을 포함한 많은 신흥 국가에서도 마찬가지로 일어나고 있다.

루터, 마키아벨리 그리고 연어

철도는 산업 혁명을 기정 사실화했다. 처음에는 혁명이었던 것을 일상 생활로 만들었다는 말이다. 산업 혁명이 불러온 호황은 거의 100년 동안이나 지속되었다. 증기 기관 기술은 철도만으로 끝나지 않았다. 그것은 1880년대와 1890년대의 증기 터빈으로 이어졌고, 1920년대와 1930년대에는 미국의 철도광들이 열광했던 웅장하고 보기 좋은 마지막 세대의 증기 기관차를 만드는 데까지 이어졌다. 그러나 증기 기관과 관련된 기술 그리고 제조 공정과 관련된 기술은 더 이상 산업에서 중추적인 역할을 하지 못하였다. 그 대신 기술의 원동력은 철도 발명 직후 거의 잇따라 등장한 완전히 새로운 산업들로 옮아갔는데, 그것들 가운데 증기 또는 증기 기관과 관련 있는 산업은 하나도 없었다. 1830년대에 전기를 이용한 전신 기술과 사진 기술이 먼저 나왔고, 곧이어 광학과 농업용 기계가 등장하였다. 1830년대 후반에 시작된 새롭고 독특한 비료 산업은 농업을 순식간에 변화시켰다. 공중 보건 산업은 검역 활동, 백신 접종, 하수 처리를 맡으면서 중요 성장 산업이 되었고, 이로 인해 역사상 처음으로 도시가 시골보다 한층 더 건강한 생활 공간이 되었다. 동시에 마취제가 처음 개발되었다.

이런 새로운 주요 기술들과 함께 새로운 사회 기관들이 등장하였다. 몇 가지를 나열하자면, 현대적인 우체국, 일간 신문사, 투자 은행 그리고 상업 은행 등이 선을 보였다. 이들 가운데 증기 기관 또는 산업 혁명 당시에 널리 사용되었던 기술과 관련이 있는 것은 아무것도 없다. 이들 새로운 산업들 그리고 새로운 기관들이 1850년경에는 선진국의 산업 및 경제의 모습을 지배하게 되었다.

그것은 인쇄 혁명으로 인해 일어났던 상황 전개와 매우 유사하다—인쇄 기술은 현대 세계를 창조한 첫번째 기술 혁명이었다. 구텐베르크가 인쇄기를 완성하고 또 수년간 연구해 온 활판 인쇄술을 완성한 1455년 이후 50년간, 인쇄 혁명은 유럽을 휩쓸었다. 인쇄 혁명은 유럽의 경제와 유럽인의 심리를 완전히 바꾸어놓았다. 그러나 첫 50년 동안 인쇄된 책, 즉 사람들이 고판본이라고 부르는 그런 책들은 수도사들이 수도원의 필사실에서 수세기 동안 손으로 힘들게 필사해 온 것들을 인쇄한 것이었다. 즉 종교 관련 소책자와 고대의 책들 가운데 남아 있었던 것들을 인쇄한 것이었다. 이 기간에 7,000여 종의 책들이 3만 5,000권 가량 출판되었다. 그 가운데 최소한 6,700종이 과거로부터 전해오던 것이었다. 달리 말해서, 인쇄 혁명 이후 처음 50년간은 전통적 정보 그리고 그 정보를 담고 있는 제품들을 쉽게—그리고 싼값에—취득할 수 있게 해주었다. 그런데 구텐베르크 이후 60년이 지나자 루터의 독일어판 성경이 출판되었다—처음의 수천 부 그리고 이어 찍은 수천 부가 거의 순식간에 믿을 수 없을 만큼 싼값에 팔려 나갔다. 루터의 성경과 함께 새로운 인쇄 기술은 새로운 사회를 탄생시켰다. 그것은 개신교를 낳았고, 개신교는 유럽의 절반을 정복하였으며, 그 후 20년 동안 나머지 반을 차지하고 있던 가톨릭 교회가 스스로를 개혁하도록 압력을 가했다. 루터는 신앙을 개인의 삶과 사회의 중심으로 되돌려놓기 위해 의도적으로 새로운 인쇄 매체를 사용하였다. 그리고 그것은 그 후 150년간 유럽을 종교 개혁, 종교 폭동 그리고 종교 전쟁의 소용돌이로 몰아넣었다.

그런 한편, 루터가 기독교 정신을 회복시키겠다는 공공연한 의도로 인쇄술을 이용하던 바로 그 때, 마키아벨리는 단 하나의 성경 구절도 그리고 단 한 사람의 옛 성현도 거론하지 않은 책으로는 1,000여 년 만에 처음인『군주론 *The Prince*』(1513)을 저술하고 출판했다. 16세기에 출판되자마자『군주론』은 성경 이외의 '또 다른 베스트셀러'가 되었고, 가장 악명 높으면서도 가장 영향력 있는 책이 되었다. 곧이어 순수한 세속적 책들이 엄청나게 쏟아져 나왔다. 오늘날 우리가 문학이라 부르는 소설들과 역사, 정치, 과학 관련 책들이 출간되었고, 얼마 뒤에는 경제학 관련 책이 잇따라 출간되었다. 얼마 지나지 않아서 영국에서 최초로 순수한 세속적 예술 양식이 등장하였다 ─ 현대 극장 말이다. 전혀 새로운 사회 기관들도 등장하였다. 예수회, 스페인 보병, 최초의 현대식 해군 그리고 마지막으로 국민 국가가 출현하였다. 달리 말해, 인쇄 혁명은 그로부터 300년 뒤에 일어난 산업 혁명이 진행된 것과 똑같은 궤도를 그리고 오늘날 진행중인 정보 혁명이 걷고 있는 길을 그대로 따라갔던 것이다.

앞으로 어떤 산업들과 어떤 기관들이 등장할지 아직은 아무도 예측할 수 없다. 1520년대 어느 누구도 세속 연극은 말할 것도 없고 세속 문학을 예측하지 못했다. 1820년대 어느 누구도 전기를 사용하는 전신, 공중 보건, 사진을 예상할 수 없었다.

비록 확신을 하기는 어렵지만, 매우 높은 확률을 가지고 예측해 보건대, 앞으로 20년 안에 새로운 산업들이 다수 등장하는 것을 보게 될 것이다. 동시에 새로운 산업들 가운데 정보 기술, 컴퓨터 또는 인터넷에서 나오는 산업은 거의 없으리라는 점 역시 거의 확실하다. 그 점은 이미 역사상의 모든 전례가 지적해 주고 있는 것이다. 이미 빠른 속도로 등장하고 있는 새로운 산업들도 있다. 앞에서 말했듯이, 생명공학 산업이 벌써 우리 주변에 와 있다. 어류 양식업도 마찬가지다.

25년 전만 해도 연어는 진미였다. 전형적인 대형 연회에서는 닭고기와 쇠고기 가운데 하나를 선택했다. 오늘날 연어는 일상적인 식품이 되었고, 연회 식사의 또 다른 선택 메뉴가 되었다.

오늘날 식탁에 오르는 대부분의 연어는 바다 또는 강에서 잡은 것이 아니라 물고기 농장에서 사육된 것이다. 차츰 송어도 양식되고 있다. 곧 다른 많은 어류들도 양식될 것이 분명하다. 예를 들어, 대표적인 어류 가운데 하나인 가자미마저도 이제 곧 바다에서 대량 생산될 단계에 와 있다. 이런 양식업이 유전공학을 통해 새로운 어종의 유전적 개발로 이어지리란 것은 의심할 여지가 없다. 양, 소 그리고 닭이 가축이 되면서 새로운 품종이 개발되었듯이 말이다. 아마도 수많은 신기술들이 25년 전 생명공학이 처해 있던 단계와 같은 수준에 와 있을 것이다—다시 말해, 떠오를 준비 단계에 있을 것이다.

또한 탄생을 앞두고 있는 서비스도 하나 있다. 외환 노출에 따른 리스크에 대비하는 보험 말이다. 이제 모든 기업이 글로벌 경제의 한 부분이 되었기 때문에, 마치 산업 혁명 초창기에 물리적 위험(화재와 홍수)으로부터 보호받기 위해서 전통적 보험이 등장했듯이, 외환 리스크에 대비하는 신종 보험의 필요성이 절실해졌다. 외환 리스크 보험에 필요한 모든 지식은 입수할 수 있다. 다만, 이를 담당하겠다고 나서는 기관은 여전히 부족하다.

앞으로 20년 내지 30년 안에 컴퓨터의 등장 이후 수십 년간 등장했던 기술들의 변화보다 더 큰 변화를 목격하게 될 것이고 그리고 그 변화는 산업 구조와 경제의 모습 그리고 사회의 모습을 크게 바꾸어놓을 것이다.

영국이 쇠퇴한 이유

 기술적 측면으로 보면 철도의 등장 이후 떠오른 새로운 산업들은 증기 기관이나 산업 혁명과는 별로 관련이 없는 업종이었다. 새로운 산업들은 산업 혁명의 '피를 이어받은 자손들'이 아니었다-그러나 그것들은 산업 혁명의 '정신적 자손들'이었다. 그것들은 오직 산업 혁명이 창조해 낸 의식 구조가 있었기 때문에 그리고 산업 혁명이 개발한 기술들이 있었기 때문에 가능할 수 있었다. 그 의식 구조는 발명과 혁신을 열광적으로 받아들이는 것이었다.

 그 의식 구조는 또한 새로운 산업의 등장을 가능하게 하는 사회적 가치관을 창조했다. 무엇보다도 그 의식 구조는 '기술자(technologist)'를 탄생시켰다. 그러나 사회적·금전적 성공은 최초의 미국 기술자인 엘리 휘트니를 외면했다. 1793년 휘트니가 발명한 조면기는 철도와 함께 산업 혁명의 승리에 기여한 주요 발명품이었는데도 말이다. 그러나 한 세대 뒤의 기술자-그때까지도 독학으로 공부했다-는 미국 대중의 영웅이 되었으며, 사회적으로 인정받았고 또 금전적으로도 보상을 받았다. 전신기를 발명한 새뮤얼 모스(Samuel Morse, 1791~1872)가 그 첫번째 예라고 할 수 있을 것이다. 토머스 에디슨은 가장 많은 주목을 받은 기술자가 되었다. 그때까지도 유럽에서는 '비즈니스맨(businessman)'은 사회적 신분이 낮은 사람들로 취급됐지만, 대학 교육을 받은 엔지니어들은 1830년 내지 1840년쯤이 되자 존경받는 '전문가'가 되었다.

 1850년대로 접어들자 영국은 강대국으로서의 우월적 지위를 잃기 시작했고, 또한 산업 경제에서의 입지가 흔들리기 시작했다. 처음에는 미국에 그리고 그 다음에는 독일에 밀리기 시작했다. 영국이 뒤처진 주된 이유가 경제적인 것도 기술적인 것도 아니라는 주장은 다들 인정하는 사실이었다. 주된 이유는 사회적인 것이었다. 경제적으로 특히 재정적으로 영국은 제1차 세계대전까지 강대국의 지위를 지켰다. 기술적으로도 영국은 19세기 동안 내내 자신의 위치를 지켰다. 현대 화학 산업의 첫번째 생산물인 합성 염료는 영국에서 발명되었고, 증기 터빈 역시 마찬가지였다. 그러나 영국은 사회적으로 기술자를 높이 평가하지 않았다. 기술자는 절대로 '신사'가 될 수 없었다. 영국인들은 인도에 최고 수준의 공업계 학교를 세웠지만, 본국에는 그런 학교를 세우지 않았다. 사실 다른 어떤 나라도 '과학자'를 영국보다 우대하지는 않았다―그리고 정말이지, 영국은 19세기 내내 물리학에서 주도권을 보유했는데, 제임스 클라크 맥스웰(James Clerk Maxwell, 1831~1879)과 마이클 패러데이(Michael Faraday, 1791~1867)로부터 어니스트 러더퍼드(Ernest Rutherford, 1871~1937)에 이르기까지 모두 최고의 권위자로 인정받았다. 반면에 기술자들은 '장사꾼' 지위에 머물러 있었다.

예를 들면, 디킨스는 1853년의 소설 『쓸쓸한 집 *Black House*』에서 벼락 출세한 제철업자를 노골적으로 경멸했다.

영국은 벤처 자본가를 양성하지도 않았다. 그들이야말로 예상치 못한 사업 그리고 증명이 안 된 사업에 투자할 자본과 그럴 마음을 가진 자본가들이었는데 말이다. 발자크의 기념비적인 소설 『인간 희곡 *La Comedie humaine*』에 처음 묘사되고 있는, 1840년대 프랑스의 발명품인 벤처 자본가는 미국의 경우 존 피어폰트

모건(John Pierpont Morgan)에 의해 제도화되었고, 그리고 비슷한 무렵에 독일과 일본에서도 제도화되었다. 그러나 영국은 무역에 필요한 자금을 조달하는 상업 은행을 발명하고 개발하였으면서도, 정작 산업에 자금을 공급하는 기관에 대해서는 제2차 세계대전 직전 두 명의 독일인 망명자, 즉 바르부르크(S.G. Warburg)와 헨리 그룬펠트(Henry Grunfelt)가 런던에서 기업 은행을 열기 전까지는 관심을 두지 않았다.

지식 근로자를 어떻게 대접할 것인가

21세기의 영국처럼 되지 않기 위해서는 어떻게 해야 할까? 나는 사회적 의식 구조(social mind set)가 근본적으로 변화하지 않으면 안 된다고 확신한다—마치 철도가 등장한 뒤 산업 경제의 주도권이 '장사꾼'에서 '기술자' 혹은 '엔지니어'로 근본적으로 바뀐 것처럼 말이다.

지금 우리가 정보 혁명이라고 부르고 있는 것은 실질적으로는 지식 혁명(Knowledge Revolution)이다. 일상 업무의 프로세스를 정형화한 것은 기계가 아니다. 컴퓨터라는 기계는 단지 방아쇠 노릇을 했을 뿐이다. 전통적인 작업을 재조직한 것은 소프트웨어인데, 이 소프트웨어는 지난 수세기 동안의 경험을 바탕으로 지식을 적용함으로써 체계적이고 논리적인 분석을 통해 전통적인 작업들을 재조직하였다. 그리고 정보 혁명의 핵심에 있는 것은 전자공학이 아니다. 그것은 인지과학(cognitive science)이다. 이는 이제 막 등장하려고 하는 경제 및 기술에 있어 주도권을 유지하기 위한 핵심 과제는 분명 지식 전문가들(knowledge professionals)의 사회적 지위가 어떻게 평가되는지, 그리고 그들의 가치가 사회적으로 어떻게 수용되는지에 달려 있다는 것을 의미한다. 지식 근로자를 전통적 의미의 '피고용자'로 머무르게 하고, 또한 계속 그렇게 취급하는 것은 과거 영국이 기술자들을 장사꾼으로 대접한 것과 마찬가지인 셈이다-그리고 그 결과도 십중팔구 비슷하게 나타날 것이다.

그러나 오늘날 우리는 어정쩡하게 양다리를 걸치려고 노력하고 있다-한편으로는 자본이 주요 원천이며 자금 공급자가 우두머리가 되는 전통적 의식 구조를 유지하려 하고, 다른 한편으로는 지식 근로자가 기꺼이 피고용자 신분으로 남아 있도록 하기 위해서 보너스와 스톡옵션을 제공하고 있다. 그렇지만 이런 양다리 걸치기는, 설사 그것이 효과를 볼 수 있다 해도, 최근에 인터넷 산업이 그랬던 것처럼 오직 새로운 산업이 증권 시장 붐을 탈 때에만 가능하다. 차세대의 주요 산업은 전통적 산업들과 훨씬 더 같은 방식으로 행동할 것으로 보인다-즉 서서히 성장하고, 고통을 겪으며, 온갖 노력을 다하면서 성장할 것이다.

산업 혁명 직후 초기의 산업들-면방직, 제철, 철도-은 단 하룻밤 사이에 백만장자를 배출하기도 했을 만큼 대단한 호황 산업이었다. 발자크의 소설에 나오는 벤처 자본가 그리고 디킨스의 소설에 등장하는 제철업자처럼 그들은 몇 년 만에 사회적으로 신분이 낮은 종복의 신분에서 산업계의 주역으로 뛰어올랐다. 1830년대 이후 등장한 신흥 산업들도 마찬가지로 백만장자를 배출했다. 그러나 당시에는 백만장자가 되려면 20년이나 되는 긴 시간을 필요로 했다. 그들은 긴 시간 동안 최대한 절약하면서 고된 작업을 했고, 숱한 좌절과 실패도 맛보았다. 그것이야말로 지금부터 등장할 산업들의 진정한 모습이라는 것은 거의 확실하다. 생명공학에서 이미 그런 조짐이 나타나고 있다.

그러므로 새로운 산업들이 의존할 수밖에 없는 지식 근로자들을 돈으로만 보상하려고 하면 한계에 부딪칠 것이다. 이런 기업에 근무하는 핵심적인 지식 근로자들은 자신의 노력이 맺은 결실을 금전적으로 보상받는 것을 분명 계속 기대할 것이다. 그러나 금전적 보상이 효과를 가져오기까지는 많은 시간이 걸리는 법이다. 비록 그것이 지식 근로자들에게 만족을 준다 하더라도 말이다. 그리고 아마도 앞으로 10년 전후에는 단기적 목표인 '주주 중심 가치'를 일차적―유일한 것은 아니라도―목적으로 그리고 존립의 근거로 하여 기업을 운영하는 것은 비생산적인 방식이 될 것이다. 지식에 기초한 이런 산업들의 성과는 지식 근로자로 하여금 매력을 느낄 수 있도록 해주고 동기를 부여함으로써 머무르고 싶은 마음이 들도록 경영하는 조직들에 달려 있다. 이는 지금 많은 기업들이 하고 있는 것처럼 지식 근로자들의 물질적 야망을 만족시킴으로써 달성할 수 있는 것이 아니다. 그것은 지식 근로자들의 가치관을 만족시켜 주고, 사회적으로 인정받을 수 있도록 해주고, 또한 영향력을 발휘할 수 있도록 해줌으로써 달성되어야만 한다. 또한 지식 근로자들을 부하가 아닌 동료 경영자로, 그리고 피고용자가 아닌 동업자로 인정해 줌으로써 달성되어야만 한다.

| 옮긴이의 글 |

지식 생산성 향상을 위한 지침서

피터 드러커는 여러 가지 면에서 매우 독특하다. 역자는 어느 글에선가 피터 드러커를 '살아 있는 고전' 혹은 20세기 최후의 '지식 르네상스인'이라고 표현한 적이 있다.

드러커의 저술 영역은 법학, 정치학, 경제학, 경영학, 사회학 등 사회과학 전 분야에 걸쳐 있으며, 총 30여 권에 이른다. 수필집과 소설책도 두 권 있다. 지금까지「하버드 비즈니스 리뷰」를 비롯한 많은 잡지에 글을 기고해 왔고, 현재도「월스트리트 저널」의 정기 기고자로 활동하고 있다. 많은 사람이 드러커를 미래학자(그는 자신이 미래학자로 분류되는 것을 탐탁지 않게 생각하고, 예측이나 예언이라는 말을 사용하기를 싫어한다)로 분류하는 것에서도 알 수 있듯이, 그의 글에는 언제나 앞으로 다가올 새로운 현실에 대한 분석과 예측이 담겨 있다. 드러커는 "미래를 예측하는 가장 좋은 방법은 미래를 결정하는 것이다."라고 했다. 미래는 지금 살아가는 우리가 만드는 것이라는 말이다. 역자가 드러커를 지식 르네상스인이라고 부르고자 하는 이유는 그의 지적 스케일이 매우 다양하고 크기 때문만은 아니다. 그의 글이나 삶이 15~16세기의 르네상스인처럼 철저한 실험과 노력 그리고 삶에 대한 끈질긴 애착을 바탕으로 한다는 것도 그 한 가지 이유이다.

피터 드러커는 1969년 당시 센세이션을 일으켰던 베스트셀러 『단절의 시대』에서 이미 지식 사회의 도래를 예견했다. 그는 지식 사회에서는 지식이 가장 중요한 생산 요소가 되며, 육체 노동자는 지식 근로자가 되어야 한다고 주장해 왔다. 또한 이후 여러 저서를 통해 지식이 우리 사회와 조직 그리고 개인에게 어떤 영향을 미치는지에 대해 밝혀오고 있다. 이 책은 그러한 드러커의 저서들과 논문들 가운데 지식(knowledge)과 지식 근로자(knowledge worker) 개인에 관한 부분만 따로 발췌하여 모은 책이다.

"지식이란 무엇(what)인가? 지식 근로자는 왜(why) 지식을 이용해야 하는가? 지식을 어떻게(how) 이용해야 하는가? 그 지식을 알아야 하는 사람은 누구(who)인가? 그 지식을 언제(when) 알려주어야 하는가?" 이 책은 지식 사회에서 가장 중요하게 다루어져야 할 이러한 질문들에 대한 답을 제시하기 위한 책이다.

나아가 피터 드러커가 자신의 해박한 지식과 심오한 통찰력을 바탕으로 21세기를 살아갈 사람들—그가 정부에 근무하든, 기업에 근무하든, 사회 단체에 근무하든, 군대의 장교이든, 종교 단체의 관리자이든, 프리랜서이든 간에 성과를 올리고 목표를 달성해야 하는 지식 근로자 모두—에게 제시하는 '지식 생산성 향상을 위한 지침서'이다.

지식 르네상스인 드러커의 관심은 사회, 경제, 정치, 경영 그리고 문학과 예술에 이르기까지 매우 다양하다. 그러나 드러커의 주된 관심은 언제나 '개인'이었다. 자유로운 사회에 사는 개인의 위상과 존엄성 그리고 기능과 책임 말이다. 그런 점에서 드러커는 조직을 '개인으로 하여금 성과를 달성하고, 공헌하고 그리고 성취감을 느끼도록 하는 사회적 기관이자 도구'로 간주하고 있다.

지난해 초 드러커에게 "박사님의 친구들은 대부분 은퇴하셨는데, 박사님은 언제 은퇴하시렵니까?"라는 질문을 한 적이 있다. 그러자 그는 "나는 은퇴할 욕심이 생기지 않네(I have no desire to retire)."라고 각운을 맞추어 대답했다.

이 책을 읽는 사람들은 모두 드러커가 어떻게 그 긴 세월 동안 스스로—그 자신이 그려내고자 하는 인간의 모습인—효과적인 지식 근로자(effective knowledge worker)가 될 수 있었는지를 배우게 될 것이다. 이것이 바로 지식이 현대 사회에서의 유일한 생산 요소임을 간파한 지식 르네상스인 피터 드러커가 우리에 대해 갖고 있는 소망이다.

역자의 읽기 어려운 난삽한 원고를 깨끗이 타이핑해 준 안현숙 양, 원고의 교정을 보아준 김영용, 이홍우, 정영일 선생께 고맙다는 말로 그간의 수고에 대한 감사를 대신한다.

이재규
대구대 경영학과 교수

피터 드러커의 저서 목록

경영 부문 (17권)

1. *Management Challenges for the 21st Century*, Harper Business, 1999.
2. *Peter Drucker on the Profession of Management*, Harvard Business Review, 1998.
3. *Managing in a Time of Great Change*, Truman Talley, 1995.
4. *Managing for the Future*, E. P. Dutton, 1992.
5. *Managing the Nonprofit Organization*, Harper Collins, 1990.
6. *The Frontiers of Management*, E. P. Dutton, 1986.
7. *Innovation and Entrepreneurship*, Harper & Row, 1985.
8. *The Changing World of the Executive*, Truman Talley, 1982.
9. *Managing in Turbulent Times*, Harper & Row, 1980.
10. *Management Case Book*, Harper & Row, 1977.
11. *Management: Tasks, Responsibilities, Practices*, Harper & Row, 1974.
12. *Technology, Management, and Society*, Harper & Row, 1970.
13. *Preparing Tomorrow's Business Leaders Today*, Prentice Hall, 1969.
14. *The Effective Executive*, Harper & Row, 1966.
15. *Managing for Results*, Harper & Row, 1964.
16. *The Practice of Management*, Harper & Row, 1954.
17. *Concept of the Corporation*, John Day, 1946.

경제·정치·사회부문 (14권)

1. *Drucker on Asia, A Dialogue between Peter Drucker and Nakuchi*, Butterworth Heinemann, 1997.

2. *The Post Capitalist Society*, Harper Business, 1993.

3. *The Ecological Vision*, Transaction Books, 1992.

4. *The New Realities*, Harper & Row, 1989.

5. *Toward the Next Economics, and Other Essays*, Harper & Row, 1981.

6. *The Unseen Revolution, How Pension Fund Socialism Came To America*, Harper & Row, 1976.

7. *Men, Ideas and Politics*, Harper & Row, 1971.

8. *The Age of Discontinuity, Guidelines to Our Changing Society*, Harper & Row, 1969.

9. *The Landmarks of Tomorrow*, Harper & Row, 1959.

10. *America's Next Twenty Years*, Harper & Row, 1957.

11. *The New Society*, Harper & Row, 1950.

12. *The Future of Industrial Man*, John Day, 1942.

13. *The End of Economic Man*, John Day, 1939.

14. *Friedrich Julius Stahl, Konservative Staatslehre und Geschichtliche Entwicklung*, Tuebingen Mohr, 1933.

소설 및 일본화 평론집 (3권)

1. *The Temptation to Do Good*, Harper & Row, 1984.

2. *The Last of All Possible Worlds*, Harper & Row, 1982.

3. *Adventures of the Brush: Japanese Paintings from the Sanso Collection*, Seattle Art Museum, 1979.

자서전 (1권)

1. *Adventures of a Bystander*, Harper & Row, 1979.